博士论文
出版项目

# 煤炭业包工制的运行及其制度困境

## ——以南矿为例

The Operation and Systematic Dilemma of the
Labor Contracting System in Coal Industry:

Empirical Research Based on the South Coal Mine

### 王 勇 著

中国社会科学出版社

## 图书在版编目（CIP）数据

煤炭业包工制的运行及其制度困境：以南矿为例／王勇著 . —北京：
中国社会科学出版社，2020.8

ISBN 978 - 7 - 5203 - 6294 - 8

Ⅰ.①煤… Ⅱ.①王… Ⅲ.①煤炭工业—组织制度—研究—中国
Ⅳ.①F426.21

中国版本图书馆 CIP 数据核字（2020）第 059406 号

| | | |
|---|---|---|
| 出 版 人 | 赵剑英 |
| 责任编辑 | 冯春凤 |
| 责任校对 | 赵雪姣 |
| 责任印制 | 张雪娇 |

| | | |
|---|---|---|
| 出　　版 | 中国社会科学出版社 |
| 社　　址 | 北京鼓楼西大街甲 158 号 |
| 邮　　编 | 100720 |
| 网　　址 | http://www.csspw.cn |
| 发 行 部 | 010 - 84083685 |
| 门 市 部 | 010 - 84029450 |
| 经　　销 | 新华书店及其他书店 |

| | | |
|---|---|---|
| 印　　刷 | 北京君升印刷有限公司 |
| 装　　订 | 廊坊市广阳区广增装订厂 |
| 版　　次 | 2020 年 8 月第 1 版 |
| 印　　次 | 2020 年 8 月第 1 次印刷 |

| | | |
|---|---|---|
| 开　　本 | 710 × 1000　1/16 |
| 印　　张 | 19.5 |
| 插　　页 | 2 |
| 字　　数 | 272 千字 |
| 定　　价 | 118.00 元 |

# 出 版 说 明

　　为进一步加大对哲学社会科学领域青年人才扶持力度，促进优秀青年学者更快更好成长，国家社科基金设立博士论文出版项目，重点资助学术基础扎实、具有创新意识和发展潜力的青年学者。2019年经组织申报、专家评审、社会公示，评选出首批博士论文项目。按照"统一标识、统一封面、统一版式、统一标准"的总体要求，现予出版，以飨读者。

全国哲学社会科学工作办公室

2020 年 7 月

# 序　言

20世纪90年代以降,中国开启了市场化改革的进程,国企改革无疑是其中一个重要的部分。国企改革的目标是要建立适应市场经济要求的产权明晰、责任明确、政企分开和管理科学的现代企业制度,但是,其过程却远比目标更为复杂。例如,企业管理模式中从劳动者的社会保障与劳动合同关系的建立,到生产管理控制的变化等,都是需要不断深入研究的问题,其中一个重要现象——用工的双轨制,即正式工和临时工、外包工等非正式就业人员的并存,尤其是其中涉及非正式就业用工的包工制,就十分引人关注。

包工制是一种具有悠久历史的传统用工制度,1949年以前曾经广泛存在于中国传统劳动行业中,计划经济时期曾经绝迹,但随着市场经济的重建又再次出现。有研究认为,包工制作为一种弹性用工制度,具有非正式性、灵活性、去福利化以及低成本等特点,但是,其将责任、成本和风险层层下移的运行逻辑,又有可能带来如工人欠薪、工伤增加、劳资冲突与工人抗争等一系列问题。但是,在经济全球化与产业分工的大潮中,由于资本本身的弹性积累以及其相对于劳动力始终处于优势地位,加之地方政府追求发展的GDP逻辑,致使包工制这一传统用工制度在技术含量不高的中国传统劳动行业中始终具有存在的土壤。

学界对建筑业和制造业中的包工制已有较多的研究,但是对当前存在于煤炭业中的包工制则研究很少,对于煤炭业包工制的关注基本上来自新闻媒体,多出现在有关矿难的报道中。但是,对于煤炭业包工制的形成机制、运行特征，尤其是它与煤炭生产与矿难的逻辑相关性，则仍然属于认识的黑箱。而更为深层次的问题还包括，为何理论上被明令禁止的包工制在国有煤矿的现代治理变革中不仅重新出现，还屡禁不止？煤炭业包工制与其他行业的包工制，如建筑业包工制有何异同？煤炭业包工制的利润、管理和安全生产又是一种什么关系？这些问题都还没有答案，但却又都是需要去深入研究的。这些便构成了王勇的博士学位论文以及在此基础上形成的本书的问题意识背景。

王勇是我带的博士研究生，他的这个选题与我以往的研究方向并不一致，但是，考虑到他的父母曾为国有煤矿企业职工，他自己也有长时间的煤矿生活经历，我觉得他有做好这个选题的基础。于是，我向他建议以煤矿的劳动组织作为自己的研究对象，而他也正有此意，由此，王勇便开始下到田野点去熟悉情况，在经过较长时间的调研后，以上研究聚焦逐渐呈现出来。

在本书中，作者以"南矿"为研究对象，从组织社会学的视角出发，通过对其包工制的组织结构与功能的分析，揭示矿方、包工头和工人在其中的权力—权利地位，并通过分析包工制的运行机制来揭示工人的权利困境与安全生产的关系。作者发现，包工制的运行逻辑可以概括为"双重包干"，即生产包干和安全包干，其实质就是矿方、包工头和工人三方在责、权、利不对等条件下的权利、利益不断上收，责任、风险不断下移，即生产任务向下转移、层层加码，安全风险向下转嫁，自行负责。这样一种运行逻辑，对煤炭企业有利，给他们带来非常明显的经济效益，却让夹在中间的包工头没有选择地将任务与安全风险也相应下移，结果导致权力—权利博弈链条底端的工人的权利和安全困境：工人为了获得较高的工资，不得不将自己置于同样较高的安全风险之下。所以，安全事故所反映的，往往是包工制下工人的失权状态。这种权力—权利的失衡，是包工制与煤矿安全生产之间产生结构性关联的根本原因，于是，从煤矿生产的微观组织视角出发，作者为我们建构起包工制与安全生产困境的关系。无疑，这一努力弥补了既有研究的不足，为认识煤矿安全生产问题提供了一个非常有价值的视角。

那么，如此不合理的包工制为什么能长期存在呢？作者进一步对煤炭生产行业的资本—人力配置、劳资权力关系以及外部市场所形塑的组织环境进行分析，指出只要总体上的劳资权力关系不变，煤炭生产行业的劳资配置结构不变，外部市场不变，培植包工制的组织环境就始终存在，包工制也很难被真正取缔，而包工制的存在，又让其中一线工人的权利—安全困境无法克服。作者指出，如果其他行业的包工制主要受效率逻辑的支配，煤炭业的特殊性，则让其包工制受到效率和安全逻辑的双重支配。

在此基础上，作者反思了国企在改革开放以来的具体实践逻辑。既有研究认为西方工业企业通过"空间调整"的策略把自身纳入灵活积累的全球化生产体系之中，而本书认为南矿及与之相类似的国企则通过更为简单的方式——生产组织和用工方式的转变将自身纳入灵活积累的全球化市场体系中，现代企业治理体系尚未建立，却一样能获得生产的利润。组织是社会的缩影，这种对工业企业组织现象的研究，无疑为我们理解某一类经济的当下特质提供了一个独特的视角。从这个角度上看，本书对南矿的研究，也就是对转型期中国类似企业的组织特征与运行逻辑的研究，它有助于我们从"工厂透视社会"的角度来透视中国社会的转型特质。

本书也有可以进一步深化之处。如作者只考察了矿方、包工头和工人三方之间的关系和行为逻辑，对作为企业管理主体的地方政府在煤炭安全生产中的作用却缺少考察，而与国际学术界同类研究的对话似乎也应该增强。不过，作为作者的处女作，本书的考察视角、过程分析和研究结论还是非常有价值的，我虽然没有做劳动社会学的研究，但根据自己长期做田野研究的经验，认为作者的调研是深入的，材料很扎实，分析有力度，结论也能够成立，并能给人以启示。顺便也提及，本书作为博士学位论文在参加答辩时，也获得了答辩委员会成员的一致好评，各位老师都非常肯定作者的努力，并鼓励作者沿着这条道路继续走下去。

得知作为该书基础的博士学位论文获得了 2019 年国家社科基金后期资助项目首次设立的优秀博士论文项目资助，且此次获得资助的社会学论文只有 3 篇，这的确是可喜可贺，对刚刚走上学术之路的作者肯定是一个非常大的鼓励，而我也相信，以此为起点，作者将会继续在学术道路上取得新的进步。

吴　毅

2020 年 2 月 28 日于重庆较场口

# 摘　　要

　　本书以南矿为田野研究点，运用个案研究方法，从组织社会学的视角出发，通过对南矿包工制组织结构及其功能的分析，揭示包工制下的权益相关方——矿方、包工头和工人在包工制组织结构中的权力和地位，分析包工制的运行机制，以及由此所导致的工人权利缺位和安全生产困境。通过对包工制组织运行机制—工人权利缺位—安全生产困境相关性的建构，揭示煤炭业包工制的制度困境及其可能出路，并与包工制的相关研究进行对话，在此基础上，反思国企组织在改革开放以来的具体实践逻辑。

　　研究发现，组织环境形塑了包工制的变迁与发展，合法性逻辑和效率逻辑的交互作用是推动包工制形成和发展的重要因素。合法性逻辑是包工制出现的前提条件，包工制的发展则是基于效率逻辑的支配，而包工制的进一步发展则是基于合法性逻辑和效率逻辑的共同支配。

　　包工制内部层级分明，分工明确，其嵌入南矿后，南矿的治理结构由矿方—工人之间的关系转变为矿方—包工头—工人之间的关系。在这种治理结构下，矿方处在权力结构的顶端，居主导地位，包工头处于权力结构的中间，相对矿方呈弱势，相对工人又呈强势，工人的地位最低。首先，矿方与包工头是一种委托代理关系，包工制在两者间的运作逻辑可以概括为"双重包干"，即生产包干和安全包干；其次，在包工队内部，即包工头和工人之间，包工制的运作逻辑为生产任务的不断加码，安全责任风险的向下转移。由此，整个包工制的运作逻辑实质就是一个生产任务不断向下转移并层层加码的过程，同时也是一个安全责任风险不断向下转嫁并不断增加的过程，在这个过程中，收益与风险出现反向配置，收益呈不断上收趋势，风险却呈不断下移趋势，最终矿方获得了最大收益却承担风险最小，包工头次之，工人则是获得收益最小但承担风险最大。

包工制的这种权力利益上收与责任风险下移的运作逻辑符合了煤矿利润最大化，风险最小化的要求。包工制既能转移企业的管理责任和安全责任风险，又能转嫁企业的用工成本，还能提高企业的生产效率，满足了煤炭行业受自身环境、市场环境和政治环境等因素形塑的要求，带来了非常明显的绩效。但这种运作逻辑在带来绩效的同时也带来了诸多问题。其一，包工制的低成本运作导致工人的合法权利得不到有效保护，工人陷入"权利贫困"之中。对于这种困境，不同的工人采取了不同的行动，服从、个体表达、用脚投票、依法抗争，但不论哪种方式都没有改变这种困境。其二，包工制这种向下转移安全责任风险的运作机制引发了安全困境，即安全事故的频发不断，而"安全包干"又确保了安全事故的内部消化，从而又为新事故埋下了再生的种子，由此安全事故周而复始，陷入了恶性循环之中。

包工制的上述困境是包工制自身无法克服的，煤企的组织环境制约了包工制本身的制度化和理性化，由此在当前的组织环境下，包工制的困境也是无解的。只有当国企改革彻底完成，以及国家切实保障工人权利时，才能解决上述困境，但与西方现代化不断向科学化和理性化发展不同的是，许多国企改革选择了形式上采用科学化、理性化的现代企业制度，实质上却仍使用较为落后的生产模式，而这种奇特结合的过渡状态却被认为是企业效益最佳的选择，从而导致改革的停滞不前，这种效益实质是"低人力成本优势"的必然结果。因此只要组织环境不变，包工制也将会继续存在。

**关键词**：包工制；组织结构；运作机制；功能；制度困境

# Abstract

This book takes South Mine as the field research location by using case study method and reveals the power and status of the stakeholders-employers, contractors and labors in the organizational structure of the labor contracting system through the analysis of the organizational structure and function of the labor contracting system of the South Mine, and analyzes the operational mechanism of the labor contracting system and the absence of labors' rights and production safety dilemma. This paper indicates the systematic dilemma and possible way of the labor contracting system in coal industry through the relevance construction of the operational mechanism of the labor contracting system-the absence of labors' rights-the production safety dilemma and conducts the dialogue with the study of the labor contracting system of the modern China, and reflects the specific practical logic of state-owned enterprise organization since the Reform and Opening on this basis.

The study finds that the organizational environment has shaped the transformation and development of the labor contracting system, and the interaction between the legality logic and efficiency logic is an important factor in promoting the formation and development of the labor contracting system. The logic of legality is the precondition for the emergence of the labor contracting system, and the development of the labor contracting system is based on the control of efficiency logic, and the further development of the labor contracting system is based on the joint control of the logic of legality and logic of efficiency.

The labor contracting system has a clearly hierarchy and division of labor. After its embedding in the South Mine, the governance structure of the South Mine has transformed from the relationship between the employers and labors to the relationship between the employers, contractors and labors. Under this governance structure, the employers are at the top of the power structure, occupy a dominant position, and the contractors are in the middle of the power structure. They are relatively vulnerable to the employers and relatively strong to the labors, and the status of labors is the lowest. First of all, the relationship between the employers and the contractors is a kind of principal-agent relationship, and the operational logic can be summed up as "double contracting," that is, production contracting and safety contracting. Secondly, the operational logic of the labor contracting system between the contractors and the labors is the increasing number of production tasks and shifted downward security risks. Thus, the operational logic of the overall labor contracting system is essentially a process in which production tasks and security risks are both increasing and continuously transferred downwards. In this process, there is a negative correlation between returns and risks. Returns are concentrated upwards, but risks are continuously moving downwards. Eventually, the employers have obtained the maximum returns but undertaken the least risks, followed by contractors, and the labors have obtained the least returns but undertaken the most risks.

The operational logic of the power and interests concentrated upwards and the responsibility and risks shifting downwards is in line with the requirements of maximizing profit and minimizing risks in coal mines. The labor contracting system can not only transfer the management responsibilities and security risks of enterprises, but also transfer the labor costs and alsoimprove the production efficiency of the enterprises, and meet the coal industry's requirements shaped by its own environment, market environment and political environment and can produce very clear performance. However, this operational logic brings many problems. Firstly, the low-cost operation of the labor contracting system has made labors' legal rights not in the effective protection and labors have been trapped in the rights poverty. For this dilemma, different labors have taken different actions, obeying, expressing themselves, voting with their feet, and fighting according to the law, but neither method has changed this dilemma. Although it cannot change the predicament, it has caused two unexpected consequences. The one is that the frequent movement of labors has reduced the technical proficiency of labors and is not conducive to the accumulation of knowledge of safe operations. In order to cope with high mobility, the contractors employ many young people with relatively low levels of education, which further hinders the improvement of safety standards and thus increased security risks. The other one is that many labors link the current living conditions and rights to more grand socialist ideologies and begin to strongly express their nostalgia for the era of traditional planned economy, and even present populist tendencies. Secondly, the operating mechanism of the downward movement of security risks of the labor contracting system has triggered a security dilemma, that is, security accidents frequently occur. The "safety contracting" has ensured the internal digestion of security accidents and thus laid the seeds for regeneration for new accidents. As a result, security incidents have been repeated and cycled into a vicious cycle.

The above-mentioned dilemma of the labor contracting system cannot be overcome by itself, and the organizational environment of the coal enterprises restricts the institutionalization and rationalization of the labor contracting system. Therefore, the dilemma of the labor contracting system is also unsolvable in the current organizational environment. Only when the reform of state-owned enterprises is fully completed and the state effectively protects the rights of labors can the above-mentioned dilemma be solved. However, unlike Western modernization, which is constantly developing toward scientific and rational development, many state-owned enterprise reforms have adopted a modern, scientific and rational corporate system in form, but still use a relatively backward production model, and this peculiar combination of the transitional state is considered to be the best choice for corporate efficiency, leading to the stagnation of the reform, and this benefit is in fact the inevitable result of "low labor cost advantage". Therefore, as long as the organizational environment is unchanged, the labor contracting system will continue to exist.

**Key Words**: the Labor Contracting System; Organizational Structure; Operational Mechanism; Function; Systematic Dilemma

# 目　　录

# Contents

# 煤矿打油诗①

远看煤矿像天堂，

近看煤矿像银行。

走近煤矿像牢房，

不如回家放牛羊。

人人都说煤矿好，

傻帽才往煤矿跑。

煤矿赚钱煤矿花，

根本没钱寄回家。

年轻老婆娶不上，

娶了老婆用不上。

生了孩子管不上，

买了房子住不上。

青春洒在黑煤上，

综掘机掘走我的青春，

压风机送走我的梦想，

刮板机刮碎我的希望，

电焊机不能缝合我的悲伤，

风锤一声声敲击我的心脏，

钢丝绳束缚我的肩膀。

---

① 这是煤矿流传很广的一首打油诗，作者不详。

安全帽曾经让我感到英姿飒爽，
能不戴上它如今是我的渴望。
看巷道内尘土飞扬，
煤矿工人路在何方，
路在何方……

# 第 一 章

## 导　　论

### 一　研究缘起与问题提出

GSQ[1]（男，1970 年，初中毕业，已婚），家在大山深处的一个贫困农村中。家中有三个孩子，两个儿子，一个女儿。大儿子 12 岁（2014 年）上六年级；二儿子 10 岁，从小患有脑瘫，生活不能自理，智力缺陷，一直在家养病；小女儿 8 岁上二年级，妻子在家务农照看孩子们。为照顾家庭，GSQ 一直在家附近的工厂上班，2011 年他所在的铝合金厂倒闭，作为临时工被遣散回家，没有得到任何经济补偿。虽然 GSQ 家在大山深处，但当地煤炭资源却十分丰富，煤矿众多，村里大部分中年男性都在煤矿下窑[2]。除了煤矿，当地也没有其他工厂可去，为了照顾家庭，2011 年下半年，GSQ 跟着同村的老乡去了离家 4千米处的南矿上班。在煤矿如果没有比较硬的关系，一般新工人都是分配下井的，由于缺乏这样的关系，GSQ 被分配到井下机运队开皮带，属于井下二线辅助工种。南矿虽然是年产 120

---

① 按照学术惯例，本书对涉及的人名、地名等信息进行了匿名处理。
② "下窑"为地方方言，就是指下井，从事煤矿井下工作。

万吨的大煤矿，但在薪酬待遇上却与国家规定有较大差距，工人的许多法定权利很难保障，如休假权、加班工资等。南矿实行的是日薪制，上一天班挣一天工资，不上班不计工，基本没有法定的加班工资，GSQ 的日薪为 95 元，为了能多挣钱，他几乎天天都在上班，这样下来一个月才能挣到 3000 元左右，这些收入可以勉强维持家里五口人的开支，一年下来上班天数多达 330 天左右（除去春节放假一个月）。

2013 年 8 月，GSQ 的二儿子突然病情加重，去医院治疗花费 2 万多元才把病情稳住。屋漏偏逢连阴雨，8 月的一场暴雨导致其家中的老房子漏雨严重，摇摇欲坠，急需修复。陡然增加的开销让原本就勉强维持的家庭入不敷出，为了能挣更多的钱补贴家用，无奈之下，GSQ 只能选择进入危险性较高的井下采掘一线跟着包工队干活。在南矿当地，井下采掘一线一般都不让本地人进入，用煤矿领导的话说"早的①在井下出了事情不好处理"。GSQ 在南矿下了两年井，也认识了不少人，通过种种关系，综采队包工头答应让他进入工队干活，在综采队开皮带，属于井下采掘一线的辅助（二线）工种，不进入采掘工作面，危险程度比采掘工作面低，比井下二线高，日薪为 230 元。包工队也实行日薪制，不缴社保，上一天班挣一天钱，如果工作顺利的话，GSQ 一个月可以拿到 6000 元左右，这个工资在当地还是相当不错的，但这个工资也不是好挣的，需要承受高风险、高劳动强度和超长工作时间。

到 2014 年 8 月，GSQ 已经在井下一线整整干了一年，这期间他挣了 7 万元左右，除了偿还欠债，还攒下几万元，他准备用剩下的钱翻修一下家中的老房。整个 8 月，他利用上夜班白天休息的时间，购齐了翻修房屋所需的各种材料，计划 9 月中

---

① "早的"为地方方言，指的是本地人，非本县人都是外地人，方言称为"侉（kua）的"。

旬开始动工。9 月初，他对妻子说最近综采工作面缺人，为了能够完成生产任务，当班队长总是抽调他们这些辅助工进工作面打帮干活，他也没办法不得不听从队长安排，不听安排的话，轻则罚款，重则停工不让上班，这个工作也是费了好大劲才找上的，不想轻易丢掉。可是自己又不太懂工作面的工作，感觉里面很危险，有点害怕，但也没有办法，只能顶着头皮在里面干。妻子劝他不要等到中旬再请假，现在就休息几天翻修房子，他说队里最近缺人，活儿又多，队长班长都不准假，让忙过这段时间再说。不幸的是，就在这几天厄运便降临到他的头上。9 月 12 日，GSQ 上中班，下午 5 点左右，他在井下一线出事了，顶板脱落砸到脑部，当场昏迷，他被送到市医院抢救，因脑部伤势过于严重，几天后在医院死亡，家里的顶梁柱就这样走了，留下了妻儿老小。

事故发生后，包工头赔偿 GSQ 家属 145 万元，其中 133 万元给他妻子和孩子，12 万元给他父母养老，这笔赔偿金是远远高于国家《工伤保险条例》规定的标准。

上面这则故事在中国可能并不是一个特殊的例子，在众多的煤矿上可能每天都上演着，只是主角不同而已。虽然矿难屡见不鲜，但公众可能都习以为常，对一般人而言这可能只是一个个冰冷的数字而已，但对于他们家人和熟悉他们的人而言，那是一条条鲜活生命的消逝，这足以摧毁他们的生活和家庭，这背后是一个个生与死的悲惨故事。笔者对 GSQ 的家庭比较熟悉，正是 GSQ 的突然去世让笔者的视线转向了煤矿的安全问题，而且在这件事之前，笔者也隐约听说南矿当地一些煤矿安全事故时有发生，安全状况不佳。为什么安全事故会不时发生呢？带着这个问题，笔者在南矿进行了持久的田野调查。通过调查和文献检索，笔者发现在南矿和其他许多煤矿的安全事故中都有着"包工制"的身影，好多事故都发生在包工队中①，似乎包工制与安全事故之间存在着某种关联，而且相关研究也提及包工制下糟糕的安全状况和工人权利状况（梅方权，2006：121—123；于建嵘，2011：33—36；吴毅、王勇，2017）。通过进一步的研究，笔者发现包工制虽存在诸多问题，却已经成为当前中国煤炭生产行业虽隐蔽，但普遍存在的一种生产组织形式，越来越多的煤矿企业通过包工队来完成一线的生产任务（王晓夏、韩赋秋，2012）。②

理论上讲，包工制是资本主义早期盛行的一种生产组织方式，在工业革命与生产技术变革的冲击下，包工制于19世纪晚期趋于消失。包工制不仅存在于西方工业化进程中，也是中国近代工业化中主导的雇佣和生产方式（马学军，2016），特别是在煤炭行业更为典型，直到中华人民共和国成立后，包工制作为一种"封建剥削制度"才被废除。为什么一种资本主义早期的生产组织方式会在改革开放之后的煤矿企业重新出现呢？

煤炭业包工制是伴随着国企改革而出现的。20世纪80年代以降，中国开启了市场化改革的进程，有学者把这个过程称之为"双重大转变"（沈原，2006）。③ 毋庸置疑，国企改革是市场转型最重要的组成部分，也是经济改革成功的重要因素（蔡禾、李晚莲，2014）。中国的国有煤矿企业改革始于20世纪70年代末，改革大致

---

① 如2005年2月14日，辽宁孙家湾煤矿发生的特大瓦斯爆炸事故；2010年3月28日，山西王家岭煤矿发生的特大透水事故；2017年8月11日，山西吕鑫煤业发生的较大边坡滑坡事故等，发生事故的煤矿都是长期使用包工队，以包代管，由包工队在一线生产作业，类似案例非常多，不在此一一列举。

② 笔者通过访谈包工队工人发现，在S省，甚至大部分产煤省的相当一部分煤矿都存在着实质上的包工制。进一步对相关研究和媒体报道的梳理，虽然不能确知包工制在煤矿生产单位中究竟占有多大份额，但其大范围存在是没有问题的（参见王世峰《"包工队战略"：果真能够拯救我们的企业吗？》，中国煤炭新闻网，http：//www. cwestc. com/newshtml/2015 - 2 - 10/360968. shtml，2017年7月10日）。

③ "双重大转变"指的是波兰尼所说的大转变和布洛维所说的第二次大转变。

可以分为"扩权让利"时期（1978—1992 年）①与产权改革时期（1993 年至今）②，改革的主要方向是建立适应市场经济要求的产权明晰、责任明确、政企分开、管理科学的现代企业制度，具体的目标是推进现代化矿井建设，实现煤矿生产规模化、装备现代化、管理信息化、队伍专业化，简而言之，就是要达到现代、高效和安全的目标。③ 与此同时，《劳动法》《劳动合同法》和煤矿相关用工政策纷纷出台，同样也要求煤矿劳动用工管理的正规化，保障工人的合法权利。然而与国家所要求的煤矿用工正规化、队伍专业化和管理科学化不同的是，包工制下用工管理较为落后，工人专业技能较低且权利缺乏保障，还存在安全问题。可见包工制这种被明令禁止的非正式制度的再次出现与国有煤矿改革的方向相悖。④

在此情况下，我们不禁要问一个在资本主义早期盛行，而且早已被淘汰的生产组织方式怎么会在社会主义国企改革中盛行呢？换而言之，包工制为什么会出现在国企改革向科学化、理性化发展的道路上？一般来说这两者是很难并存的，我们该如何分析、解释这

---

① "扩权让利"时期核心是扩大市场、减少计划、扩大企业的自主权，主要目标是改善企业的生产率。

② 产权改革时期目标是进一步提高国企效率，改革的主要方向是建立适应市场经济要求的产权明晰、责任明确、政企分开、管理科学的现代企业制度（具体参见1993 年中国共产党十四届三中全会通过的《中共中央关于建立社会主义市场经济体制若干问题的决定》）。

③ 2012 年山西省先后出台《煤矿现代化矿井标准》《煤矿办矿企业标准》《煤矿建设标准》《煤矿安全质量标准化标准》《煤矿建设施工管理标准》《煤矿管理标准》六大标准体系，之后，提出了"七高一文明""五个统一""变招工为招生"等多项措施，成为中国现代化矿井的建设标准。另外可参见《国务院办公厅转发发展改革委关于加快推进煤矿企业兼并重组的若干意见》（国办发〔2010〕46 号）。

④ 《关于加强国有重点煤矿安全基础管理的指导意见》（安监总煤矿〔2006〕116 号）第 34 条规定，生产矿井井下禁止使用"包工队"。《关于加强小煤矿安全基础管理的指导意见》（安监总煤调〔2007〕95 号）第 33 条规定，严禁以包代管或层层转包，煤矿不得将井下采掘工作面和井巷维修作业进行劳务承包。煤矿违规将工程（业务）或经营权发包给不具备用工主体资格的组织或自然人，对该组织或自然人招用的劳动者，由具备用工主体资格的发包方承担用工主体责任。

一矛盾现象？包工制作为一种非正式制度，是如何随着国企改革一步步嵌入诸多煤矿企业中并成为生产一线最重要的生产组织形式，为什么煤企要大量使用包工制？它是如何运作的，这种运作方式为什么会导致工人权利缺失，并带来大量的安全问题？解决上述疑惑构成了本研究最基本的"学术冲动"，为此笔者选取南矿作为田野研究点，运用个案研究方法来考察和分析南矿包工制的组织结构、运作机制和功能，在此基础上，分析包工制带来的权利和安全困境，进而探讨包工制的形塑机制及其出路。

# 二　相关研究梳理与评述

本书关注的议题是煤炭业包工制的形成、运作及其困境，这里主要涉及两个问题：一是包工制是如何形成的，二是包工制的运作及其权利和安全困境。对于第一个问题，需要从包工制作为一种生产组织方式的角度切入，分析这种生产组织方式的来龙去脉，这就需要了解国有煤企甚至国企生产组织方式的变迁，从更大的范围来讲，还需要了解西方生产组织方式的变迁，这样可以从整体上把握包工制这种生产组织方式在所有生产方式中的定位和作用。第二个问题是分析包工制本身的运作机制及其困境，包工制在西方工业化初期、中国近代企业和改革开放以后的建筑和煤炭行业非常普遍，既有研究对本书有重要的借鉴意义，通过梳理这些文献有助于对包工制的研究现状有更好的了解，从而找到进一步深化研究的方向。因此，在下文的文献梳理中，主要从两个方面展开：一是生产组织方式变迁的相关研究，对西方、改革开放以来中国国企和煤企的生产组织方式变迁及其原因的研究进行梳理；二是包工制的相关研究，对中国近代包工制、改革开放以来的包工制以及煤炭业包工制的研究进行梳理。

### （一）生产组织方式变迁及其理论回顾

生产组织是一个通过劳动力买卖组成的并通过复杂的分工和协调来从事为交换而协作生产的社会实体（谢富胜，2005）。生产组织方式有狭义和广义之分，狭义的仅指具体的生产组织方式，广义的不仅包括具体的生产组织方式，还包括生产管理方式，本书采用的是广义的含义。对于生产组织方式变迁及其理论分析，本部分主要从三个方面对既有研究进行综述：一是对西方生产组织方式变迁及其理论回顾；二是对改革开放以来中国国企生产组织方式变迁及其理论回顾；三是对中国煤企生产组织方式变迁的回顾。

#### 1. 西方生产组织方式变迁及其理论回顾

西方发达国家工业化的生产组织管理方式大致经历了工场手工业、工厂制度、科学管理和现代管理四个重要阶段，不同阶段中生产组织模式和劳工组织方式也不同（马学军，2016）。工场手工业时期，工业生产在家庭或作坊中完成，劳动力分散在各家户和作坊中，该时期由简单协作和分工协作两个阶段组成，它建立在手工劳动和手工工具的技术基础之上（谢富胜，2005）。18世纪60年代随着工业革命的开始，机器的大规模使用催生了现代工厂制度，以机器分工协作的工厂制度取代以手工为基础的工场手工业，这一时期，工业生产脱离了家庭和作坊，大量劳动力、生产资料开始在工厂集中并由其统一调配。1911年，"科学管理之父"泰勒出版了《科学管理原理》一书，系统地阐述了有关企业定额管理、作业规程管理、计划管理、专业管理、工具管理等建立在行动分析基础上的一整套理论和方法，为现代管理学奠定了基础（唐振龙，2006）。20世纪初，泰勒的"科学管理"制度相继被西方发达国家的工业企业采用，并建立起标准化、专业化、科学化的生产管理方式（钱德勒，2013：318—319；马学军，2016）。同时企业开始从外部雇佣劳动力，在企业建立内部劳动力市场来提拔员工，并发展出专门化的人事管理部门（斯威德伯格，2005：115）。与科学管理制度对应的典型生产组织模式是"福特制"，它是以大量生产与大量分配结合为特征的流水线作业方式，以分层控制和人事干部控制为特征的 M 型科层组织结构，生产组织方式多为横向合并和纵向一体化（许光伟，2009）。

20 世纪 80 年代以来，随着经济全球化的到来和信息网络技术的广泛应用，工业生产模式开始从福特制向后福特制或灵活积累体制转变（刘刚，2005）。福特制以规模经济为基础的标准化大规模生产为主，后福特制是以地域经济为基础的小批量和灵活弹性生产为主，其生产组织方式的最基本特征是网络化和模块化（孙宇，2008；荣鑫，2013）。在此期间先后涌现出大规模定制、分包制、代工、网络化、虚拟制造和集群生产等一系列新兴生产组织方式，企业逐渐将自己的资源集中在最具比较优势的价值节点或最能够创造利润的分工领域（蔡继荣，2007；陈硕颖，2011；刘爱文、王碧英，2015）。在劳动管理方面，企业力求得到更加灵活的劳动体制和劳动契约，开始区分对待工人，核心工人就业高度保障，具有全日工作时间和永久身份，外围工人工作保障低，多为非全日工和临时工，流动性强，灵活性大，而且近年来企业开始大量减少核心工人，外围工人开始出现非常引人注目的增长（Kalleberg，2009；哈维，2013：193—196）。与此同时，有组织的分包转包为小企业的形成开辟了机会，手工业的、家庭的和家长式的等古老劳动体制得以复活，使它们得以作为中心而不是作为生产体制的一种附庸繁荣起来，"黑色的""非正式的"或"地下的"经济迅速增加，成为与发达资本主义经济之间存在着一种正在增长的趋同现象（哈维，2013：197）。

对于西方资本主义生产组织变迁的解释，主要有三种理论视角。一是经济学视角下的企业边界理论。该理论主要界定企业和市场的边界，它关注的核心问题是"自己生产"还是"外部购买"（make or buy），这决定了企业生产活动是在企业内部生产还是外部发生，其对应的生产组织形式分别是生产一体化和外包化（周黎安、王娟，2012：97）。科斯（2010：24—28）的《企业的性质》（1937）一文开创了基于交易成本的现代企业边界理论，他首先从交易费用的角度思考企业的边界，认为一项活动到底是由企业来完成还是由市场来完成取决于两者的成本比较，哪种机制所花费的成本较少，活动更有可能由其来完成（曾楚宏、林丹明，2005；王洋，2009）。威廉姆森（2014：128—152）进一步依据交易自身的特征（交易的频率、不确定性和涉及的资产专用性）来研究企业的边界，他提出交易所涉及的资产专用性越大，交易面临不确定性越高，或双方交易越频繁，那么企业相对于价格机制的优势就更加突出（王洪涛，2004；斯科特、戴维斯，2011：255—257）。

二是组织社会学中新制度主义学派下的组织变迁理论。与经济学强调效率机制不同的是，组织社会学认为组织行为和变迁主要是受到外部环境的影响，需从外部环境的角度去解释，外部环境包括技术环境和制度环境（周雪光，2012：72）。任何一个组织都必须适应环境而生存，必须从组织和环境的关系上去认识组织现象。技术环境的变迁，特别是新技术的出现和应用会促使组织形式的变迁，制度环境变化也会引起组织的变化。新制度主义强调合法性机制在组织结构内部以及在组织与制度环境中的作用，合法性机制常常导致"制度化的组织"以及组织趋同性，即不同任务、技术的组织采纳相同组织制度和做法的趋势（迈耶、罗恩，2007：7—21；周雪光，2012：106—107）。

三是劳工社会学中新马克思主义学派下的资本主义生产方式的转变理论。马克思最早提出生产组织及其变迁理论，在论述生产力与生产关系的基础上，通过对简单协作、工场手工业和机器大工业为基础的工厂制度分析，建立起一个分析资本主义生产组织及其变迁的分析框架（谢富胜，2005）。布雷弗曼从劳动过程出发，分析了垄断资本主义生产组织变迁的原因和内在机制。哈维在劳动价值论的基础上，建立了一个福特制生产组织向精益生产组织转变的理论（哈维，2013：161—165）。哈维认为全球资本主义从20世纪80年代以后经历了从"福特—凯恩斯主义"① 向"灵活积累"② 的历史性转变。相应地，生产组织形式也发生了变化，与标准化的大规模生产不同的是，小批量生产、转包和家庭及家族劳动体制开始得以复活并繁荣起来（哈维，2013：197—199）。西尔弗（2012：4—5）在《劳工的力量》一书中认为资本积累有以下几种途径：第一种，通过延长劳动时间、削减实际工资或降低福利而增加"绝对"剩余价值；第二种，组织调整和技术调整增加"相对"剩余价值；第三种，空间调整（通过将生产转移到更为廉价和驯服劳动力的地点）；第四种，产品调整（资本进入新的具有更高增加值的生产领域）；第五种，金融调整（资本完全从贸易/生产领域转移出来，进入金融和投机领域）。哈维认为，西方资本借助新自由主义全球化，通过"空间调整"战略，即将生产场所从西方国家转移到第三世界国家，解决了利润率下滑问题，完成了这种历史性转变（转引自贾文娟，2015）。可见，该理论主要以生产过程为起点来讨论生产组织变迁。

2. 改革开放以来国企生产组织变迁方式及其理论回顾

计划经济时期，中国国有企业的生产模式是集政治整合、社会控制与生产激励为一体的"单位—工厂制"模式（贾文娟，2015），企业都是按照"大而全、小而全、企业办社会"的模式建设（周文、李晓红，2009），生产组织方式是纵向一体化的，产品都是在企业内部生产完成，企业采用U型组织结构（亦称集权制、职能部门

---

① "福特—凯恩斯主义"是一种以大规模生产体系、标准化的大宗消费、国家提供社会福利为特征的刻板经济体制（贾文娟，2015）。

② 所谓"灵活积累"，是指以更加灵活的劳动过程、市场和地理上的流动性，以及消费实践中各种迅速变化为特征的资本积累新体制（贾文娟，2015）。

化或一元化的组织结构)①，企业的劳动用工形式以固定工为主，与这种身份相对应的是非契约性的终身就业以及与生老病死相关的一切社会福利保障（路风，1989）。

随着国有企业改革的不断深化，企业的生产管理模式、组织方式和劳动用工形式都发生了很大变化。在企业组织形式上，国企的改革方向由"单位—工厂制"向现代公司制转变，这种改革基本已经完成。国企在组织结构上，开始由 U 型结构向 M 型结构转变，企业从集中化管理体制走向分权化。在经济全球化市场激烈竞争的背景下，国企生产组织开始逐渐同外资企业的生产组织方式趋同，由原来"大而全"的纵向一体化大规模生产开始向分包制、代工、网络化、虚拟制造等新的生产组织形式转变，甚至出现了包工制这种生产组织方式（王立明、刘丽文，2007；吴清军，2010：177—178；贾文娟，2014）。在企业管理方式上，20 世纪 90 年代以市场化为取向的国企改革，逐步销蚀了单位作为"新传统主义"形象的制度基础，在企业层面上重构了党、工会、工人和管理者的关系，使管理者拥有了专断权力（华尔德，1996；汪仕凯，2010）。国企告别新传统主义模式，开始向国外企业学习和推行如全面质量管理、全面生

---

① U 型结构和 M 型结构都是组织结构的一种形态，U 型结构一般称为职能型组织结构，它建立在企业内部职能分工的基础之上，是一种高度集权的结构形式。企业的生产经营活动按照功能划分为若干个职能部门，每一个部门又是一个垂直管理系统，各部门独立性很小，企业实行集中控制和统一指挥，每个部门或系统由企业高层领导直接进行管理。M 型结构一般称作事业部制组织结构，是一种分权式结构，按产品、客户或地区来设立分部，分部是相对独立自主的利润中心，负责日常经营决策。U 型结构是 19 世纪末 20 世纪初西方大企业普遍采用的一种结构，随着新的技术发明不断产生，同时企业规模不断扩大，这种结构的缺陷日渐暴露：高层领导们由于陷入了日常生产经营活动，缺乏精力考虑长远的战略发展，且行政机构越来越庞大，各部门协调越来越难，造成信息和管理成本上升。20 世纪初，许多大公司开始在内部进行组织结构的变革，采用 M 型组织结构。与 U 型结构相比，M 型结构具有治理方面的优势，且适合现代企业经营发展的要求。它可以使高层领导从繁重的日常经营业务中解脱出来，集中精力致力于企业的长期经营决策，并监督、协调各事业部的活动和评价各部门的绩效（参见于显洋，2009：158—161；斯科特、戴维斯，2011：405—406）。

产维护、5S 管理等国外先进的现代企业管理方式（Zhao & Nichols，1996；Yan，2005；赵炜，2010：82—90；赵明华，2012：81—84）。李静君在对广州的几家国有企业考察后发现，市场化改革导致大部分国企出现了"失序专制主义"的生产体制，它是一种极度不平衡的工人—管理者关系（Lee，1999；李锦峰，2013）。随着改革的不断深入，国企在劳工管理和生产管理控制上与其他所有制企业趋于一致，劳动实践朝着自主、灵活，对工人组织进行管理控制的方向发展（加拉格尔，2010：76—78）。在劳动用工方面，国企开始从计划用工转向市场用工，从固定工制转向劳动合同制，逐步建立起市场化的社会保障体系与契约化的劳动合同关系，但在具体实践中却出现了用工双轨制，二元劳动力市场等现象（佟新，2006；吴清军，2010；陈剩勇、曾秋荷，2012）。这种现象主要表现在两个方面：一是国有企业中对新、老职工采用不同的人事制度；二是派遣性劳务工、农业生产中富余的农民工、外包工等非正式工种在制造业中大量使用，而且近十年来国企非正式就业人员数量呈不断上升趋势。①这种用工制度带来的体制内外的巨大差异，反映出中国社会正面临不平等性加剧的严重挑战，并成为进一步发展无法再回避而必须直面解决的问题（年志远、刘斌，2013；张志学等，2013；马勇，2014；张三保、舒熳，2014）。

对于改革开放以来中国国有企业生产组织的变迁原因，学界分析的比较少，既有研究主要关注国有企业组织的变迁，探讨"单位—工厂制"向公司制的转变以及企业结构从 U 型结构向 M 型结构转变的原因。学者们一般从市场和政治两个角度进行分析，认为中国的政治权力与新生的市场经济是中国组织与制度变迁的主要动力（周雪光，1999）。倪志伟从市场的角度分析中国国企组织的转型并

---

① 据国家社会保障部掌握的数据，我国各类企业使用劳务派遣工的人数有 2700 万人。有关专家估计，我国劳务派遣工的实际数字远不止这些。国资委的数据显示，截至 2009 年年底，89% 的央企使用劳务工，劳务工占央企职工总数的 16%（参见周婷玉等，2011）。

提出了"市场变迁理论"，该理论认为市场崛起导致了再分配机制和市场机制之间的竞争，而这一竞争推动了各类组织形式特别是国有企业、集体企业和私营公司之间的动态演变（Nee，1992，1996）。从政治角度出发的学者认为，政治权力推动了中国国企组织的转型，国企组织形式和结构的变迁主要为适应宏观体制从计划经济到市场经济的过渡，以及政府与企业关系的转变。国有企业的组织变革与国家市场经济体制的变革有着很大的同构性，是一种自上而下的制度化过程（Walder，1995；丘海雄等，1997；丘海雄等，2008）。周雪光等学者从制度学派的视角出发，认为不能把国家和市场对立起来，二者是一个互动的不可分割的关系，要从二者的关系中去考察，在制度与其文化、组织系统与其环境之间的多重关系内加以考察（周雪光，1999；李汉林等，2005）。

国企生产组织的变迁是随着国企组织变迁而进行的，学界主要从两个视角来分析国企生产组织变迁的原因。一是经济学视角下的企业边界理论，认为国企生产组织从垂直一体化向垂直分离（外包化）发展，即外包取代一体化，主要是分工与经济组织变迁的产物。学者们建立各种模型来进行分析，认为外包可以提高生产率，可以利用外部资源弥补自己能力的不足，从而集中精力强化核心能力（庞春，2010）。二是制度学派的观点，认为企业生产组织变迁的原因主要是受到环境的影响，企业技术环境、生产经营环境、市场需求环境发生变化，都会造成企业生产组织的变迁，促使企业从垂直一体化向外包发展（马光秋，2011）。

3. 改革开放以来煤企生产组织变迁方式

国有煤矿企业也与大部分国企一样经历了相似的转变。计划经济时期，国有煤企按照"大而全、小而全"的模式进行建设，矿务局或矿山企业承担投资—建设—经营等任务，煤炭行业实行指令性计划，实行"包产包销""统收统支"（《中国煤炭志·综合卷》编委会，1999：440）。企业组织形式是一种典型的"单位—工厂制"，采用的是纵向一体化的生产模式。企业用工方面，在国家劳动计划编制下，实行统一招收，统一调配，定员定额的管理方法，这一时期煤炭企业没有自主用工权，用工制度以固定工为主，亦工亦农为辅（吴迪傲等，1988：597—601）。煤矿正式职工拥有终身就业权和享受从摇篮到坟墓的一切社会保障。

随着煤企的改革，这种模式发生了很大变化。在企业组织形式上，煤企开始从工厂制向公司制转变。在企业生产组织形式方面，原来的"大而全、小而全"和纵向一体化的生产模式开始转变，一方面，煤企改革的目标以推进市场化改革、资源整合、组建大基地和大集团为主（中国煤炭工业协会，2009：3），2008年我国开始了新一轮的煤炭资源整合，煤炭企业开始进行大规模的横向合并和纵向一体化，煤矿数量由2005年的2.5万余处合并减少到2015年的9700处，预计到2020年，煤炭企业数量将控制在3000家以内，煤矿数量控制在6000处左右，新一轮煤企改革因此也被业界称为新一轮的"国进民退"（杨俊仙、要澎婷，2014；马俊，2016）。① 另一方面，越来越多的煤企开始采用承包、外包、合同采矿和托管等形式进行生产开采，矿方主要负责煤炭销售、安全监察和管理、设备大修及大型物资采购、重大安全灾害防治投入与安全专项基金等核心业务（郑志琴、郭忠林，2008；陈庆刚，2012；李孝迁，2014；刘文岗等，2015）。在劳动用工方面，虽然政策规定要求从固定工制度转向合同工制度，但是在实践中也出现上文中大部分国企出现的用工"双轨制"现象，大量农民工、劳务派遣工和外包工出现（周锋，2009）。我国煤炭工业从业人员共有525万人（2012年），其中农民工矿工高达163.47万人，煤矿工人中同工不同酬、工人权利得不到保障等问题大量存在（聂

---

① 宋亚芬：《我国煤矿数量8年减半 去年煤企亏损额同比增八成》，中国新闻网，2014年1月17日，http：//finance.chinanews.com/ny/2014/01－17/5747873.shtml，访问时间：2017年8月10日；《2017年中国煤炭行业产量规划分析》，中国产业信息网，2017年3月3日，http：//www.chyxx.com/industry/201703/500343.html，访问时间：2017年8月10日。

瑞涵，2013）。

### （二）包工制研究的相关综述

"包工制"是一种以生产发包为基础、以计件付酬为原则，通过资本所有者与雇佣工人之间的包工头进行代理控制的生产过程，由包工头自行雇佣工人并完成承包任务（马克思、恩格斯，2004：636—637）。其中，包工头不掌握生产资料，部分能够提供少量生产工具，其利润主要来自资本所有者支付的劳动价格与他们实际支付给工人的那部分劳动价格之间的差额（马克思、恩格斯，2004：636—637）。包工制是近代工业化中的一种主导雇佣和生产方式。传统包工制可以分为外包工制（putting-out system 又称为包买制）和内包工制（the inside contract system），本书主要讨论的是内包工制，因此关于外包工制将不进行综述。内包工制是在工厂制度完全确立之后存在于工厂内部的包工雇工方式（马学军，2016）。它最先由白屈克提出，他认为内包工制指的是整个生产工作委托给内部承包人完成，而非由企业雇佣的管理人员完成（Buttrick，1952；周立新，2006）。在此基础上，威廉姆森（2002：305—306）认为，这是一种介于科层组织和市场之间的中间性合约模式和准企业的组织形式。在工业革命与生产技术变革的冲击下，包工制于19世纪晚期趋于消失，企业中科学化、标准化的生产管理方式取代了包工制。包工制不仅存在于西方工业化进程中，在近代中国的各类厂矿企业中也广泛存在，特别是煤炭行业更为典型，直到中华人民共和国成立后，包工制作为一种"封建剥削制度"才被废除，学者们对于这段时期的包工制进行了相对较多的研究（Wright，1981；南开大学经济研究所经济史研究室，1983：318—324；余明侠，1994；刘明逵、唐玉良，1998：195—198；王处辉，1999；洪尼格，2011：85—120；裴宜理，2001，2014；傅春晖，2014；马学军，2016）。改革开放后，包工制又逐渐在中国工业领域再次出现，这值得我们进行关注。

### 1. 对中国近代包工制的相关研究

已有文献对于中国近代包工制的研究相对较多，但大部分文献是泛泛讨论包工制，并持彻底批判的态度而缺乏客观的分析（吴小沛，2011）。只有少数文献对近代包工制进行了比较细致深入的研究，而且分析比较客观。研究的内容主要涉及包工制的形成、特征、组织形式、运作方式、存在原因、历史作用和评价等。

包工制普遍存在于近代中国的各行各业，特别流行于煤矿、铁矿等重工业行业中。包工制最早出现在 19 世纪 60 年代的洋务企业中，这种制度是伴随着外国资本主义生产方式的进入，逐渐推广到中国近代工矿企业之中（余明侠，1994）。中国近代包工制也被称为"把头包工制"，它是西方包工制与中国传统特有的把头、包头为首的组织方式相结合而形成的一种劳工雇佣及生产作业方式（刘明逵、唐玉良，1998：195—196；马学军，2016）。因此把头包工制与中国传统包头或把头制和西方包工制是有区别的。包头或把头制，不以契约形式从手工业主承包生产任务，只掌管工人招募，并组织工人进行生产，他们从手工业主发给工人的工资中克扣一部分归为己有（王处辉，1999）。而包工制是由资本家与包工头订立承包合同，双方受合同约束，包工头负责招募工人，组织工人生产并完成承包任务，工资由资方按照包工协议付与包工头，再由包工头按照"计件"或"计时"形式支付给工人，是自由工人和包工者之间以及包工者和公司之间的契约关系（赖特，1991：223；向明亮，2016）。除上述相同外，把头包工制与包工制不同的是，把头对工人的管理是全方位的，工人对把头有明显的人身依附关系，工人在依附庇护关系下劳动，而在包工制下工人出卖的仅仅是个人的自由劳动（莫晟，2012），而且把头的组织实质来源于湘军组织，其依附庇护关系根源于秘密社会，这与西方包工制的历史根源和演化路径不同（马学军，2016）。

对于近代包工制组织形式的研究，可能受于资料的限制，既有研究大部分都聚焦于煤矿企业。在煤矿企业内部一般分为里工外工两大类，里工是公司直接招募和管理的工人，工资由矿方直接支付，多为井上技术工人；外工由包工头招募和管理，工资由包工头支付，多为井下采煤工人（南开大学经济研究所经济史研究室，1983：1；施裕寿、刘心铨，2005：894）。包工头们建立了包工大柜，用来管理外工进行生产的组织机构。包工头一般不参与大柜的日常管理，由他雇用的大柜经理和各级职员进行负责。井下职员按照职权大小分为总管、查头、二头和三头等，在井下监督工人的生产劳动，最下面是矿工，按工种又分为不同等级。其中总管是井下工作的最高负责人，在包工制中极为重要，一般由经验技术丰富之人承担（南开大学经济研究所经济史研究室，1983：167—168）。可见，包工制内部组织完整，层级分明，分工明确，构成了自成一体的生产作业系统，直接左右矿方的生产管理和工人的生活保障（马学军，2016）。这种组织结构形式具有以下几个特点：第一，权威性，把头在其组织内部具有绝对权力，拥有对工人的雇佣、开除、惩罚和收入的支配权；第二，帮会性和行会性，把头一方面利用帮会和行会来束缚和控制工人，另一方面利用同乡、宗亲、戚谊等各种社会关系来分裂工人内部的团结，达到控制工人的目的（余明侠，1994；吴小沛，2011；莫晟，2012）；第三，封建依附性，工人与把头之间存在很强的依附庇护关系；第四，专制粗暴性，包工头一般采用专制粗暴的统治方式，随意惩罚工人（Wright，1984：183）。

正因为把头包工制具有上述特征导致其产生了大量的弊端和问题，这也是很多研究对其诟病之处，认为这种制度本质是反动的，侧重其剥削、奴役工人的一面（余明侠，1994）。该制度的弊端主要表现在两个方面：一方面是对公司的影响，包工制有利于包工头短期内受益而损害公司的长期利益，降低了劳动质量和生产效率，而且包工制落后的管理方式不利于企业生产管理理性化水平的提高（南开大学经济研究所经济史研究室，1983：160；赖特，1991：

224）。另一方面是对工人的影响，包工头对工人剥削严重，常常引发劳资关系冲突，而且他还经常不顾工人死活拼命追煤，采用落后的生产技术，滥用刑罚，使得本就险情四伏的工作环境愈加危险重重，工伤事故频发，严重危害工人的生命安全（裴宜理，2014：26；向明亮，2016）。

由于包工制存在上述弊端，因此在民国期间对于废除包工制的呼吁很大，而且很多企业也努力尝试包工制的改革，但大多以失败告终，直到中华人民共和国成立后，1950 年 3 月 21 日燃料工业部颁布了《关于全国各煤矿废除把头制的通令》，号召普遍开展反把头运动，才彻底废除把头包工制（吴迪儆等，1988：25；王处辉，2001：306）。对于改革失败的原因，有学者从把头包工制内部的依附庇护关系角度进行分析，认为改革并没有打破把头和工人之间坚固的依附庇护关系，这种关系植根于秘密社会，要想彻底改变这种关系，需从企业之外的、散布于整个社会的秘密社会入手（马学军，2016）。更多学者将包工制置于当时的社会经济环境中考察，认为在当时机械化水平较低、劳动力市场不发达的环境下，包工制在招工、管理方面可以降低用工管理成本，在市场需求波动下可以降低风险，使用计件工资可以有效提高生产积极性，从而认为包工制是当时行之有效和最具有现实合理性的劳动组织方式，对中国近代企业的发展具有重要促进作用（南开大学经济研究所经济史研究室，1983：157—159；赖特，1991：224；王处辉，1999；向明亮，2016）。

2. 对改革开放以来包工制重现的相关研究

包工制在转型期的重现并非新议题，许多学者对建筑业、制造业等行业中的包工现象进行过深入的研究。研究的内容主要涉及包工制的特征、运行逻辑、兴盛原因和存在的问题。作为一种劳动力的招收、使用和管理的具体组织形式，包工制下劳动力的使用具有非正式性、灵活性、去福利化以及低成本等特点，是一种弹性用工制度（任焰、贾文娟，2010）。包工制作为一种分包劳动体制，它最主要的运行逻辑就是分包体系将责任、风险和成本层层下放，让最底层、最脆弱、最无权的劳动者来承担最大的成本，而且由于包工头与工人之间的乡缘关系所带来的遮蔽性掩盖了工人与资本之间的劳动关系（关系霸权），这种关系被资本所利用，通过包工头达到了控制工人的目的，包工头成了资方与工人之间的减压阀（沈原，2007：194—270；潘毅等，2010）。在这种劳动体制下，自然带来了各种问题，如工人欠薪问题、工伤问题、各种合法权利遭受侵犯等问题，这也带来工人因这些问题而进行的抗争（讨薪、暴力文化等），而且这种体制所引发的社会冲突随着经济的高速发展愈演愈烈（建设部政策研究中心课题组，2007；蔡禾、贾文娟，2009；亓昕，2011）。

面对这些问题，学者们开始反思包工制出现的根源，如果说传统包工制存在的基础是原始资本主义情况下城市与农村的相互阻隔，那么当前包工制得以复兴的政治经济基础则是经济全球化与市场转型。包工制是在新自由主义的资本弹性积累的市场理性逻辑与国家工业化与城市化战略目标实现的政治理性逻辑共同作用之下应运而生的，也是国企走出计划经济将自身纳入以"灵活积累"为特征的全球性经济体制的地方性实践（任焰、贾文娟，2010；贾文娟，2015）。这些研究大多基于劳动过程理论的视角，对包工制持批判的态度。也有部分学者从企业边界理论和利益相关者理论分析包工制欠薪问题和采用包工制的原因，认为应该客观评价当前的包工制，它是建筑行业理性的合约选择和组织形式，可被视为有行业和时代特色的原生性市场组织，是农民向市场寻求发展机遇的现代企业精神的体现（郭宇宽，2011）。

3. 对改革开放以来煤炭业包工制的相关研究

学界对于当前煤炭业包工制的研究很少，仅有的研究也只是简单提及生产一线采用包工制的现状及其存在的问题（多重代理与安全生产的关系、工人权利的侵犯、用工不合法等），缺乏深入的研究（梅方权，2006：113—123；依凭，2006；于建嵘，2011：33—36；颜烨，2012：204；李孝迁，2014）。对于煤炭业包工制的关注基本上来自新闻媒体，关注的焦点主要集中于包工制下煤矿的安全问题、工人合法权利遭受侵犯、用工不合法等问题。[①] 对于煤炭业包工制的形成机制、特征、运行逻辑与困境等问题，则需要进行专门的研究，这也是本研究的目标。

与包工制不同的是，对于煤炭业生产外包或承包的研究则相对较多，这些研究对本研究具有一定借鉴意义。在此，需要比较一下现代包工制与现代分包外包制（承包制）的关系。二者的联系在于：首先，二者都是在20世纪80年代以后资本主义生产方式由福特制转向后福特制或灵活积累体制时出现的（哈维，2013）。其次，二者是同一命题下的两种不同形式。它们都是经济学所关注的企业组织边界问题，即企业是"自己生产"还是"外部购买"（make or buy），所对应的生产方式为纵向一体化和分包外包模式。很显然二者都是属于外部购买，采用的是分包外包模式，本质上都是企业把一部分劳工生产和资源组织从企业中拿到市场上解决（郭宇宽，2011）。二者的不同之处在于，分包外包制是现代企业制度的重要组成部分，企业分包外包的对象是一个现代公司法人单位，是企业法和劳动法意义上的法人，都是正规的专业化分包公司，有一套正规的现代管理制度，而且大部分拥有生产资料和专业技术队伍。包工制下的包工队则不是企业法和劳动法意义上的法人，而是有准企业性质的合约组织，或者可以认为是企业的前身或一种早期企业状态。

---

① 苏长虹：《山东全面清退煤矿井下"包工队"》，《人民日报》2007年1月8日第2版；《山东肥城矿业集团梁宝寺煤矿隐瞒安全事故被通报》，新浪财经，http://finance. sina. com. cn/roll/20090724/19502970352. Shtml，2017年8月20日；《王家岭煤矿事故发生巷道系未经培训包工队施工》，腾讯新闻，http://news. qq. com/a/20100403/000009. htm，2017年8月20日；《煤矿要杜绝使用包工队》，《云南日报》2010年12月11日第A12版。

它与正式企业相比较，缺乏一套正规的管理制度，工人权利得不到保障，而且大部分包工队缺乏生产资料，只拥有一些小型生产工具，大型生产工具由发包企业提供，包工头招收工人，负责生产任务，工人专业技术水平低，因此相对来说存在的问题比较多，可以说包工队前进一步便是正式公司（诺斯，1992；郭宇宽，2011；钱德勒，2013）。下面本研究将介绍国内外关于煤炭业分包外包制的相关研究。

承包开采在采矿业较为发达的国家已经十分普遍，据统计，80％的新建矿山采用了该种模式，绝大部分承包商是专业的矿山建设公司。这种模式最早可回溯到 20 世纪 70 年代，采矿承包体制大多是在矿井建设、地下矿开拓等专业化承包的基础上发展起来的，澳大利亚的合同采矿十分具有代表性（陈庆刚，2012）。承包开采合同主要有传统型合同、风险分担型合同、伙伴合作型合同和联合经营型合同。采用承包开采对发包方来说，可以减少矿山前期投资，发包方可支配更多的资源用于核心竞争力的取得，实现资源效用的最大化；利用承包方的专业能力，可以减缓自身技术落后、管理人才紧缺的问题，降低管理费用，提高企业效率。对承包商来说，可以进一步扩大自己的业务，提高企业的管理水平和专业技术水平，推动承包商市场，甚至整个行业的发展。但是这种模式也存在一些弊端，如安全管理难度大、发包方和承包方双方目标容易出现不一致、作业工序协调难度大。在国外由于监管比较严格，企业管理水平较高，这些弊端较少出现，煤矿安全生产水平很高（戈洛辛斯基，1999；孔令标、刘振江，2010；陈庆刚，2012；Buessing & Weil，2013）。

随着国际煤炭业承包开采的发展和成熟，这种模式也开始在国内煤炭业慢慢出现，其中整体外包模式较少，部分外包较多，大型煤矿多是部分外包，小型煤矿多为整体外包，外包项目多是矿井建设和开拓项目，采掘一线外包比较少，不过承包开采将是煤炭业开采的新趋势。① 国内关于煤炭业承包开采的研究主要集中在两个方面，一方面是简单介绍当前承包开采的现状和运行制度；另一方面主要分析承包开采的优缺点（秦旭东，2006；郑志琴、郭忠林，2008；孙汉玉，2010；陈能诵，2010；高峰、郭金山，2014；王洛乾、张磊，2015；刘文岗等，2015；王霞，2017）。研究认为承包开采的优点在于：第一，可以有效降低发包方的投资风险和生产成本，提高效率，使企业更加注重于核心业务；第二，能有效解决临时性专业人员和技术力量不足的难题；第三，提高煤矿的安全管理水平。弊端在于这种模式下存在安全管理问题，与国外发达采矿业国家相比较，我国承包开采属于起步阶段，有经验的专业承包公司比较少，再加上相关的法律法规不健全，监管不严，这些都会导致安全管理问题的出现，如承包方缺乏相应的安全生产技术条件、安全管理混乱、安全投入低、承包方员工安全素质低、流动性强、承担作业风险大等问题；发包企业"包而不管"或"以包代管"，以及发包承包双方安全职责划分不清。这些都会带来安全管理问题，而且有数

---

① 中国煤炭业承包开采的发展缓慢主要是受到法律法规的约束。1986 年，国家开始在矿山企业实行承包租赁经营管理模式，从那时起，承包开采这种模式在矿山生产中开始出现。国家要求承包开采方是独立法人并要求具有一定的资质条件。目前，矿山企业发包工程是按照《建筑法》和《建设工程安全管理条例》的规定，按照工程项目进行管理，要求承包方是独立法人单位并取得相应等级的资质证书，而且中华人民共和国国务院第 446 号令《国务院关于预防煤矿生产安全事故的特别规定》、安监总煤矿〔2005〕133 号《煤矿重大安全隐患认定办法（试行）》和国家安监总局等七部委《关于加强小煤矿安全基础管理的指导意见》（安监总煤调〔2007〕95 号）规定，严禁以包代管或层层转包，煤矿不得将井下采掘工作面和井巷维修作业进行劳务承包，而且规定对于具有资质的矿建施工企业，只能承接煤矿项目建设工程，煤矿建成投产后，不能再承接采煤工程和相关辅助工程。可见国家对煤炭业承包开采只是有限开放，这种趋势直到最近才有开放的态势。《国务院办公厅关于进一步加强煤矿安全生产工作的意见》（国办发〔2013〕99 号）的文件指出："鼓励专业化的安全管理团队以托管、入股等方式管理小煤矿，提高小煤矿技术、装备和管理水平。"2015 年，国家安全监管总局国家煤矿安监局《关于加强托管煤矿安全监管监察工作的通知》（安监总煤监〔2015〕15 号）的颁布，进一步对目前煤炭企业生产服务外包模式进行了肯定和规范。这两个文件的颁布意味着国家逐渐放开并鼓励煤炭业的承包开采。

据证明确实有多起安全事故都由此引发。

综上所述，本节主要从生产组织方式变迁和包工制两个方面对既有研究进行了梳理。这些研究与本研究有着密切关系，具有重要的借鉴意义，但仍有一些不足之处，本研究正是建立在既有研究不足之上进行的探索。

对企业生产组织变迁原因的分析，学界主要有三种视角：企业边界理论（效率逻辑）、新制度主义理论（合法性逻辑）和资本主义生产方式的转变理论，学者们对其原因的解释往往从其中一种角度进行分析，但是处于转型期的中国国有企业确实具有特殊性，单从一个视角出发很难进行有效的分析，特别是企业边界理论和资本主义生产方式的转变理论，这两种理论的分析前提和基础是资本主义市场经济或完全市场经济，但国企改革是自上而下政府主导的改革，国家和制度因素主导着改革，而非市场，这种情况下，用新制度主义理论的合法性逻辑来解释国企初期组织变迁解释力似乎更强。但在计划经济体制向市场经济体制转变过程中，随着国企改革的不断深化，市场和全球化的影响因素越来越大时，效率逻辑的解释力便开始变强。因此，考察国企生产组织变迁要放在社会转型这个大背景下，而且要认识到组织变迁是一个动态的过程，这就需要我们建构一个综合性解释框架进行分析。

在对国企生产组织和管理方式具体变迁的文献梳理中，可以看到国企生产模式具体变迁的实践是多样的，这些研究对于认识改革后国企生产管理模式和劳资关系的现状有很大的益处。在既有研究中，我们可以看到国企改革在向现代企业制度转变过程中，政治权力和市场发挥了非常重要的作用，一直贯穿整个改革的进程之中。其中，权力塑造的制度环境是国企生产组织和管理方式变迁的前提条件，也在一定程度上决定着变迁的方向，以效率为取向的市场化改革，在市场逻辑的支配下催生了大量的非正式制度。在生产组织方式由一体化向分包外包模式的转变过程中出现了各种分包乱象，在劳动用工管理变迁中出现了"二元劳动结构"和"用工双轨制"

现象。在这些研究中，我们都可以发现包工制的身影，但既有研究
对这些非正式实践特别是包工制，仅限于现象的揭露和叙述，缺乏
深入的研究，既有研究重点关注企业中的正式制度、正式工人与管
理者的关系变化（从"新传统主义"转向"失序专制主义"），以及
国家力量和市场力量对于这些方面的影响，因此相关研究也无法为
当前包工制的研究提供进一步经验和理论的支持，但让我们注意到
政治权力和市场的作用。

在对包工制的既有研究中，多集中于中国近代包工制的研究，
大部分文献认为包工制是一种"封建剥削制度"而持彻底批判的态
度，也有部分研究对近代包工制的形成、特征、运作方式及其影响
进行深入分析，认为包工制不利于生产管理水平的提高，而且封建
把头严重剥削并粗暴管理工人从而常常引发劳资冲突和安全事故，
但在当时的社会经济环境下，它还是一种行之有效、有现实合理性
的劳动组织方式。可见，对近代包工制的研究已经注意到包工制引
发的权利问题和安全问题，但近代包工制所处的制度环境与当前包
工制的制度环境有非常大的不同，近代包工制的研究对于改革之后
重现的包工制虽没有直接作用，但为我们的研究提供了重要的思路
和方法，让我们关注制度环境对于包工制的影响，并且要深入包工
制内部对其组织运行方式进行考察，此外还要特别注意在制度环境
不同的情况下包工制为什么同样带来权利和安全困境。

学界对改革开放以来包工制的研究也有不少，研究认为包工制
是在市场理性逻辑和国家政治理性逻辑共同作用之下产生的，它的
运行逻辑是分包体制下通过责任、风险和成本的层层下放，从而获
得最大收益，但这种运行方式在带来收益的同时也带来了大量问题，
特别是欠薪、合法权利遭受侵犯等问题。这些研究对解释当前煤炭
业包工制的运行及其困境有很大的借鉴意义，但也存在不足之处。
一是研究多集中于建筑业和制造业中的包工制，涉及煤炭业包工制
的研究很少，仅有的研究也是简单提及并未深入，由于所处制度环
境的不同，既有研究能否解释煤炭业包工制的运行及其困境便有很

大疑问；二是既有研究多集中于研究包工制带来的欠薪等经济方面的问题，对于其安全和其他方面的问题则关注较少，即使有也只是简单提及，对于为什么会产生这样的安全问题则缺乏揭示；三是对于欠薪等问题的分析，多从劳动过程视角出发，把包工制作为一种用工模式来进行分析，重点探讨"关系"这种因素对于包工制下劳资关系的影响及由此带来的各种问题。但包工制不仅是一种用工方式，更是一种生产作业方式，没有把包工制当作一个组织结构来进行分析，如果只从"关系"视角来分析包工制及其带来的各种问题，就容易陷入微观研究之中而无法观照更宏大的背景，而如果从组织视角出发，则既能分析包工制组织内部的组织运行及其困境，也能从组织外部大环境去分析其运行逻辑和困境出现的激励或制约因素。

因此，本书将通过翔实的个案研究，从组织视角入手，分析煤炭业包工制的形成、运作机制及其权利和安全困境。

# 三　研究思路与理论框架

## （一）研究思路

本书从组织治理理论出发，通过对南矿包工制组织结构及其运作功能的分析，揭示包工制下的权益相关方——矿方、包工头和工人在包工制组织结构中的权力和地位，分析包工制权力利益上收与责任风险下移的运行机制，以及由此所导致的工人权利缺位和安全生产困境，通过对包工制组织运行机制—工人权利缺位—安全生产困境相关性的建构，揭示煤炭业包工制的制度困境及其可能出路，并与包工制的相关研究进行对话，在此基础上，反思国有企业在改革开放以来的具体实践逻辑。

## （二）理论基础

本书主要有两个研究问题，一是研究企业生产组织的变迁，包工制是如何一步步嵌入国有煤企中并成为采掘一线最主要的生产组织方式；二是分析包工制的运行机制及其权利和安全困境。本书主要研究第二个问题，第一个问题是大的背景。这两个问题都需要运用组织社会学的相关理论进行分析，第一个问题主要涉及生产组织制度变迁理论，第二个问题主要研究组织制度的运行及其权利和安全困境，涉及组织治理的相关理论。

1. 生产组织变迁理论

生产组织变迁理论主要研究生产组织结构与形式的变迁。学界对于生产组织变迁的研究并没有形成一个统一的理论，经济学、管理学、社会学等学科都对其进行过研究。学界对于生产组织变迁的研究主要有两大流派：一是交易费用的解释。交易成本理论认为组织形式的变迁主要受到交易成本的影响，它的主要代表人物有科斯、威廉姆森等。科斯开创了基于交易成本的现代企业边界理论，他首先从交易费用的角度思考企业的边界，认为一项活动到底是由企业来完成还是由市场来完成取决于两者的成本比较（科斯，2010）。威廉姆森进一步依据交易的频率、不确定性和涉及的资产专用性来研究企业的边界，他认为交易所涉及的资产专用性越大，交易面临不确定性越高，或双方交易越频繁，企业相对于价格机制的优势就更加突出，那么企业更倾向于自己生产而不是外部购买（威廉姆森，2014：128—152）。交易费用的解释是一个效率机制的解释，认为组织变迁主要是组织追求效率的结果。二是组织社会学中的新制度主义的解释。新制度主义的主要代表人物有迈耶、罗恩、迪马久和鲍威尔。新制度学派的中心命题是强调合法性机制在组织结构内部以及在组织与制度环境互动中的重要作用，它认为任何一个组织都必须适应环境而生存，必须从组织和环境的关系上认识组织现象。迈耶和罗恩强调一个大的制度环境的重要性，他们认为组织不仅追求适应所处的技术环境，而且受制于制度环境，许多组织和组织行为不是为效率所驱使，而是源于各种组织在当代社会中追求合法性以求生存发展的需要（周雪光，2007：3—4）。因此，研究组织变迁必须从组织环境的角度去研究，不仅关注技术环境，更要注重制度环境（Meyer & Rowan，1977；周雪光，2012：72）。制度环境变化会引起组织的变化，制度环境要求组织追求合法性。合法性机制指的是"那些诱使或迫使组织采纳具有合法性的组织结构和行为的观念力量"，也就是说，迫于制度环境的压力，组织会采取那些在制度环境下广为接受的组织形式与做法，而不管这些形式和做法对组织内部是否有效率（周雪光，2012：73—74；蔡禾、李晚莲，2014）。合法性机制常常导致"制度化的组织"以及组织趋同性。在此基础上，迪马久和鲍威尔从组织间关系和组织场的层次讨论了组织趋同性的渊源，并提出了导致组织趋同性的三个机制分别是强迫性机制、模仿机制和社会规范机制（DiMaggio & Powell，1983）。可见，新制度主义合法性机制是与效率机制迥然不同的一种解释路径。

组织一直面对两种不同的环境：技术环境和制度环境，这两种环境对组织的要求不同。技术环境要求组织有效率，遵循效率机制，制度环境要求组织服从合法性机制，组织的变迁正是在不同环境的多重压力下进行的（周雪光，2012：72—73）。因此，本书在探讨包工制的兴起与发展时，将综合运用组织的效率机制和合法性机制的相关理论进行解释。此外，本书也将运用组织的其他理论对包工制的结构和组织机制进行分析。

2. 组织治理理论

既有研究对于解释组织上下级关系以及内部治理和行为最重要的理论是控制权理论和行政发包制理论。

控制权理论建立在经济学不完全契约理论的基础之上，其基本思路是政府或者企业内部上下级关系可以看作是一个委托方—管理方—代理方各方之间的契约关系（周雪光，2015）。不完全契约理论认为现实中任何契约都无法将组织间或组织内部（如雇主与员工间）关系的诸多可能性全部考虑在内。由于无法指定完备契约，资产的使用不能事先完全确定，因此任何谈判达成的契约通常都由资产所有者持有剩余控制权，即所有权者占有和控制契约规定之外的资产使用权。控制权引导我们关注产权分配蕴含的权威关系和相应的组织边界，即在什么条件下经济活动应该在组织内部或者应该放在市场交易中进行（周雪光、练宏，2012）。因此，控制权的分配成为决定参与各方的激励及其相应行为的重要因素。控制权理论还认为组织内部的正式权威和实质性权威可能分离。控制权理论主要用来分析组织内部的治理结构，以及委托方—管理方—代理方之间的关系，他们三者的关系随着控制权分配的不同而不断变化。周雪光、练宏在分析政府内部权威关系时提出了控制权的三个维度：目标设定权、检查验收权和激励分配权，并认为这三个维度的不同分配组合导致了政府的不同治理模式（周雪光、练宏，2012）。

行政发包制是周黎安在借鉴企业理论中关于发包制与雇佣制的区分之后，引入政府治理领域，用来解释激励和政府行为的分析概念（周黎安，2016）。行政发包制是介于科层制和外包制之间的一种混合中间形态，是组织内部的发包关系，类似于企业内部的市场化关系。它有三个重要的分析维度：行政权的分配、经济激励和内部考核与控制。这三个维度能够准确地分析政府运行机制的结构与特点。行政发包制强调实际和剩余控制权的分配，强调剩余索取权的分配，控制权理论更强调控制权的分配组织，二者是互补关系，并非相互替代（周黎安，2014）。

煤炭业包工制可以看作是发包方与承包方之间建立一个契约关系，本书将借鉴控制权和行政发包制的相关理论来划分包工制内部的分析维度，从而来分析包工制下矿方、包工头和工人之间的权力关系，以及包工制的治理结构。

### （三）核心概念

#### 1. 包工制

包工制是一种以生产发包为基础、以计件付酬为原则，通过资本所有者与雇佣工人之间的包工头进行代理控制的生产组织方式。其中，包工头不掌握生产资料，部分能够提供少量生产工具，其利润主要来自资本所有者支付的劳动价格与他们实际支付给工人的那部分劳动价格之间的差额（马克思、恩格斯，2004：636—637）。威廉姆森认为，包工制是一种介于市场和科层组织之间的中间性合约模式和准企业的组织形式（威廉姆森，2002：305—306）。以工厂制度完全建立为基础，包工制可以分为外包工制（putting-out system）和内包工制（the inside contract system）。外包工制又称为"场外生产制"或"包买制"，是工业化早期在工厂制度与工场手工业之间的一种生产方式，其特点是生产劳动在乡村家庭即可完成，中间商、包工商负责提供原料、收购销售成品。内包工制是在工厂制度完全确定后存在于工厂内部的包工雇工方式。其特点是资方把生产劳动任务承包给包工头，并提供生产场地、原材料和生产工具，由包工头自行雇佣工人并完成承包任务（马学军，2016）。本书所分析的包工制正是这种内包工制，它是当前煤矿一线生产的一种雇佣和生产方式。具体而言就是矿方把煤矿生产一线开采、掘进等任务承包给包工头，并提供大型开采机器以及机器的维修，包工头负责提供小型工具并自行雇佣和组织工人来完成承包任务，包工头赚取矿方提供的包价和所支付工人工资中间的差价利润。本书所研究的包工制并不是固定的，它的外在形式一直处于变动中，但其内涵特征并无改变，因此本书把南矿国企改革时期一直到国企改制后存在的这种雇佣和生产方式都称为包工制。在此基础上，本书不仅仅把包工制看作是一个雇佣和生产方式，更把它作为一种生产体制来对待。

**2. 生产组织及其方式**

生产组织是一个通过劳动力买卖组成并通过复杂的分工和协调来从事为交换而协作生产的社会实体，它由人员、目标、技术和环境等要素组成（斯格特，2002：21；谢富胜，2005）。生产组织方式是生产方式在企业中具体的体现形式，它指劳动者在生产过程中相互结合的方式以及他们使用生产资料的方式（陈文灿，1982），换言之，就是人们利用什么样的生产资料进行生产以及生产规模的大小，即把人力、设备、材料等生产资源配置的一种形式（赵家祥，

2007）。本书中生产组织主要指井下生产采掘一线的劳动作业组织，而生产组织方式笔者将采用广义的含义，既包括具体的生产组织方式，还包括生产管理方式，具体指井下采掘一线生产组织所采用的包工制这种作业和管理方式。

3. 企业治理结构

治理结构是经济学和组织学的一个重要概念。威廉姆森在研究交易成本时，认为治理结构是"交易谈判和执行的制度矩阵"，是"整个交易过程的制度框架"，简而言之，就是一种合约关系，用来"降低机会主义并获取信任"的一种工具（Williamson，1979）。企业治理结构是企业中关于各利益主体之间的权、责、利关系的"一套制度安排"（林志扬，2003）。公司治理结构包括控制权的配置和行使，对企业内部各主体的监督和评价，以及设计和实施激励机制（钱颖一，1995）。根据上面所述，笔者认为企业治理结构就是在企业治理过程中各利益主体之间形成的权利义务关系，它从激励与约束角度来确定各利益主体的行为机制与行为方式（郑红亮、王凤彬，2000；陈雪萍，2004）。在本书中，笔者主要通过对南矿治理结构的分析来考察矿方、包工头和工人三者之间的关系及其行为逻辑。

4. 弹性用工

弹性用工（Flexible Employment）又称为"灵活性用工"，指不限时间、不限收入、不限场所的灵活机动的就业形式。弹性用工一般有两种形式：第一，通常被认为是一种与全日制用工相对的用工方式，包括使用临时工、季节工、钟点工（小时工）、派遣工、承包工等若干种非全日制用工形式或临时性的用工方式（Lenz，1996；刘红霞等，2015）。第二，弹性用工还包括全日制用工形态中的灵活工作安排，如弹性工作时间和弹性工作地点，即允许员工根据自己的实际生活情况来选择和调整工作时间和地点（朱文忠，2006）。本书所指的弹性用工，主要是第一种弹性用工形式，具体指煤矿企业利用包工队这种可以"召之即来，挥之即去"的农民工进行一线生产。包工队工人与企业没有签订劳动合同，与包工头也没有签订劳动合同，只是口头协议，他们是一群没有社保、合法权利经常受到侵犯的临时工人。

5. 生产安全事故

生产安全事故是指生产经营组织在生产中突然发生的，造成人身伤亡，或者损坏机器设备等直接经济损失，导致生产活动终止的事件。根据《生产安全事故报告和调查处理条例》规定，事故一般分为四个等级：（1）特别重大事故，指造成 30 人以上死亡，或者 100 人以上重伤（包括急性工业中毒，下同），或者 1 亿元以上直接经济损失的事故；（2）重大事故，指造成 10 人以上 30 人以下死亡，或者 50 人以上 100 人以下重伤，或者 5000 万元以上 1 亿元以下直接经济损失的事故；（3）较大事故，指造成 3 人以上 10 人以下死亡，或者 10 人以上 50 人以下重伤，或者 1000 万元以上 5000 万元以下直接经济损失的事故；（4）一般事故，指造成 3 人以下死亡，或者 10 人以下重伤，或者 1000 万元以下直接经济损失的事故。① 本书涉及的生产安全事故特指煤矿生产安全事故，包括死亡事故和工伤事故。

# 四　个案选取与研究方法

本书采用的研究方法是"质的研究方法"，质的研究是以研究者本人作为研究工具，在自然情境下采用多种资料收集方法对社会现象进行整体性探究，使用归纳法分析资料和形成理论，通过与研究对象互动对其行为和意义建构获得解释性理解的一种活动（陈向明，2000：12）。本书把煤矿企业包工制作为研究对象，采用个案研究进行分析。

---

① 具体参见《生产安全事故报告和调查处理条例》，中华人民共和国国务院令第 493 号，2007 年 4 月 9 日。

### (一) 个案选取

个案研究属于学术研究中质的研究方法范畴，社会学的个案研究方法来自于人类学的田野考察法。个案研究实质上是通过对某个或几个案例的研究来达到对某一现象的认识，它最为根本的目的在于要为理解社会的多样性和复杂性提供案例。个案研究的价值在于要以个案来展示影响一定社会内部之运动变化的因素、张力、机制与逻辑，通过偶然性的揭示来展示被科学—实证化研究所轻易遮蔽和排除掉的随机性对事件—过程的影响（吴毅，2007）。因此，选取个案时需要寻找具有典型性的个案，典型性是个案所必须具有的属性，是个案是否体现了某一类别的现象（个人、群体、事件、过程、社区等）或共性的性质（王宁，2002；彭玉生，2011）。

本书选择南矿为研究单位来进行个案研究，原因如下。第一，南矿历史悠久，经历了国企改革的所有阶段，这为我们剖析国企和煤企改革的过程提供了丰富的经验材料。南矿前身是 W 县唯一的地方国有煤矿，始建于 1954 年，1957 年建成投产，生产能力 3 万吨/年。2003 年，南矿实施了股份制重新组合。2005 年开始改扩建，2012 年扩建完成，生产能力 120 万吨/年。在扩建期间，南矿还进行了企业改制，现为股份有限公司，是政府控制的企业，拥有资产 15 亿元，职工上千人。第二，南矿一线生产经历了由一元到二元再到一元的过程。国企改革前，南矿一线生产全部由煤矿自己工人进行生产，改革开放后，一线生产开始引进了包工队，此时一线生产出现了包工队和煤矿自己工人双轨并存的生产结构，国企改制后，南矿一线生产转变为由包工队全部负责。这种变迁过程为我们考察包工制这种组织形式的兴起与发展提供了可能。第三，笔者与被研究者的关系。个案研究进场往往会面临两个问题：一是当研究者是"局内人"时，将会面临"进得去，出不来"的问题。局内人由于与研究对象共享同一文化，他们可以比较透彻地理解当地人的思维习惯、行为意义以及情感表达方式，因此与"局外人"相比更容易进得去。然而，正是由于他们共享同一文化，研究者可能失去研究所需要的距离感，难以看到本文化的特点而失去研究的敏感性（陈向明，2000：134—135）。二是当研究者是"局外人"时，将会面临"出得来，进不去"的问题。所谓"出得来"指的就是由于研究者与被研究者分属不同的文化群体，拥有不同的价值观念和行为习惯，因此在研究中可以与研究的现象保持一定的距离，而且研究者还可以利用自己的文化观念来帮助自己理解异文化，也可以利用异文化来加深对本文化的理解，这样就可以站在一个相对中立的立场得出结论。但是"局外人"却面临着"进不去"的尴尬，正是由于研究者与被研究者分属于不同的文化群体，因此研究者将会面临语言和理解上的障碍（陈向明，2000：136—137）。笔者在南矿同时拥有"局内人"和"局外人"的双重身份。煤矿这种工矿社区警惕性很高，外人没有关系很难进入调研，但笔者曾是煤矿子弟，相对来说对于煤矿一些共有的文化比较熟悉，此外，笔者也有一些熟人曾在南矿工作，在熟人的介绍下笔者顺利地进入南矿。而且在博士论文调研之前，笔者就曾在南矿调研过几次，因此笔者获得了局内人的身份。虽然笔者有煤矿生活的经历，但真正对于煤矿和具体研究对象，特别是外地包工队却不是很熟悉，因此笔者和他们又可以保持一定的距离，于是笔者获得了局外人的身份。笔者这双重身份为研究"进得去，出得来"提供了极大的可能性。

对于所有个案研究者来说，其研究都不想仅仅局限于个案本身。因此，如何走出个案则成为个案研究者都必须面对的问题（狄金华，2015：41）。扩展个案法为走出个案提供了可能性。拓展个案法是英国曼彻斯特学派社会人类学创始人格鲁克曼（Max Gluckman）提出的，旨在修正参与观察法的定性研究方法。在此基础上，布洛维又在操作技术和理论上进一步完善该方法（何明洁，2009：25—26）。所谓拓展个案法就是在田野之中"拓展出去"，不仅要收集和调查个案本身，还要将个案的历史、社会脉络或情境也纳入考察的范围之中。它是通过参与观察，将日常生活置于其超地方和历史性情境中进行研究。拓展个案法将反思性科学应用到民族志中，旨在从特殊中抽取出一般，从微观中走向宏观，并将过去与现状建立连接以预测未来（布洛维，2007：77—80）。它旨在建立微观社会学的宏观立场，试图立足宏观分析微观，通过微观反观宏观，并在实践中处处凸显理论的功能（卢晖临，李雪，2007）。因此，拓展个案法表面上是个案在扩展，实质在于理论的生长。

毋庸置疑，对于本书来说，并不想就个案谈个案，而是更想把对个案研究得出的结论加以提升和拓展。因此，在调查中，笔者不仅要调研南矿本身，更要把对南矿包工制的研究置于社会转型和国企改革这个大的背景中进行考察，以实现从一个煤矿的考察来透视转型期国有企业改革的地方性实践和煤矿企业改革的困境。

### （二）研究方法

笔者曾 4 次在南矿进行系统的田野调查，累计时间长达 8 个月，最后的一次长达 5 个月，时间在 2017 年 1—5 月。笔者以调研员的身份进入，实际参与煤矿的工作，这个身份没有具体的工作，但是想去哪里工作，想去哪里调研都可以，而且还可以参加煤矿的各种会议。煤矿历来排外性比较强，这个身份给调研带来很大的便利，使笔者可以很快地融入进去。

本书使用的具体研究方法包括文献研究法、参与观察法、访谈法和问卷法。

### 1. 文献研究法

文献研究法就是收集和分析与研究相关的各种现存的文献资料，从中选取信息，以达到某种调查研究目的的方法。本书主要收集四种类型文献资料进行研究。一是理论文献的梳理，收集的资料包括企业生产组织变迁的相关文献、国企生产体制变迁的相关文献和包工制的相关文献；二是收集与国企改革相关的政策和法律文件，以及国家和地方政府管理煤矿的各种法律法规和政策文件；三是收集南矿内部的相关文件和资料，如下发的文件、会议报告等；四是收集调查点和行业的各种记录文献，主要包括地方县志、煤炭志等。

2. 参与观察法

参与观察法就是研究者与被研究者一起生活、工作，在密切的接触和直接体验中倾听和观看他们的言行。运用这种方法，观察者不仅能够对当地的社会文化现象得到比较具体的感性认识，而且可以深入被观察者文化的内部，了解他们对自己行为意义的解释。在这种方法中，观察者具有双重身份，既是研究者又是参与者（陈向明，2000：228）。在本书中，笔者采用该方法深入南矿和包工队内部，考察它们的运作过程，了解它们的行为模式，以期对南矿及其包工队有一个比较直观和完整的认识。在实际调研操作中，笔者将以南矿工作人员的身份进行参与观察，如观察南矿特别是其生产系统的日常运行、参加南矿以及上级检查部门组织的各种重要会议、参与南矿对包工队的检查验收和管理工作、观察包工队的日常运行、观察包工队工人的生活和工作环境、参与包工队工人的安全学习、参与包工队工人的饭局和其他娱乐活动、参与包工队工人事故处理等等。

3. 访谈法

访谈法是质的研究方法中最常用的基础方法。访谈可以分为结构型、无结构型和半结构型访谈，半结构型访谈指的是研究者对访谈的结构具有一定的控制作用，但同时也允许受访者积极参与。本书将采用半结构型访谈。访谈对象包括以下几类：（1）煤矿生产一线的参与者，包括包工头、队长、班长、一般工人及其家属。通过对这一类人员的访谈来了解包工队内部的一些情况，如包工队的组织构成、人员构成、薪酬待遇、工作环境、工作强度、安全问题、权利状况等。（2）煤矿的辅助工人，包括地面辅助工人和井下辅助工人，如充灯工、安全员、瓦斯员、电工、运输工等，通过对这一类人员的访谈来了解南矿的历史和管理以及与包工队的关系等。(3)煤矿的中层管理者,包括安全员、生产科长、安全科长、劳资科长、调度主任等。通过对这一类人员的访谈来了解煤矿与包工队的关系,如生产、安全的分工与职责,包工队的安全问题,用工状况等。(4)煤矿的高层管理者,包括总经理、矿长、安全矿长、生产矿长、工会主席等。通过对这一类人员的访谈来了解南矿的一些情况,如南矿的历史发展、当前经营状况、使用包工制的原因、对包工队的管理等。(5)主管煤矿的相关部门人员,包括县煤炭工业局的相关人员、县安全生产监督管理局的相关人员、县人力资源和社会保障局的相关人员。通过对最后这一类人员的访谈来了解相关部门与南矿的关系,如每年关于生产任务的下达,安全生产责任书的签订,对南矿包工队存在的看法等。根据理论饱和原则,在每一种类型中分别选取一定的调查对象,总共访谈对象一百多人,文中具体涉及的访谈对象有 84 人,访谈形式既包括个体访谈,也包括群体访谈,最终收集整理出的访谈资料多达 45.8 万字。

4. 问卷法

问卷是社会调查中经常用来收集资料的一种方法。本书采用问卷法主要是弥补访谈法的一些不足,用来收集包工队工人的一些情况,如人口学特征(年龄、文化程度、籍贯、户籍等)、家庭基本情况、与包工头的关系、找工作的方式、对生活和工作的体验和看法、对法律的认知情况、是否维权等。因为笔者有所有包工队工人的花名和基本信息,且工人基本上都是在煤矿宿舍居住,所以采用了随机抽样方法,发放问卷 100 份,回收问卷 100 份,所有问卷都由笔者自己发放,由被调查者在下班时间现场完成。

# 五　篇章安排

本书包括七章。除了交代研究缘起、议题、文献述评和方法的

第一章外，其他各章的主题和研究思路如下。

第二章题目为"南矿的历史以及包工制的发展演变"。本章主要介绍南矿的历史以及包工制的发展演变。具体分析两个问题：第一，南矿的历史发展演变，介绍南矿从 1954 年至今的变化，具体分四个时期进行介绍；第二，包工制的发展演变，通过对南矿不同时期的生产体制、用工模式和基建体制的考察来分析包工制的形成、发展与变迁。

第三章题目为"包工制的组织结构与运行机制"。本章具体讨论三个问题：第一，包工制的组织构成。从三个方面进行论述：包工队的后勤系统及其职责、包工队的生产系统及其职责以及包工队的管理制度，分析包工队内部的权力结构配置。第二，包工制的人员构成。从性别、年龄、文化程度、户籍、来源地分布等人口学特征来分析包工队工人的情况及其相互之间的关系。第三，包工制的运作机制。从目标设定权、实施/激励分配权、安全生产监督权和检查验收权四个方面入手，探讨两个问题：一是矿方和包工头各自在生产中的分工与责任，揭示矿方与包工头的关系；二是包工队内部包工头、工头和工人在生产中的分工与责任，揭示包工头与工人之间的关系。通过对包工制的组织结构和运行机制的分析来研究矿方、包工头和工人三者之间的权力结构及其关系。

第四章题目为"包工制的功能"。在既定的权力配置下，矿方是如何借助包工制转嫁成本，规避风险，实现利益最大化，风险最小化，从而在激烈的市场竞争中生存，具体从管理责任、用工成本、生产效率和安全责任风险四个方面来分析。

第五章题目为"包工制下的工人权利状况及其困境"。通过对包工队工人的权利现状、工人对此现状的行动表达，以及包工头和企业的应对的考察，揭示包工制下的工人权利状况及其困境。

第六章题目为"包工制下的安全监管及其困境"。本章主要从煤矿安全监管的制度安排、煤矿安全生产状况以及安全事故的发生与治理进行分析，揭示包工制下的安全监管及其困境。

第七章题目为"结论与讨论"。本章主要总结和探讨三个问题：第一，讨论煤炭业包工制形成与发展的原因；第二，总结归纳煤炭业包工制的运作逻辑，并与包工制的相关研究进行对话；第三，分析包工制的制度困境及其出路。

# 第 二 章

# 南矿的历史以及包工制的发展演变

南矿位于 W 县，该县历史悠久，境内山河交错，沟壑纵横，历来被视为兵要之地（W 县县志编纂委员会，1986：7）。W 县虽地势崎岖，耕地较少，但矿产资源却十分丰富，主要有煤、铁、铝、泥炭、油页岩、石灰岩等，其中煤炭资源特别丰富，素有"煤乡"之称，已探明储量为 28 亿多吨，为全国 100 个重点产煤县之一。2008 年以前 W 县共有 30 余座煤矿，大部分为乡镇煤矿，产能较低。2009 年 W 县开始煤炭行业兼并重组，经过几年整合，截至 2017 年，W 县拥有 11 座现代化矿井，其中生产矿井 8 座，建设矿井 3 座，实际生产能力为 645 万吨/年。

据 2018 年统计，W 县总人口约为 22 万人，其中城镇人口 4 万，农村人口 18 万。生产总值 50 亿元左右，在全市所有县区中倒数第五，其中第二产业占生产总值的 65%，城镇居民人均年可支配收入 2.1 万元，农村居民人均年可支配收入 6000 元，属国家扶贫工作重点县[①]。煤炭产业一直是 W 县的优势和支柱产业，并形成了"一煤独大"的产业结构，经济发展严重依赖煤炭产业。随

---

① 国家扶贫工作重点县，又称国家级贫困县，是国家为帮助贫困地区设立的一种标准。中国从 1986 年开始进行大规模扶贫开发工作，从上到下成立了正规的扶贫机构，并划定了国家级贫困县，之后于 1994 年、2001 年和 2012 年进行了标准和名单调整，W 县自从 1986 年进入国家级贫困县之后，一直到现在仍为国家级贫困县。

着煤炭行业"黄金十年"的过去，煤炭市场的持续疲软，给 W 县经济发展带来了前所未有的挑战，连续几年出现负增长，直到 2016 年随着煤炭市场的回温，W 县经济形势才开始好转。如何突破"富饶的贫困"这种"资源诅咒"[①] 现象是 W 县当前最主要的工作。

　　南矿位于 W 县 H 镇和 P 镇的交接处，距 W 县城 40 千米，行政区域属 H 镇，省道和运煤铁路线从其井田通过，交通十分便利。南矿前身是 W 县唯一的地方国有煤矿，始建于 1954 年，属地区国营煤矿，设计能力 3 万吨/年。1979 年，移交至县政府全权接管，属县营国有企业。2010 年企业改制完成，成为股份有限公司，属于政府控制的企业。2004 年改扩建，年生产能力从 9 万吨增至 120 万吨/年，2012 年扩建完成，2013 年投产验收，由基建矿井转变为生产矿井，成为县四大集团煤矿之一，拥有职工千余人。下面将对南矿的历史以及包工制的发展过程进行介绍。

# 一　南矿艰难探索时期（1954—1982）

　　W 县位于煤田的边缘，该煤田在 W 县面积 150 平方千米，占全县总面积的 9% 左右。该区含煤 10 层，总厚度为 16 米，煤种主要为焦煤、瘦煤和贫煤，煤炭资源十分丰富。[②] 中华人民共和国成立后，国民经济进入恢复和发展时期，为支援工业经济发展，在"一五"

---

　　① "资源诅咒"的命题最早是由 Auty 在 1993 年提出的，这个问题从提出至今一直困扰着经济学界，该命题认为丰裕的自然资源可能会对区域经济发展产生负面影响并导致收入不平等、寻租腐败等系列社会问题（Auty，1993；邵帅等，2013；袁建国等，2015）。

　　② 其中焦煤有 3.5 亿吨，是冶炼工业的优良原料，瘦煤 11 亿吨，含硫量小，为优质动力煤，贫煤 13.5 亿吨，主要用于发电燃料（W 县县志编纂委员会，1986：140）。

期间，国家兴建了一大批煤矿。正是在这个时期，专区政府开始在管辖县区内新建一批煤矿，性质为专营煤矿。1954 年，由专区政府投资在 W 县 P 镇新建老沙煤矿，设计生产能力为 3 万吨/年，1957年，老沙煤矿建成投产，拥有职工 100 多人，是 W 县唯一一座国营煤矿，也是该县第一座采用动力机械进行排水、提升和照明的煤矿①，这标志着 W 县煤炭工业发展的起点，也是由小型变中型，由手工操作开始向机械生产发展的开端（W 县县志编纂委员会，1986：141）。1958 年，当老沙煤矿准备正式出煤时，"大跃进"运动开始了，煤炭生产计划一改再改，指标一次比一次高，与高指标相对的是，在实际生产中废除了煤矿许多安全操作章程，开始瞎指挥，特别是在技术工作上，为了提高产量，一大批淘汰的滥采乱掘的旧式采煤法又开始出现（吴迪儆等，1988：43；薛毅，2013）。"大跃进"给煤炭工业造成了严重的后果，生产矿井采掘关系严重失调，巷道和设备失修，生产能力受到严重破坏，全国煤矿产量不升反降（吴迪儆等，1988：44—45）。老沙矿也受到"大跃进"的冲击，生产能力大大下降，产量从 1958 年的 4 万吨降到了 1961 年的 1 万吨左右。

为了补充产量，1962 年专区政府在离老沙矿 10 千米左右的 H镇南村新建一座立井，隶属于老沙矿，这就是南矿的前身，由于缺乏相应的地质勘探资料，在 1964 年井筒施工中涌水量过大而被迫停工。1965 年，老沙矿因前几年的滥采乱掘严重破坏了采区，不能进行生产，老沙矿全部人员搬迁到南村新矿，原老沙矿关闭，新矿因位于南村所以变更为南矿，仍为 W 县唯一的地营煤矿。同年，南矿开始中断了一年的建设，设计生产能力为 21 万吨/年，但好景不长，1966 年"文化大革命"开始以后，对煤矿工业的破坏是极其严重的，煤炭工业经历了一场浩劫，各级管理人员被打倒，

---

① 使用动力机械进行排水和提升，是西方煤业现代化的重要标志（参见赖特，1991：46）。

在"政治挂帅"等极"左"思想指导下，技术管理工作大大削弱。这些打乱了煤矿基本建设程序和秩序，导致出现方案多变、设计多变和计划多变的情况，使大部分矿井建设周期长，浪费严重（《中国煤炭志·综合卷》编委会，1999：174）。南矿的建设也不例外，因此直到1973年，历时8年之久，耗资数百万元，南矿才勉强竣工投产，生产能力由原来设计的21万吨/年变为9万吨/年，职工200余人。

虽然南矿勉强开始生产，但由于地下涌水量过大，地质结构复杂等因素，在实际生产中远远达不到9万吨/年。1975年煤炭工业部恢复建立后，要求大力发展煤炭工业，提高煤炭产量（《中国煤炭志·综合卷》编委会，1999：227）。为此，地区政府在1975年拨款让南矿在距离旧矿5千米外的P镇东村新建一座斜井（W县县志编纂委员会，1986：141）。这次建设吸取了前两次建设的经验教训，严格按照煤矿建设基本程序进行。1979年南矿旧矿因不能生产而关闭，全部人员与设备搬迁到东村新矿，仍称为南矿。同年，地区政府将南矿移交至W县政府全权接管，成为县属国营煤矿。1980年，历时5年，南矿新井建成投产，设计生产能力3万吨/年，为斜井开采。十一届三中全会以后，国家工作中心转移到经济建设上来，为满足经济建设对煤炭的需求，国家要求各地煤矿把矿井改扩建作为煤矿基本建设的重要任务。1980年，国家利用"换油煤"（用煤换油，煤出口）资金贷款扶持地方煤矿建设的政策之后，W县投资190万元改扩建南矿，1982年扩建完成，拥有资产659万元，职工400人左右，生产能力由3万吨/年提升到9万吨/年，采用斜井开采，绞车提升，矿车运输，基本上成为半机械化的矿井，仍为全县唯一的县属国营煤矿。[①]

从老沙矿到南矿再到新南矿，这28年的时间里，正常生产时间仅为13年左右，一大半时间在煤矿建设。生产与建设是煤炭工业两

---

① 资料来源于南矿内部资料。

个不可分割的部分，煤矿建设的特点，决定它的建设周期长、投资数额大、资金回收慢，没有雄厚的资金是不可能的，而且像老沙矿和老南矿这样的矿井生产几年就关闭，根本没有收回成本，亏损严重，在正常的市场经济中，这样的投资回报率是不可能继续下去的。这也只能在传统的社会主义经济下，国营企业实行"软预算约束"的情况下，南矿才能一次次在国家通过追加投资、增加贷款、减免税收、增加补贴等方式的帮助下渡过困境（科尔内，1986 年；科尔奈，2006：133—134）。这 28 年基本上处于中国的计划经济时期，下面将介绍这一时期煤矿的建设管理制度、组织管理结构和劳动用工管理制度。

计划经济也称为指令性经济，是一种高度依赖指标进行管理的经济制度（李若建，2009），这一经济制度正式形成于"一五"计划期间。在计划经济时期，煤炭行业实行的是高度集中统一的管理模式，国家统购统销，生产上煤矿企业严格按照国家规定的计划执行，材料物质供应上实行统分统配，煤炭销售价格由国家统一规定，用工管理上根据生产计划编制劳动计划，实行劳动的定员定额管理。

在国营煤矿基建投资管理方面，实行国家拨款、实报实销、建设单位自营的办法。基本建设项目形成了以矿务局为建设单位（甲方），基建局（公司）为施工企业（乙方）的施工管理体制，开始实行承发包合同制。施工企业全部是国营企业，隶属于煤炭基本建设司或各地方矿务局，建筑工人一般由固定工和基建工程兵组成，这一时期，全国最多时共有 93 个工程处，23.7 万名施工工人，他们负责所有煤矿的建设项目（《中国煤炭志·综合卷》编委会，1999：175—177）。老沙矿、老南矿和新南矿的建设全部由国家投资，由所属矿务局下的国营建设企业进行建设。

这一时期，煤炭企业领导体制也一直处于变化之中。1960 年以前煤炭企业普遍实行总工程师负责制，1960 年以后改为党委领导下的局（矿）长负责制，"文化大革命"期间，矿长负责制被推翻，军代表进驻煤炭部，普遍建立了革命委员会，全国各主要煤矿企业都进驻军代表，按照军队模式组织生产，设立三部一组（政治部、生产指挥部、后勤部和办事组），分别管理企业的政治思想、生产技术、后勤服务和行政事务（《中国煤炭志·综合卷》编委会，1999：460），这种模式直到1985年才开始改革。老沙矿、老南矿和新南矿的管理体制大致也遵循了此种办法。

这一时期在劳动用工方面，实行劳动计划编制，对劳动力进行定额定员管理。国家劳动部门有计划地为煤矿企业安排劳动力，与这种劳动调配制度相联系的用工制度是固定工制度。固定工制度下，实行有计划、有组织地招收和分配，既不能随意招收，也不允许任意解雇，职工队伍比较稳定，这个制度一直沿袭到20世纪80年代中期才废除，这期间也使用一些其他的用工制度，但主要以固定工制度为主（吴迪傲等，1988：597）。老沙矿在1954—1958年间主要以单一的固定工为主，1958年为开展"大跃进"，完成超额生产指标，与全国大部分煤矿一样，从农村中招募大量的合同工和临时工，直到1962年煤炭基本秩序恢复以后，这些新招的合同工和临时工才被全部辞退，老沙矿又成为单一的固定工制度。1964年，国家主席刘少奇针对固定工"能进不能出"和用工制度过于单一的弊端，提出了实现两种劳动制度（固定工和亦工亦农制度）的意见。为贯彻指示，煤炭工业部开始在一些省市试行了亦工亦农制度，从1965年起，亦工亦农制度在全国煤炭工业企业推广，1966年煤炭工业部发出了《关于试行亦工亦农劳动制度有关问题的通知》，至此亦工亦农制度成为与固定工制度并行的一种劳动用工制度（《中国煤炭志·综合卷》编委会，1999：524）。老沙矿也在1965年以后开始采用亦工亦农制度，在新招工时，少用固定工，多招亦工亦农工。"文化大革命"期间，煤矿的亦农亦工制度停止实行，1970年为缓解煤矿劳动力的短缺，同全国国营煤矿一样，老南矿的亦工亦农工人全部转为固定工。至此，南矿的用工制度又变为单一的固定工制度，直到 1981 年以后煤矿用工制度的改革。

# 二　南矿缓慢发展时期（1983—2003）

1983 年，南矿由基建矿建转变为生产矿井，具备了生产出煤的条件。改革开放以降，随着国民经济的恢复，各方面对煤炭需求急剧增加，国家开始大力发展煤炭工业，煤炭行业也随之开始改革，这一时期改革主要围绕扩大企业自主权和推行企业承包经营责任制展开。与其他行业不同，煤炭行业首先从单向改革开始。1983 年 3 月，煤炭工业部在北京召开全国煤炭工业改革座谈会，确定了煤炭工业经济体制改革的基本方向：改革计划管理，实行计划经济和市场调节相结合；扩大企业自主权；改变以往使用行政手段管理经济的办法，把经济手段和行政手段结合起来（吴迪微等，1988：96）。按照这一方向，在生产经营、基本建设、煤炭销售、工资分配、劳动用工等方面进行了改革探索。[1]　1984 年 5 月，国务院颁发了《关于进一步扩大国营企业自主权的暂行规定》，简称"扩权十条"[2]，同年 6 月，煤炭工业部召开了全国煤炭工业厅（局）长座谈会，贯彻国务院关于扩权十条的决定，并在总结过去几年单项、局部改革的基础上，提出统配煤矿投入产出总承包方案。这一方案于 1985 年在统配煤矿开始正式实行，同年这一方案推行到全国所有国营煤矿。之后又进一步完善企业经营承包制，开始实行企业内部承包制以及

---

[1]　在生产经营方面，许多局、矿实行了产量和财务包干；在基本建设方面，试行了包建制和招标投标制；在煤炭销售方面，实行产销统一的体制；在工资分配上，实行了吨煤工资包干；在用工制度方面，实行固定工与农民轮换工相结合（参见吴迪微等，1988：96—98；中国煤炭工业协会，2009：2）。

[2]　"扩权十条"具体指的是扩大企业在生产经营计划、产品销售、产品价格、物质选购、资金使用、资产处置、机构设置、人事劳动管理、工资奖金和联合经营十个方面的权利。具体参见国务院《关于进一步扩大国营企业自主权的暂行规定》，国发〔1984〕67 号。

局矿长负责制①等多种形式的承包经营形式。与此同时，配套改革不断推进，开始在工资分配、劳动用工和基本建设等方面深化改革（吴迪傲等，1988：98—104）。与其他国营煤矿一样，南矿也经历了上述从单向、局部向整体的改革，下文主要从两个方面介绍南矿的改革。

首先是劳动用工制度的改革。与其他煤矿一样，南矿一直把整顿企业劳动组织列为企业管理的日常工作，并作为改善内部经营机制和提高劳动效率的重要手段。截至1982年年底，南矿拥有职工400余人，其中正式工300余人，其他临时人员100多人，仅在1981年和1982年两年间，就新招年轻职工（18—28周岁）100余人，与年生产能力9万吨相比较，南矿冗员十分严重。造成这种现象主要有三方面原因：一是工资分配制度，1983年以前，国营煤矿实行的是按人头多少提取工资总额，用人越多，工资总额越多，企业的工资总额、职工个人的工资收入同产煤多少、效率高低、经济效益好坏没有多大关系，企业增加工资总额全靠增人，出现企业吃国家"大锅饭"，工人吃企业"大锅饭"的现象，从而导致国营煤矿冗员严重，劳动效率低下（吴迪傲等，1988：611）。我们可以从当时任南矿办公室主任ZSY的话语中看到：

> 1982年的时候矿上大概有400余人吧，那时候国家政策是按人来给企业下拨工资的，工人越多，给的就多。本来在1979年搬到新矿时才两百四五十号人呀，1980年到1982年这3年就新招了150多人，一是由于煤矿扩建确实需要人手，还有一个就是为增加煤矿收入，平时煤矿增人国家管得很严，每年都要按照劳动计划来，只有在扩建时期，国家才会放松一些，我们正好抓住这个机会，3年进了不少人，其

---

① 1985年煤矿又恢复实行矿长负责制，矿长对企业的经营决策和日常行政指挥实行全面负责，处于企业生产经营的中心地位。

实完全用不了这么多人。那时候煤矿效益不好，煤价也是国家统一定价，我记着一吨煤好像才 20 多块钱，但是各种生产成本下来都不止 20 块，所以企业效益很差。为了能从国家那里多拿点钱补贴一些企业负担，就是单单在工资这里面，我们那时候也想了不少办法了。煤矿虚报高过工人人数，还虚报过职工工种，因为不同的工种，国家给下拨的工资不一样，固定工给得最多，所以我们一般多报固定工，在实际用工的时候我们好多都用成了临时工，这样就能省出不少钱来可以干其他事。（ZSY，80 年代初期担任南矿办公室主任，1986—1993 年为南矿矿长，20161015）

造成冗员的第二个原因是固定工制度效率低下，南矿不得不通过增加工人数量来增加产量。关于计划经济时期国营企业劳动效率的论述，不论是官方舆论还是学者研究，大部分认为那个时期国营企业的生产效率低下，并将其归因于全民所有制职工的铁饭碗和劳动报酬中的平均主义，他们认为在计划经济时期，企业实行固定工制度，导致企业无权解雇工人，而且在这种体制下，工人工资是固定的，与个人投入和企业绩效不相干，干多干少一个样，干好干坏一个样，从而导致劳动纪律涣散，劳动效率和出勤率下降（Walder，1986：200—219；林毅夫等，1999：83；吴敬琏，2007；张文魁、袁东明，2008：3）。[①] 从下文笔者对一个固定工的访谈中可以看出南矿当时低下的劳动效率。

我来矿上上班是接我爸的班，他 1981 年退休，我 1981 年初中毕业就来了，来煤矿身份是固定工，吃公粮的，当年就转成了非农户口。跟我一批来的有四五十个年轻小伙，俺们来了

---

① 胡乔木：《按照经济规律办事，加快实现四个现代化》，《人民日报》1978 年10 月 6 日。

都分配到井下一线去采煤或搞掘进，我被分配在掘进上，三班倒，一个班班长带领我们十几个干活。俺们那时候上班可松了，常常上半个班就找借口跑了，不是头疼就是肚子疼，就跑上井了，反正下去了记上工了，又不管什么时候上来，俺们常常几个人一起就偷跑上井了。跟班队长见了俺们，还得给俺们好好说话，"孩孩们不要走了，快干完呀"。就是下去也很少动，在工作面溜达溜达，都是老工人们在干活，年轻人都干得很少，俺们是在磨洋工了，出工不出力，老工人们也不指望俺们干活，班长们也管不了我们，俺们是固定工，又不能开除处罚。俺们就是上几天算几天，想上了上，不想上了就歇歇，假如今天不想起床了就不去了，最大上十来天班就不动了，有个吃饭钱就不上班了，没钱了再来上班。那时候一天就出不了多少煤，瞎胡干了哇，干多少算多少。那时候自由懒散惯了，跟现在不一样了。（HWP，机电队队长，原固定工，20141109）

第三个原因是采掘一线人员倒流严重，井下劳动力紧张，南矿不得不通过增加工人数量来增加产量。计划经济时期，国家在国营煤矿实行统一的八级工资标准，同级工人井上井下岗位差距很小，特别是在"文化大革命"时期，井下计件工资取消之后，同级工人井下工人只比井上工人一个月多挣十几元，井下工作累，危险系数高，这就导致大量井下工人通过种种关系倒流到井上工作，从而造成井上冗员严重，井下劳动力紧张（梅方权，2006：103—105）。国家为此多次下发文件解决这种现象，1978 年，为适应煤炭生产发展的需要，解决井下劳动力紧张问题，煤炭部下达控制各类人员比例，规定采掘工人的比例要达到原煤生产工人的50%以上，非生产人员的比例不得超过23%，动员1973 年以后新招的倒流采掘工人归队。1981 年，为解决采掘工人倒流的问题，与国家劳动总局联合颁布了《关于统配煤矿当前劳动方面几个问题的暂行规定》，下发《做好采掘工人返回采掘一线工作的通知》，重点动员 1978 年以后招收的倒流采掘工人归队，清退计划外用工和加强劳动纪律，动员长期旷工人员返矿（《中国煤炭志·综合卷》编委会，1999：520）。南矿也执行了上述政策，但效果不佳，为此南矿不得不通过新招工人来补充井下劳动力。

1983 年，国家开始在国营煤矿改革工资分配制度，在工资分配上试行吨煤工资包干制度。实行吨煤工资后，按照出煤的多少提取工资总额，不再采用以前按照人头提取工资总额的方法，开始将企业工资总额与煤炭产量直接联系起来，这有利于调动企业和职工的生产积极性，提高企业的经济效益（王克忠、王利民，1985）。工资分配制度的改革使冗员问题成为许多煤矿越来越沉重的负担。为适应工资分配改革，改变用工制度上只进不出的"铁饭碗"弊病，减轻煤矿负担，提高企业效益，南矿开始改革招工、用工制度。

改革开放前，南矿几次招工大部分都是通过"子女顶替"和"内招"进行的。子女接班顶替作为一项特殊的招工政策，在 1962 年以后逐渐形成一种制度。该制度是作为一种补偿性、照顾性的福利政策提出的，是社会主义国家父爱主义的一种体现（田毅鹏、李珮瑶，2014）。这项制度在改革开放初期，由于企业在执行政策过程中，往往使用"化大公为小公"的实践策略，使得子女顶替和内招制度弊端丛生，不仅使企业新招人员素质下降，而且存在大量人际关系严重影响企业的正常管理（杨万义，1983）。在此情况下，南矿从 1983 年开始响应国家号召，认真考核前几年招收的子女顶替职工，对不符合招工条件的职工进行清退，不能胜任工作的职工进行调岗，而且开始减少子女顶替的名额。直到 1986 年，国务院实行劳动合同制，颁布了《国营企业招用工人暂行规定》，规定企业不得以任何形式进行内部招工，即废止了煤矿企业"子女顶替"和"内招"的制度，煤炭企业实行多年的"子女顶替"和"内招"才全部停止（《中国煤炭志·综合卷》编委会，1999：515）。

在改革招工制度的同时也进行了用工制度的改革。前文已经讲到1981年前，南矿在用工制度上实行的是单一的固定工制度。1981年，煤炭工业部和与国家劳动总局联合颁布了《关于统配煤矿当前劳动方面几个问题的暂行规定》，要求在煤矿采掘工人中实行固定工与农民轮换工并存的两种用工制度，并对农民轮换工的使用范围、使用办法、工资待遇、管理事宜等作了具体的规定（吴迪徽等，1988：598）。这个规定只是针对统配煤矿，像南矿那些非统配国营煤矿便开始变通地执行国家政策，在招工时开始招收农民协议工，在1981—1983年间招收农民协议工100多人，招收的这些工人主要补充到井下采掘一线，用来缓解井下劳动力的不足。1984年国务院正式颁布了《矿山企业实行农民轮换工制度试行条例》，同时煤炭工业部也颁布了《关于统配煤矿改革劳动制度实行农民轮换工制度的补充规定》，这两个规定对煤矿企业改革用工制度和井下实行农民轮换工制度的目的、工人来源、在企业的政治和经济待遇，以及劳动保护、劳动保险和轮换回乡的安置等都作了明确的规定，国家开始正式承认农民轮换工制度，这有效地推动了煤矿企业用工制度的改革，国营煤矿开始大量招收农民轮换工，在用工制度上开始出现固定工和农民轮换工制度并行的局面。按照上述政策的要求，南矿把1984年以前招收的农民协议工全部转变为农民轮换工。同年省下发文件《关于进一步加快我省地方煤矿发展的暂行规定》《省煤炭厅简政放权的几项规定》进一步下放企业自主用工权，规定国营煤矿在自有资金内有权自行招用轮换工、合同工、临时工和外包工等，而且有权根据本单位实际情况确定招工对象和地区。在这些政策之下，南矿开始获得用工自主权。

表 2 - 1　　　　　　　　煤炭行业不同身份职工的社保和福利待遇

| 类别 | 固定工① | 亦工亦农 | 农民轮换工② | 农民协议工 | 临时工③ | 合同工④ |
|---|---|---|---|---|---|---|
| 开始时间（年） | 1952 | 1964、1978 | 1981 | 1981 | 1952 | 1986 |
| 结束时间（年） | 1986 | 1966、1986 | 1995 | 1983 | / | / |
| 户籍 | 城市 | 农村 | 农村 | 农村 | 城市/农村 | 城市 |
| 就业期限 | 终身 | 1—5 年 | 3—5 年 | 1—2 年 | 灵活不固定 | 长期 |
| 工作地点 | 井上井下 | 采掘一线 | 采掘一线 | 采掘一线 | 采掘一线 | 井上井下 |
| 劳动报酬 | 高 | 低于固定工 | 高于固定工 | 低于固定工 | 低于固定工 | 等同固定工 |
| 社会保险 | 全部 | 部分 | 部分 | 很少 | 很少 | 全部 |
| 福利待遇 | 全部 | 部分 | 部分 | 很少 | 很少 | 全部 |
| 能否辞退 | 不能 | 能 | 能 | 能 | 能 | 能 |
| 退休权 | 有 | 无 | 无 | 无 | 无 | 有 |
| 子女接班权 | 有 | 无 | 无 | 无 | 无 | 无 |

注：表为笔者根据 1949 年后我国颁布的各种用工制度政策整理所得。

———————

①　固定工拥有终身就业权和享受从摇篮到坟墓的一切社会保障，如住房、医疗、食堂补贴、伤残补助、子女上学、退休等，属于典型的低工资高福利。

②　农民轮换工从农村社队招收，年龄为 20—30 周岁的男性青年，政治上与固定工一视同仁，但其社员身份不变，户粮关系不转，所分责任田、自留地保留。农民轮换工必须安排在采掘第一线，不准借调从事其他工作或转为固定工，采掘一线是艰苦有害身体健康的工种，为保护他们的身体健康，这些岗位实行定期轮换，使用期限一般为 3—5 年，最长不超过 8 年（在南矿有很多农民轮换工超过了 8 年轮换期，这些工人大部分与企业领导有亲属关系，他们通过其他形式建立了新的劳动关系而留了下来），到期返回农村，不得连续使用。在岗期间，工资待遇高于固定工，患病、负伤、致残、死亡后的待遇低于固定工（于建嵘，2011：86）。具体参见《矿山企业实行农民轮换工制度试行条例》（国发〔1984〕88 号）、《全民所有制企业招用农民合同制工人的规定》（国务院令第 87 号）1991 年。

③　临时工指根据国家劳动计划、经各级劳动部门批准临时使用、到期可以辞退的人员，包括从事季节性、临时性生产和服务工作的人员。1989 年国务院令第 41 号《全民所有制企业临时工管理暂行规定》规定，临时工是使用期限不超过 1 年的临时性、季节性用工（参见于建嵘，2011：85）。

④　这里的合同工指的是城镇合同工，是废除固定工制度后实行的新制度，与城镇合同工相对的是农民合同工。农民合同工指的是亦工亦农、农民轮换工和农民协议工等身份工人，是从农民中招用的使用期限在 1 年以上，实行劳动合同制的工人。参见《全民所有制企业招用农民合同制工人的规定》（国务院令第 87 号）1991 年。

从 1984 年开始，南矿开始大规模缩减正式工的招收指标，大幅提高农民轮换工、临时工和外包工的指标，也是从这一年开始，南矿开始出现外包工，拥有了第一支河南包工队，他们主要负责南矿的一些地面土建工程。1985 年年初，省人民政府决定，在全省统一实行合同用工制度，即新招工人一律实行合同制，开始废除沿用 30多年的固定工制度。1986 年国务院颁布《国营企业实行劳动用工制度暂行规定》，全国煤矿企业开始正式进行用工制度的大改革，新招工人全部实行劳动合同制（《中国煤炭志·综合卷》编委会，1999：525）。至此，南矿形成了多种用工形式并存，多层次管理的局面，除了固定工、合同工和农民轮换工 3 种基本制度外，还有亦工亦农、临时工等。[①] 这些不同的用工制度正是国家建立和推行的一种身份制度，身份是一种地位，在这之上附着一系列的权利和责任、特权和义务、法定的特许或禁止，这是为社会所认可并为国家权力所规定和推行的（华尔德，1996：46—47）。这些不同身份的工人在收入、就业期限、社会保险、劳动保护、户口和住房等福利待遇方面都由法律保证了他们对应身份有权享有某种生活方式，这也反映了整个社会的分层模式（见表 2 - 1）。在南矿，农民轮换工和临时工等工种成为井下采掘一线的主力，固定工和合同工大部分流到井上岗位或井下辅助单位。

第二个方面的改革是在基本建设方面，试行包建制和招标投标制，煤矿基建项目开始全部推行承发包合同制，对中小矿井的建设实行"三包三保"（建设单位包投资、包工期、包投产达产，国家保投资、保材料设备、保劳动力指标）。推行承发包合同制后，各级煤炭指挥部也随之解体，调整后的基建队伍，全部成为实行独立核算、自负盈亏的承包性施工企业。由于煤炭系统基建人员普遍不足，补充劳动力又无来源，开始允许使用外包工承包工程。随着改革开

① 此处有必要对南矿先后存在的几种用工制度进行说明一下，分别是固定工、亦工亦农、农民协议工、农民轮换工、合同工和临时工。

放的开展，各地煤炭生产建设企业，逐步使用外包工，把一部分井巷开拓掘进工程或地面建筑工程，包给农民施工队或煤矿职工家属和待业青年组成的施工队。实行外包工，由于把经济利益和经济责任挂钩，包工人员的积极性很高，工程质量好，建设速度快，江苏、浙江等地的包工队，在东北、内蒙古和山西等地煤矿广受欢迎（吴迪儆等，1988：599）。这一时期南矿已经成为生产矿井，基本上没有什么大的基建项目，只有一些零星的地面土建工程和井下巷道维修工程。本来按照规定，南矿应该请当地国营基建公司派出施工队，但一方面由于国营基建公司工程任务多，人手少，因此需要很长时间等待；另一方面，使用国营施工队花费很高，这时候南矿已经拥有用工自主权，可以在自有资金内自行招收临时工和外包工。因此，在这种情况下，为节省用工开支，南矿开始自行招收使用农村外包工，私下雇用包工队来承包井上土建工程和井下巷道维修工程，包工队的工资从周转资金中以"临时工开支"项目或者其他名义支付（华尔德，1996：57）。

20 世纪 80 时代初期到 90 年代中期，南矿先后拥有三支包工队。其中先有的两支是河南包工队，由河南包工头带领河南工人负责井上土建工程，他们由农民工组成，与包工头是同乡关系，南矿称这两个包工头为大老周和二老周，大老周与二老周是亲戚关系，大老周是二老周的堂哥。由于大老周出来较早，人脉比较广，生意大，他的包工队离开南矿时，便把二老周介绍给南矿，由二老周带领他的包工队承包南矿的井上土建工程。另外一支是浙江包工队，由浙江包工头带领浙江工人负责井下巷道维修工程，他们也是由农民工组成，与包工头是同乡关系，包工头姓曾，南矿人称他为小曾。这一时期，都是南矿与包工头签订承包合同，南矿与工队工人没有任何关系，不与他们签订合同，不给他们缴纳社保和提供福利，南矿把工程款付给包工头，工队工人由包工头自己招募、管理和发放工资。

经过这一系列的改革，南矿在短期内效益有了大的提高，但是不到几年又开始出现亏损，这主要是各方面改革不彻底造成的。煤炭作为中国最重要的能源之一，国家对其管理控制一直很严格，虽然进行了一定的改革，但是在煤炭行业，计划经济体制仍然占主导地位，特别是在价格方面。从 1958 年起，国家开始实行煤炭统一定价政策，长期以来国家对煤炭实行低价政策，尽管在 1958—1985 年间进行了四次调整和改革，但是煤炭价格与价值背离的问题始终没有从根本上解决，煤炭价格同其他产品相比严重偏低（如石油、钢、电、棉等）。每次调整幅度都不大，没有充分考虑煤炭工业企业营业外支出逐年增加的这一特点（企业负担重、病退人员多、劳动保险费用、企业办社会等），远远赶不上生产成本上升幅度，导致国营煤矿连年亏损（吴迪儆等，1988：638—644）。虽然南矿从 1984 年之后都是超能力生产，每年产量多达十几吨，远远超过设计能力，本应该效益很好，但由于当时价格仅为 20 元左右/吨，低于其吨煤生产成本，产的越多亏损越多。[1] 为改变亏损状况，南矿开始发展多种经营，1990 年，在县政府投资下，南矿建成了 70 型焦炉，开始采煤兼炼焦，焦炭价格远高于煤炭价格，到 1990 年年末，南矿拥有正式职工 350 人[2]，临时工 100 人左右，固定资产净值 232 万元，上缴利税 24.7 万元。

为了扭转国营煤矿的亏损状况，国家开始进一步深化改革。以邓小平"南方谈话"和党的十四大为标志，中国社会主义改革开放和现代化建设事业进入新的发展阶段，这一阶段主要以产权改革为主，改革的方向是要建立适应市场经济要求的产权明晰、责任明确、政企分开、管理科学的现代企业制度（张军等，2008：34—39）。煤炭行业开始进入以逐步放开煤价、企业下放、关井压产、关闭破产、减员增效为主，政企分开、走向市场、改革脱困阶段（中国煤炭工

---

① 煤炭低价政策一方面严重影响了煤炭工业本身的生存和发展，生产成本得不到合理的补偿，企业难以维持简单再生产，亏损严重，设备技术等更新缺乏资金，抗灾能力下降，另一方面，影响了煤矿安全设施和职工生活福利条件的改善。

② 包括固定工、合同工、农民轮换工和亦工亦农工人。

业协会，2009：2）。

1993 年，党的十四届三中全会通过了《中共中央关于建立社会主义市场经济体制若干问题的决定》，这标志着中国煤炭市场进入由计划分配向市场配置资源的过渡阶段。这一年，除电煤外，其他煤炭价格全部放开，由供需双方协商确定（中国煤炭工业协会，2009：181—182）。南矿在这一年也拥有了煤炭的自主定价权和销售权，并与邻县的火力发电厂签订了销售合同，拥有稳定的销售渠道之后，南矿开足马力生产。煤价的上涨和焦炭的热销给南矿带来了可观的利润，一年之内企业账上便有盈余，南矿开始改善职工生活，修建职工宿舍楼、图书室和操场。1994 年，煤炭工业部发布《煤炭工业经济体制改革若干问题暂行规定》，进一步扩大企业自主权，落实煤炭企业自负盈亏的责任，明确提出了属于企业自主权范围内的改革，由煤炭企业自主决策，自主实施（中国煤炭工业协会，2009：76）。正当南矿开始大踏步前进时，1994 年 5 月下旬的一声巨响阻止了前进的步伐，南矿发生特大瓦斯爆炸事故，采煤工作面全部倒塌，二十几名工人不幸遇难，直接经济损失近百万元。相关责任人被免职刑拘，遇难矿工每人赔偿 1.8 万元，南矿停业整顿 3 个月，前几年盈余的利润，基本上在这次事故中消耗殆尽，南矿又进入低谷之中。

瓦斯爆炸之后，县煤炭局调任 WSP 为南矿矿长。新矿长到任后开始大刀阔斧地改革，生产上，在井下一线实行吨煤包干工资，提高工人生产积极性，在生产一线大量使用农民合同制工人，并开始进行标准化矿井建设；经营上，实现原煤、焦煤、焦炭和稀煤等多种化经营；销售上，继续和邻近电厂、钢厂签订订货合同；企业制度上，开始逐步建立现代企业制度。由于煤炭价格的放开，南矿煤价在 1994—1995 年间上涨到 120 元/吨，一两年之内，南矿又开始有了新的盈余，但是好景不长，到 1996 年全国原煤产量已达 13.7 亿吨，南矿最高产量也突破了 20 万吨，煤炭市场出现了供过于求的局面，煤炭价格开始下降（曹海霞，2008；中国煤炭工业协会，2009：3）。1997 年受亚洲金融危机和国内外市场变化的影响，整个煤炭市场严重供大于求，全行业陷入困境，南矿也不例外。1997年，南矿的煤价跌到 28 元/吨，煤场上煤堆积如山，煤炭销售十分困难，并开始拖欠工人工资。祸不单行，同年 10 月南矿又发生了特大瓦斯爆炸事故，十几名工人遇难。遇难工人每家赔偿 2 万元，相关责任人被处罚，南矿停业整顿两个月。

事故发生后，煤炭局调 LQW 为南矿新矿长，新矿长属临危受命，本来这一年整个煤炭行业就遭遇了前所未有的困境，煤炭销售跌入低谷，南矿经营面临严峻的挑战，再加上瓦斯爆炸，更是雪上加霜。面对前所未有的挑战，南矿开始内降成本提效率，外抓市场促销售。生产上，实行"以销定产"，由于原采区瓦斯太高，安全系数很低，新矿长决定开挖新筒，布置新的采区；经营上，继续开展煤、焦等多种经营，在企业内部继续推行层层承包；销售上，开始巩固老客户，发展新客户，大力开拓市场；用工上，开始与其他国企一样实行"减员增效"，大量裁撤临时工，压缩正式工，扩大外包工，在井下巷道工程和掘进工作面开始大量使用包工队，由此包工制开始从井下巷道工程扩展到掘进工作面。这一时期，南矿有一支浙江包工队，主要从事井下巷道工程和掘进工作，包工队基本上是温州人，有 60 人左右。对于井下这个时候使用外包工，我们可以从时任生产矿长 LXN 的访谈中看出端倪。

那时候使用包工队主要从几个方面考虑的，一个是从生产成本上，我们不和侉的工人们签合同，只和包工头签订承包合同，也不用给他们缴纳社保和发放福利，还不用管理他们，省下了一大笔管理费。当时煤炭效益很差，煤常常卖不出去，卖不出去就得停产放假，放假了不生产，自己的正式工还得发放基本生活费，更加重了矿上的负担，用工队就有一个好处，跟他们签订的是计件合同，按掘进进尺算工资的，放假了没有进尺就不用发工资了，那几年常常放假，这样确实省了不少用工成本，不用了就让他们回家，用的时候把他们叫过来，很方便的。另外一个是从经费上考虑的，那时候矿上资金很紧张，又想开新井筒，一个新井筒需要 200 万元，但是资金不足，一下子拿不出那么多钱，包工队老板比较有钱，可以先垫资开工，等矿上有钱了再给他，这也是用工队的一个原因。最后一个是，小曾他们温州包工队在我们本地煤矿是有口碑的，活干得不错，技术可靠，我们也敢放心用，这个小曾工队①是以前在矿上干巷道工程的那个大小曾介绍过来的，他俩是堂兄弟。小曾工队来了之后，就一直干到了现在。（LXN，时任生产矿长，2009 年已退休，20161015）

为解决煤炭市场供过于求的问题，从 1998 年开始，国家对煤炭工业实行关井压产限产政策，到 2000 年煤炭价格有所提升，南矿的煤价也回升到 100 多元一吨，随着国民经济的快速发展，煤炭市场又出现供不应求的状况，从 2002 年开始，煤炭价格开始飞涨，煤炭行业进入了"黄金十年"（张宝明，1999；冯雨、谢守祥，2014）。2000—2003 年，南矿的吨煤价从 100 元左右涨到 300 元左右，几乎翻了三倍，南矿也迎来了建矿以来最辉煌的时期，随着煤炭价格的上涨，南矿的产量也在不断上升，年产量最高时曾达 30 万吨左右，企业效益在这期间迅速提高，职工工资和上缴国家利税也大幅上涨，2003 年年底，南矿矿长也因此调回县煤炭局任职，煤炭局又调 LZH 任南矿新矿长。

## 三　南矿扩建与兼并重组时期（2004—2013）

LZH 上任后，南矿进入了扩建时期。到 2003 年，南矿采区已几

---

① 新矿长上任后使用的小曾工队也是浙江包工队，这个小曾与以前南矿的小曾是堂兄弟关系，南矿一般称以前的小曾为大小曾，现在的为小曾。

近枯竭，本来南矿设计生产年限为30年，但自从国家号召"大矿、小矿一起上"后，乡镇煤矿遍地开花，南矿附近的几家乡镇煤矿屡屡越界开采蚕食本是南矿的采区，他们的无序开采，严重扰乱了南矿的正常生产秩序，造成南矿合法采区内煤炭资源的极大浪费，从而导致南矿实际生产年限的急剧下降。早在2001年南矿就开始向省国土厅申请新煤田审批手续，2001年6月，省国土厅批准了南矿的申请。批采范围扩大后，由于资金比较缺乏，南矿一家无力进行扩建，于是在县委县政府的大力支持和帮助下，2004年南矿进行了股份制改革，开始与三家企业达成投资合同协议，四方共同开发南矿煤炭资源。改革之后，南矿提出扩建申请，省煤炭工业厅批准了南矿90万吨的改扩建工程项目。2005年，南矿在距离旧井东南2千米外的西村兴建新井，随后老矿停止生产。

南矿改扩建工程计划工期为3年，但一方面由于出资人内部出现分歧，资金迟迟不到位，导致工程常常停工，直到2008年年底，南矿又重新股份制改革，这次改革之后，南矿才真正加速了改扩建速度；另一方面，由于新采区地质条件复杂，开采历史较久，区内以往生产矿井和关闭矿井较多，周边生产煤矿也多，其积水范围较广、积水量较大，而且瓦斯也比较高。这些因素导致了南矿的工期拖延。

2005年，国务院颁布《关于促进煤炭工业健康发展的若干意见》，煤炭行业进入了以推进市场化改革、资源整合、安全整治、建设大基地和大集团为主，经济恢复性增长、转变发展方式、构建新型煤炭工业体系的新阶段。为加快培育大型煤矿企业和企业集团，提高煤炭产业集中度和产业水平，促进煤炭产业结构优化升级，2008年9月，S省人民政府发布《关于加快推进煤矿企业兼并重组的实施意见》，标志着新一轮煤炭资源整合在全国大范围内拉开了序幕（杨俊仙、要澎婷，2014；曹正汉、冯国强，2016）。为进一步深化国有煤矿改革，促进南矿产权制度创新，彻底转换企业经营机制，进一步增强企业的竞争实力，在县委县政府的安排下，南矿于2009

年 8 月开始实行国企改制，2010 年 6 月，南矿完成改制，转变为公司制企业，企业性质为国有参股有限责任公司，其中县国有资产管理中心出资 15%，A 集团出资 85%，总经理由县政府任命，并在政府担任职务。

在改制的同时，2009 年 W 县开始了大规模的煤矿兼并重组，整合的目标是要关闭 30 万吨/年以下的煤矿，整合后的煤矿都在 30 万吨/年以上，2009 年 9 月省厅批准了《W 县煤矿企业兼并重组整合方案》，批准南矿生产规模由 90 万吨/年提升为 120 万吨/年。2012 年南矿基本建设完成，开始进入联合试运转，2013 年联合试运转结束，省煤炭工业厅同意南矿 120 万吨/年矿井兼并重组整合项目通过竣工验收，并评定南矿为省安全质量标准化三级矿井。至此，南矿历时 9 年，前后投资高达 15 亿元，终于由建设矿井转变为生产矿井，成为年产 120 万吨/年的大型现代化矿井。[①]

在南矿建设的 9 年时间里，南矿从一个年产 9 万吨的小矿转变为一个年产 120 万吨的现代性大型矿井，伴随着这种转变，南矿在各方面都发生了巨大的变化。由于本书主题聚焦于包工制，因此下文主要从劳动用工方面介绍一下相关的变化。

其一，南矿在自己管辖的工人内，用工管理逐步由"双轨制"转变为统一的劳动合同制。自 1995 年《劳动法》实行以来，企业开始大规模实行劳动合同制，2008 年《劳动合同法》的实行，极大地促进了中国劳动合同制度的完善，并为今后劳动法律体系的建构提供了基础（常凯、邱婕，2011）。在《劳动合同法》实行前，南矿在劳动用工中由于受到用工编制的限制，每年会根据编制新招一部分合同制工人，但大部分新招工还是以临时工的形式进入，南矿并不与他们签订用工合同，在劳动用工上"双轨制"十分明显（陈剩勇、曾秋荷，2012；张三保、舒熳，2014）。《劳动合同法》实行后，在上级部门的压力下，南矿开始在自己管辖的新工人中普遍实

---

① 南矿综合办公室：《南矿集团发展纪实》，2014 年 2 月 15 日。

行劳动合同制，并与之前使用的临时工也签订了合同。2009 年南矿实行改制，国企改制是国家改变劳资关系，理顺合同制度，抹消以前各类工人之间的差别，实现劳动力商品化的重要举措，其改变了国家与职工之间的关系，职工与国家之间的"社会契约"关系转变为职工与企业之间的"市场法律契约"关系（Lee，2007；刘建洲，2009；吴清军，2010；程秀英，2012；李锦峰，2013）。南矿改制时，在册职工 366 人，其中正式工 192 人，临时工 174 人，与大部分国企改制造成大量工人下岗不同，南矿由于属于扩建矿井，人员缺额较大。改制后，南矿与全部职工解除劳动合同，并按照政策规定支付经济补偿金或安置费，在职工自愿的前提下，负责接收原煤矿全部职工，并与所接收的职工签订不少于三年的劳动合同，而且负责给全部接收职工提供工作岗位、支付工资、续缴各项社会保险。[①] 至此，南矿在自己管辖范围的工人中基本上实现了职工身份的平等，消除了以前存在的固定工、合同工、临时工等各类工人之间的差别，统一建立起契约化的劳动合同关系。南矿兼并重组后，南矿职工人数由 300 多人上升到 600 多人，外加上各种建设工队，在高峰期时最多可达 1500 多人，2013 年南矿投产之后拥有工人 1100 多人。

其二，在基建用工方面，全部开始使用包工制。早在 20 世纪 80 年代初，煤矿在基建方面就实行了招标投标制，基建项目开始全部推行承发包合同制，这一时期招标投标制和承发包合同制也更加完善，煤矿基建市场也全部放开并迅速市场化，各类施工企业市场快速出现并展开激烈竞争。在这些政策引导下，现代包工制度开始萌芽。一方面，国企内部承包人从原企业独立出来，雇用农村劳动力，成为最早的一批现代包工队；另一方面，农村的一些带工师傅也开始带本村人外出打工，形成另一批庞大的包工队伍（潘毅等，2010）。由于基建项目施工需要由三级资质以上的单位承担，外加建

---

① 南矿改制办公室：《南矿职工安置方案》，2010 年 1 月。

筑资质管理门槛很高，有学者认为中国的建筑资质成为一种商品和谋取利益的工具，一些具有高级资质的公司实际上没有足够的施工组织管理和资源能力，而一些具有能力的企业和包工队却不具有市场上竞标的承包资质。在这种情况下，建筑资质就有了一定程度上垄断收益的条件，因此，绝大部分包工队都不能发展为正式企业，只能通过挂靠有资质的企业来进行投标承包工程，而有资质的企业则通过"管理费"的形式抽取利益（陈旭等，2009；郭宇宽，2011；贺灵童，2011）。

南矿基建采用的也是投标招标制，通过招标来选择施工单位，9年时间里，南矿先后共用13家有资质的施工单位，最多时一年内有8家单位在同时施工，人数在800人左右。由于本书主要聚焦于煤矿井下包工队，因此，本书将重点介绍负责井巷工程的施工公司。在13个施工公司中有5个公司负责井巷工程，它们都拥有资质，一级资质的有2个，二级资质的有3个，其中承接工程量最大，时间跨度最久的有3个公司，剩下的2个公司工程量很小，时间也只是1年左右，这里将不再讲述这2个公司，重点介绍前面3个公司。

这3个公司分别是中煤第六十三工程处、温州FR矿山建设有限公司和淮南XJ矿山建筑安装工程处。其中，中煤第六十三工程处下辖一支综掘队和一支综采队；温州FR矿山建设有限公司下辖一支综掘队、一支开拓队和一支喷浆队；淮南XJ矿山建筑安装工程处下辖一支综采队和一支综掘队。这7支队伍都属于挂靠性质，给所属公司每年缴纳一定的管理费，实际上这7支包工队，由包工头自己管理队伍，南矿成立了专门的项目部，负责管理工队事务。这7支包工队分属于5个包工头，在上节讲到浙江包工头小曾在这一时期仍在南矿承包工程，2009年改制之前，煤矿井下主要工程基本上都是由他一人承包，他在南矿投产前有一支综掘队和一支开拓队，人数在200人左右。河北包工头老钱在2004年南矿开始扩建时才来，南矿改制前，他在井下的工程比较小，仅有一支综掘队，南矿改制扩建后，业务变大，开始拥有一支综掘队和一支综采队，人数在150

人左右。淮南包工头桑老板是在 2009 年改制后进入南矿的，他的生意很大，在其他地方也拥有很多包工队，在南矿他主要负责井下采煤设备安装和机械化采煤，他有一支综采队，人数在 100 人左右。淮南包工头老杨也是 2009 年改制后来南矿的，他的规模较小，只有一支综掘队，人数在 50 人左右。福建包工头刘经理是在 2012 年进入南矿的，他由小曾引荐过来，主要负责井下巷道喷浆，拥有一支喷浆队，人数在 40 人左右。这些包工队有着共同的特点，包工队的工人不在南矿管辖范围内，他们由包工头自己招募和管理，南矿与包工队挂靠的公司签订承包合同，公司与包工头签订承包合同，然后由包工头组织招募大量农民工来完成承接的工程，包工头一般不与他们的工人签订合同，基本上是口头协议，包工队工人几乎没有社保和福利。按照承包合同，南矿会把工程款打给包工队挂靠公司，然后公司提取一定管理费后，把工程款给予包工头，最后由包工头把工资发给工人（佟新，2008）。对于这一时期使用包工队的具体情况，安全副总经理的 ZGH 谈道：

> 煤矿在 2004 年扩建时开始招标，那时候按国家规定井下工程必须要通过招标来选择施工企业，其实招标就是一个形式而已，矿上希望能找到一些熟悉可靠的公司来承包工程。那时候小曾工队已经在矿上承包掘进六七年了，干得还不错，他跟矿上领导工人都很熟悉了，我们对他也比较相信，他在他们浙江那里挂靠了一个公司就过来竞标了，最后他就中标了，井下大部分巷道工程都是他负责。跟他同时中标的还有河北包工头老钱，他也是挂靠公司的，他在我们这一带其他煤矿也承包过工程，口碑还不错，他跟矿上一些领导有些接触，还比较熟悉，所以也承包了一些井下巷道工程。他们都是自己带着队伍干，矿上改制之前基本上井下工程就是他们两家干。改制后，矿上开始布置采煤区，小曾工队主要进行掘进工程，对于采煤工程不熟悉，老钱工队也是主打掘进，兼做采煤，在这种情况下，矿上就需要一个专门的公司来

完成采煤工程。我们董事长和市里领导很熟，知道市长助理（主管市煤炭工业）以前是淮南矿业学院毕业的，就让他帮忙推荐一些好点儿的采煤公司。在他的推荐下，淮南的包工头桑老板就过来矿上承接综采业务了，后来另一个淮南包工头老杨也过来承包井下掘进工程。这时候矿上井下工程就形成了四家共同承接的局面，打破了小曾工队一家独大的局面了。（ZGH，南矿集团安全副总经理，20150720）

## 四　南矿大产能与煤炭市场波动时期（2014 年至今）

南矿于 2013 年年底正式竣工，正当其在 2014 年开始大规模生产时，煤炭行业却早已不复往日荣光。从 2013 年开始煤炭行业告别"黄金十年"，进入寒冬时期，由于国家经济结构转型调整、市场需求增幅回落、煤炭产能建设超前和大量进口煤等因素，造成煤炭市场呈现出总量宽松、结构性过剩态势，煤炭市场价格持续走低，煤炭行业经济效益大幅下降，企业亏损面扩大，全国规模以上煤炭企业资产负债率约为 64%，煤炭企业经营困难的问题十分突出（国家煤矿安全监察室，2014：595—597）。在全行业经济效益大幅下降的时候，南矿也不例外，2014 年，南矿年产原煤 110 万吨，工业销售产值为 3.8 亿元，平均吨煤价格仅为 380 元，比上年吨煤平均价格减少 100 元左右，企业利润额仅为 1840 万元，与上年相比减少 500 万元，欠银行贷款达 6 亿元左右，到年终还积压原煤 10 万吨。面对困境，南矿采取了一系列的措施，内降成本，外拓市场，以谋求生存。人员上，开始精简机构，压缩人员，2014 年一年裁员 100 多人；工资福利上，开始降薪，降薪主要针对副科级以上领导干部，降薪幅度为原工资的 10%，并取消全体职工的年终奖；工作时间上，当库存积压时，实行短时间放假停产安排，一年累计下来放假多达 3

个月之久；生产上，进一步加强管理，保证原煤质量；销售上，派遣人员积极拓展销路。南矿虽然实行了一系列措施，但由于煤价一再下跌，收效甚微。

2015 年，受全国经济下行影响，全国煤炭市场供过于求问题仍然十分突出，库存居高不下，产销双下降，价格屡创新低，到 2015 年年底，秦皇岛港口 5500 大卡动力煤均价 370 元/吨，比年初降低 155 元/吨，已跌至 2004 年水平（中经煤炭产业经济景气研究课题组，2016；中国煤炭加工利用协会，2016）。整个行业亏损面达到 90% 以上，企业经营进入十年来最为困难时期（魏连彬，2015；陈奇，2016）。各大煤企亏损严重，负债累累，普遍出现欠发工人工资，许多地方相继发生多起由于煤矿拖欠工人工资、年终奖、社保等而引起工人集体维权的群体性事件，其中规模最大、影响最大的是 2016 年"两会"期间，龙煤集团职工发起的大规模讨薪抗议行动。面对如此困境，2016 年 2 月，国务院下发《关于煤炭行业化解过剩产能实现脱困发展的意见》（国发〔2016〕7 号，以下简称《意见》），拉开了煤炭行业供给侧改革、去产能的序幕（郑锐锋，2016）。《意见》决定从 2016 年开始，用 3—5 年的时间，退出产能 5 亿吨左右，减量重组 5 亿吨左右，较大幅度压缩煤炭产能，严格控制超能力生产，适度减少煤矿数量，推进企业改革重组，并计划安排专项基金，用于 130 万名煤炭职工的分流安置，从而使煤炭行业过剩产能得到有效化解，市场供需基本平衡。[①] 之后各省开始认真落实国务院关于煤炭行业"去产能"政策，各大煤企开始严控产能，实施减员分流等措施来降本增效。

与全国平均煤价相比，南矿由于煤质含硫量和灰分较大，价格更是一降再降，从 2014 年年底的 380 元/吨，一路降到 2015 年年底

---

① 参见《国务院关于煤炭行业化解过剩产能实现脱困发展的意见》国发〔2016〕7 号，2016 年 2 月 1 日；《十二届全国人民代表大会第四次会议政府工作报告》，2016 年 3 月 5 日。

的 200 元/吨，产一吨煤赔三四十元，这一年，南矿亏损 6000 多万元。为了防止进一步的亏损，南矿决定放假几个月以待形势好转，但放假的决定被县政府否决。南矿总经理讲道："9 月份的时候，我们准备先放假 3 个月，等煤炭形势好一点再进行复产，但是县政府不让我们放假，他们觉得假如你们煤矿放假了，那么矿上一千多职工怎么生活，到时候要是都来县政府上访怎么办，放长假影响社会稳定呀，政府找我和董事长谈了好几次，最终没办法我们就没有放假。"① 在不允许放假的情况下，南矿不得不采取减员降薪少产来应对。在工资上，再次下调副科级以上领导干部 10% 的工资；在人员上，又裁员 100 人左右；在工作时间上，变三班工作制为两班工作制，暂时取消夜班，工人实行轮休制，工人每月上班最多不超过 15 天；在生产上，实行以销定产。这种生产方式从 9 月一直持续到 2016 年 2 月春节放假前。2016 年 3 月"两会"结束之后，南矿才被允许复产，这时煤价开始有所回升，南矿开始执行去产能政策，一方面，开始严格执行国家要求的 276 个工作日②，本来国家原则上要求法定节假日和周日不安排生产，但由于南矿井下一线工人大都是外地人，如果每周放假两天，工人们回家不方便，时间太短，南矿便做了变通，每月一次性放假 5 天，以方便工人们回家；另一方面，按照 276 个工作日，南矿在年产 120 万吨的基础上重新确定产能，即直接将现有合规产能乘以 0.84 的系数后取整，作为新的合规生产能力，南矿确定后的新产能为 101 万吨/年，并需定期向上级管理部门上报产能。

国家强力推动的供给侧改革，去产能、去库存政策效果明显，煤炭供给得到有效控制，煤炭价格迅速回升。2016 年下半年，由于去产能带来的产量短时期快速下降、全社会用电需求上升、铁路运

---

① 访谈记录，HGQ，南矿总经理，20161020。

② 一般情况下煤矿执行的是 330 天工作日，参见《煤炭工业矿井设计规范》GB 50215—2005，2005 年 9 月 14 日。

力紧张、市场预期改变和市场主体借机囤积等多重因素叠加影响，造成煤炭短期内供不应求，从6月份开始，环渤海动力煤价格指数（BSPI）连续18周上涨[①]，到11月该指数已上涨至607元/吨，相比年初的371元/吨，涨幅达63.6%，一再刷新年内最高纪录，一次"去产能"背景下的"煤超疯"不期而至（《中国经济周刊》采制中心，2016；毕俊杰，2017）。为抑制煤价过快上涨，发改委采取了一系列调控煤炭市场的措施，实行弹性工作日、让大型煤企带头降价、加大电煤拉运力度、签订中长期合同、恢复330个工作日等，到年底，煤价上涨态势终于得到遏制，煤炭市场平稳运行，价格稳中有降，基本处于合理水平（《中国经济周刊》采制中心，2016；牛犁、陈彬，2017）。[②] 2016年煤价大涨使煤企大面积盈利，相关数据显示前11个月，全国规模以上煤企利润总额为850亿元，同比增长156.9%（中国煤炭工业协会，2017）。[③] 与全国煤炭形势一样，南矿煤价也迅速回升，吨煤价格从2016年年初的一百六七十元最低点一直涨到2017年9月的400元左右，企业利润大幅上涨，企业效益也不断好转。2017年后，随着形势的进一步好转，南矿进行了一系列调整。在生产上，开始恢复330个工作日，120万吨/年的产能，取消每月5天的休假，开始正常上班；在工资上，全体职工工资普涨10%。至此，南矿终于熬过了极其困难的时期，又开始逐渐恢复生机。

上文对2013年之后的全国煤炭形势和南矿的基本情况进行了介绍，下面本书将继续关注南矿投产之后劳动用工和包工制的发展情况。

---

① 环渤海动力煤价格指数（BSPI），是国家发改委授权发布的中国第一个动力煤价格指数，已成为市场煤炭定价的重要参考依据，是国内煤炭价格的风向标，并影响世界煤炭价格走势。

② 张小燕：《2016年全国煤炭行业经济运行情况》，中国煤炭资源网，2017年3月1日，http://www.ccoalnews.com/201703/01/c5821.html，访问时间：2017年8月5日。

③ 李春莲：《煤价大涨致煤企大面积盈利，近七成上市煤企2016年业绩预喜》，《证券日报》2017年1月5日第C01版。

2013 年年底南矿竣工投产后，从基建矿井转变为生产矿井，根据国家相关法律规定生产矿井井下作业禁止使用包工队。[①] 为保证能够顺利通过验收，符合国家用工规定，南矿撤销主管施工企业的项目部，把劳动用工管理权统一收归于劳资科。转入生产后，需要在采掘一线工作面组建采掘队伍，如何组建便成为南矿能否顺利生产的关键。2004 年之后，南矿由于转为基建矿井，不再从事生产，南矿原来的采煤队早已解散，人员都已安排在矿上其他岗位上，再把原来的采煤队组建起来不太现实，而且南矿现在已经是机械化矿井，跟以前传统采煤方式完全不一样，原来的采煤队也不懂新式采煤法而无法胜任。扩建期间，南矿的掘进队和采煤队都是施工单位所属，随着基建工程的完成，项目部的解散，他们也准备撤走。面对这种情况，南矿领导层专门开会讨论此事，最终决定还是从 2013 年南矿联合试运转时现在仍在矿上的包工队中选择几支留下。南矿现在拥有两个采煤工作面，三个掘进工作面，最后决定留下浙江包工头小曾的一支综掘队，淮南包工头老杨的一支综掘队，河北包工头老钱的一支综掘队和一支综采队，淮南包工头桑老板的一支综采队，总共 5 支包工队，由他们组建成南矿新的采掘队伍，名称统一为南矿综采一队（桑老板）、综采二队（老钱）、综掘一队（小曾）、综掘二队（老杨）和综掘三队（老钱）。对外宣称他们都是南矿自己的采掘队伍，对内南矿与包工头签订承包合同，把包工队工人纳入自己的管辖范围，与他们签订合同，但只给他们缴纳工伤保险，其他社保一律不管。[②] 2014 年年底，包工头老钱承包的综采工作面由于

①　2006 年前后，国家有关部门曾发文禁止在煤矿井下作业中使用包工队，具体参见《关于加强国有重点煤矿安全基础管理的指导意见》（安监总煤矿〔2006〕116号）和《关于加强小煤矿安全基础管理的指导意见》（安监总煤调〔2007〕95 号）。

②　虽然南矿与包工队工人签订了合同，但是这个合同是由包工头代签，工人甚至都未见过，按国家规定合同应该是一式三份，工人一份，矿上一份和劳动管理部门一份，但是在南矿只签两份，工人自己没有合同，在访谈中发现工人们都不知道自己有没有合同，南矿的这个合同主要是为了应付上面检查，而且工队工人还是由包工头自己管理，实质上还是包工制。

煤层太低，含石量太大，亏损较大，便不再承包，南矿也关闭了该采区。因此，南矿只剩下4支包工队。

对于为什么要使用包工队而不自己组建队伍，主持那次讨论会议的南矿总工谈道：

> 到底怎么组建采掘队伍，煤矿专门开会讨论了这个事，那天我负责主持会议，董事长、总经理都来了，参加会议都是煤矿副总以上人员。对于是使用包工队还是自己组建队伍，大家都谈了自己的看法，最后多数人还是赞成使用包工队。我大致给你讲讲使用工队的利弊哈。

> 首先给你说一下好处哈。第一个先说说工队的情况，整个市这边使用工队是非常普遍的，其他家煤矿都有，只是外人从表面上看不出来，他们都换了名字，对外都是煤矿自己的职工，其实对内都是包工的，国家查得严，戴了一个帽子，跟这里一个样。第二个就是从技术方面讲，本地人不会使用大型机器，比如综掘机和割煤机，工队侉的们懂这个技术，会操作。第三个是用工队出了事故好处理，不管你工队出什么事情都是他们自己处理，矿上不管，这是一个最重要的原因，工队出了事情一下拉走就行，要是本地人来的号号哭哭地闹得满城风雨了，这个就不好办。第四个是管理上比较简单方便，矿上领导们都很省心，不用操心，工队工人都归包工头老板们自己管理，我们只管理包工头就行，省下直接跟工队工人打交道，还少些矛盾。第五个是用工成本还是降低不少。这个从几方面说，一个从社保上说，咱们不用给工队工人缴社保，这个一年最少省下好几百万元。还有一个是用工灵活，你比如说，煤矿用工有时候是弹性的，有时候比如井下采区搬家的时候，用的人就是平时的2倍左右，假如这个工程需要500个人协作，当我不需要500个人的时候，只需要200人了，那300人可以走了，就是用工灵活，你要是用矿上自己的人哇，你要是不用人

家了，还得解除合同，经济补偿，转社保，失业保险等，一大堆事情就出来了，很麻烦的。对了，还有一个就是工队招工方便，一个电话就过来了，要多少人有多少人，要是让矿上自己招就会麻烦很多，没有包工头好找人。第六个就是效率上确实提高了，综掘和综采都高了。矿上就是下发任务，工队来完成，完成不了就处罚，所以工队上效率很高的，就是遇到困难他们也可以干，好条件可以干，坏条件他们也能干。最后一个好处就是，这些工队在这里干了好多年了，都是知根知底的，用他们也比较放心，自己组建或者换人干，咱心里也没有底呀。

这些是好处，用工队肯定也有坏处，我给你再讲讲哈。第一个坏处就是对外包工了就不好管安全了，没有自己干好管，工队在安全投资上用的少，有时候包工队光管干了，不管安全，总得俺们自己监督，管还管不住，不管就越弄坏了。第二个其实就是生产成本相对来说还是提高了，你要是给了工队，一个挣你这个管理钱，第二个还要挣你风险钱，最后还要挣你材料钱和工资钱，这个费用就上来了。

所以说这种东西各有各的好处，用自己人是减少费用了，但自己就要承担风险，用工队，就是工队承担风险，为了能减轻风险，所以承担费用高些，再说现在煤炭市场不稳定，不确定因素太多了，综合来说用工队可能更划算一些。（XXN，南矿总工程师，20170417）

从南矿总工的陈述中可以看出，南矿这一时期继续使用包工队是矿方综合考虑各种因素之后做出的决定。笔者认为采用包工制最重要的还是因为这种方式不仅可以提高生产效率，还能实现成本和风险的转移，从而符合资方利润最大化，风险最小化的要求。由此，包工制虽然不合法，但在南矿却存在，而且在全国其他煤矿也广泛存在。①

# 小　结

通过对南矿从 1954 年至今历史变迁的简短叙述，我们可以看出影响南矿生产变迁的两个最重要的机制：一个是合法性逻辑，另一个是效率逻辑。制度学派认为，组织面对两种不同的环境：技术环境和制度环境，这两种环境对组织的要求是不一样的。技术环境要求组织有效率，组织要遵循效率逻辑，制度环境要求组织服从"合法性"机制，采用那些在制度环境下"广为接受"的组织形式和做法，而不管这些形式和做法对组织内部运作是否有效率，组织正是在不同环境条件的多重压力下发展变迁的（周雪光，2012：72—73）。

南矿在第一阶段（1982 年前）的发展变迁，主要受到国家和各级政府对国有企业的持续影响，国家对国企的控制方式从直接的行政手段转变为经济的、法律政策的，甚至意识形态的手段进行间接调控（贾文娟，2016：33）。沙矿、老南矿和新南矿的建矿和生产都是严格按照国家和上级主管部门的指令进行的，南矿自身并没有多少自主性，因此，这一时期南矿的生产活动主要遵循合法性逻辑展开的。南矿在改革开放之后至今的这一时期，整个煤炭行业仍处于一个双轨制时期。一方面国家对于煤炭行业的调

---

①　通过访谈可知，南矿所在省内相当一部分煤矿都存在着实质上的包工制。进一步对相关研究和媒体报道的梳理，虽然不能确知包工制在煤矿生产单位中究竟占有多大份额，但其大范围存在是没有问题的（参见王晓夏、韩赋秋，2012；王世峰：《"包工队战略"：果真能够拯救我们的企业吗？》，中国煤炭新闻网，2015 年 2 月 10 日，http://www.cwestc.com/newshtml/2015-2-10/360968.shtml，访问时间：2015 年 12 月 1 日）。其实，只要对国内煤炭生产压力大、煤矿正式员工用工成本高、廉价劳动力大量存在、违规用工成本低（法律法规的落实程度低）、煤炭市场波动大和行政经常性干预存在的普遍事实有所了解，就能够理解包工制难以取消的事实。

控一直存在，并呈现出由强到弱再到强的趋势。从 1982 年到 2009 年南矿改制，国家实行国企改革，从扩权让利到产权改革，国家对南矿的直接控制越来越少，企业自主权越来越大。但是从 2009 年南矿实现兼并重组以来，一直到近年来煤炭行业实行的"去产能"政策，国家力量又开始在煤炭行业重新加强，政策性调整和行政性干预越来越频繁，直接影响南矿等煤企的正常性生产活动，在合法性逻辑的影响下南矿也不得不随着国家政策的调整而相应地调整其生产活动。另一方面，国企的市场化改革，也使南矿获得企业的自主权，南矿作为一个经济主体，是以实现经济效益为主要目标，因此，在激烈的市场竞争中，南矿也要遵循效率逻辑，为提高企业的经济效益，南矿在企业管理、生产组织和劳动用工等方面实行了一系列符合效率逻辑的改革。由此，改革开放至今的这一时期，合法性逻辑与效率逻辑共同支配南矿的生产活动，南矿既要遵循合法性逻辑以获得正常发展的条件，也要遵循效率逻辑以谋求在激烈的市场竞争中立足。

合法性逻辑和效率逻辑同样也共同影响着南矿包工制的发展与变迁。南矿包工制的出现首先要归功于煤炭基建制度和企业用工制度的改革，由此可见，合法性逻辑是包工制出现的前提条件。在这一前提条件之下，南矿才能为了效率逻辑不断推动包工制的发展，这个逻辑支配着南矿包工制从 20 世纪 80 年代初的井下巷道工程扩展到掘进工作面。2004 年南矿扩建之后，按照相关制度规定，南矿井下扩建工程必须实行投标招标制，由具有资质的施工企业承包工程，在此情况下，为了能够顺利承包工程，在合法性逻辑的支配下，南矿包工队纷纷通过挂靠有资质的公司而获得承包机会，在效率逻辑的支配下南矿默许认可这些包工队来承包工程，由此包工制开始遍布井下。2013 年南矿投产后，由基建矿井转变为生产矿井，按照国家相关法律规定生产矿井井下作业禁止使用包工队，基于合法性逻辑，南矿解散项目部，改变包工队名称，对外统称为南矿采掘队，并在形式上与包工队工人签订劳动合同，纳入南矿的直接管理中。

但是在实际运行中，南矿基于效率逻辑，仍然按照原来包工队的管理方式，南矿与包工队实行内部承包，工队内部实行独立核算，南矿除工伤保险外，其他社保福利也不提供，与煤矿自己工人实行两种不同的管理方式。

# 第 三 章

## 包工制的组织结构与运行机制

在上文中，我们对南矿包工制的发展变迁进行了大致的梳理，从中可知包工制已成为南矿采掘一线最重要的生产组织和劳动用工形式，本章将分析包工制的组织结构与运行机制。剖析组织的结构及其运作机制是认识一个组织的基础，在此基础上才能进一步探究组织的实践效果，这一章笔者将运用组织的相关理论来对包工制的组织结构和运行机制进行分析，从而来考察包工制下矿方、包工头和工人三者之间的关系。

## 一　包工制的组织结构

组织结构是指组织内部正式规定的、比较稳定的相互关系形式，它主要包括四个方面，即地位、角色、规范和权威，它们的相互关系和联系构成了组织的基本结构。组织结构的分化通常有两种形式：水平分化和垂直分化。水平分化是以功能为基础进行的专业化和分化过程。垂直分化则是组织的等级和层级结构的确定，以利于有效的整合与控制（于显洋，2013：128—134）。组织结构一般分为两类：U 型结构与 M 型结构（丘海雄等，1997）。包工制作为一种生产组织方式，是通过具体的包工队来实现的。由于南矿包工制从出现至今，基本组织结构并没有多大变化，因此，笔者主要使用2014年以后的包工队来进行分析。① 这里分析南矿包工制的组织结构是实际的组织结构，与南矿对外宣称的组织结构有所不同，在南矿对外宣称的组织结构中并没有包工头、经理等实际控制包工队的人员存在。虽然有4支包工队，但是它们组织结构大致是相同的（如图3-1）。图3-1是南矿4支包工队的基本组织结构图，具体到每个队可能稍有差异。从图中我们可以看出，每支包工队的最高负责人是包工头，工人们一般称他们为"大老板"，包工头一般很少具体管理包

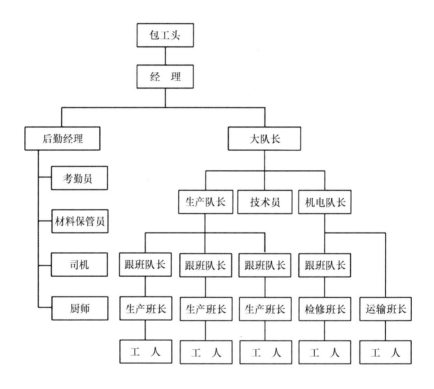

**图3-1　南矿包工队组织结构**

注：本章中所使用的结构图均由笔者根据南矿包工队的实际组织结构绘制而成。

---

① 2014年以后南矿的包工制便稳定下来，主要有4支包工队，3支综掘队，1支综采队。

工队一线生产事务，他主要负责为包工队承接生产业务，向矿方催要工程款，以及协调矿方与包工队之间关系等大的方面事务。因此，他们一般并不常驻南矿，一个月最多在矿上几天，集中解决队里的大事。① 平时包工队的实际负责人其实是经理，工人们一般称呼他们为"二老板"，包工头委托经理管理整个工队，经理一般由包工头的亲戚或者他的合伙人担任，综掘一队和三队的经理分别是包工头的哥哥和外甥，综采队的经理是包工头的合伙人。经理下面管辖两大职能系统：后勤系统（井上）和生产系统（井下）。下面将具体从这两大系统及其职权结构进行详细的分析。

### （一）包工队的后勤系统及其职责

包工队分为井上和井下两个系统，后勤系统就是井上系统，该系统一般由后勤经理管理，主要负责供应、会计、考勤、食宿、发放工资等各项工作。后勤系统人数不多，一般多为五六人，后勤经理一般由包工头的亲戚担任，有的工队也由经理兼任。综采队和综掘三队后勤经理都为经理兼任，他们年收入在 20 万元左右。综掘一队后勤经理为包工头的弟弟，年收入也在 15 万元左右。综掘二队后勤经理为包工头的堂弟，年收入在 12 万元左右。后勤经理虽然负责后勤的一切工作，但主要负责材料采购和工资发放。按照合同协议，南矿负责提供井下生产的大型设备，小型设备和材料费需由包工头自己提供。材料费和工人工资占包工队总成本的三分之二，可见采购和发放工资是后勤中最重要，也是涉及资金最大的两项事务，因此，由后勤经理亲自负责。后勤经理手下还有几名人员，具体负责后勤其他事物。

考勤员 1 人，主要负责记工和安排住宿。考勤员每天记录工人的出勤情况和每班完成的工作量，也要记录工人的奖惩情况，每月

---

① 除综掘二队的包工头平时常驻南矿外，剩下的 3 个包工头一般都不在南矿，由于包工头老杨常在南矿，综掘二队便没有经理这一职务。

汇总一次，上报给后勤经理，作为发放工资的依据。此外，他也负责给工人安排宿舍。南矿给包工队提供专门宿舍楼，与南矿自己的工人分开居住，包工队的宿舍楼 5 层，每层 20 个房间，其中综采队占两层，其他综掘队各占一层。南矿把宿舍分配给包工队后，由包工队内部自行分配，一个房间一般住 4 人，工人们的房间统一由考勤员分配，另外考勤员也负责检查工人宿舍卫生情况。考勤员按日计薪，日薪为 150 元。

材料保管员 1 人，主要负责保管和发放材料。每支包工队都有自己的库房用来放置井下所需材料，并配备一名材料保管员。他要负责材料的验收入库，采购员买回材料后，材料保管员要进行验收并登记入库。每天工人上班之前都要去库房领取当班所需材料，材料员要进行登记并开领料单之后，才能发放材料。材料保管员要进行日清月结，保证账物清楚、账物相符。平时时间，他还要做好防盗、防潮、防爆、防破坏等安全工作，保证库房清洁整齐。材料保管员按日计薪，日薪为 150 元。

司机 2 人，主要负责运送工人和材料。由于包工队库房和工人宿舍都在新矿，而平时工人上班和材料运输都在旧矿，新矿与旧矿相距 2 千米，往来十分不便，南矿又不管接送，因此包工队自己需要配备 2 名司机和 1 辆货车。司机每天负责在上班时间送工人去旧矿上班，下班后再把工人接回到新矿宿舍。其余时间司机还要负责把井下所需材料运送到旧矿，然后把自己工队井下损坏机器拉回库房或者维修厂进行维修。司机按日计薪，日薪为 150 元。

厨师 1 人，主要负责为包工队跟班队长以上人员做饭。南矿 4 支包工队包工头都不是本地人，其手下跟班队长以上领导也大部分与包工头来自同一地方，生活习惯相近。由于他们不是本地人，甚至不是本省人，他们的生活习惯与南矿所在地方差异很大，特别在饮食上。因此，包工头专门从他们当地聘请厨师过来给跟班队长以上领导做饭，厨师一般都是 60 岁左右的女性，多与包工头有亲戚关系，在家里没有什么事情就过来了。她一天负责为七八个人做三顿饭，包工头一个月付给她3000元左右。包工头雇用他们当地的厨师做饭，一方面可以让这些队长们吃到家乡饭，解决饮食不习惯的问题，另一方面也可以提高伙食水平，犒劳这些得力干将，加强他们之间的感情。正如综采队做饭大妈所言：

> 我今年60岁了，我跟综采队老板是亲戚关系，我是他姑姑。我和我老公一起过来的，我老公在淮南煤矿退休后，在家没事干，我侄子就让我俩来这里给他帮忙，我负责给他们做饭，我老公负责在井上给他们维修机器。我一天给七八个人做三顿饭，早饭做得比较简单，做完早饭后，我一般都会去集市买中午和晚上的菜，中饭和晚饭比较丰富，我做的是我们淮南那边的饭菜，很合他们的胃口，他们很喜欢吃。一个月我能挣3000多元，我老公挣8000多元，我俩准备再干几年才回家，现在身体都好，回去也没什么可以做的。（SY，综采队做饭大妈，20170301）

以上是包工队后勤系统的所有人员，可见该系统层级结构比较简单，属于典型的U型组织结构，人员统一归后勤经理管辖，每支包工队虽有不同，但差异不大。[1] 后勤人员由于不下井，工资相对井下人员来说比较低，工作时间相对较长，除了厨师之外，其他人员一般从早上6点开始上班，一直到晚上10点左右才下班，但是工作相对来说比较清闲，一般正常工作的时间其实很短。虽然后勤系统人数不多，但也是不可或缺的，他们与生产系统的相互配合才能保证生产顺利。

---

[1]　如综掘一队就没有厨师，这与包工队内部人员来源有很大关系，综掘一队跟班队长以上人员多为南矿本省人，因此生活习惯差异并不是很大，因此没有。

### （二）包工队的生产系统及其职责

与后勤系统相比较，生产系统的层级结构就复杂很多（如图3-1）。按照职权和层级结构，生产系统从上到下可以分为4—5级，分别是包工队大队长；生产队长、机电队长和技术员；跟班队长；班长；工人。[①] 按照职级高低，他们拥有的权力依次递减。生产系统是极其重要的，产量多少是包工队获得效益的唯一来源。下面将具体阐述每一级人员的分工与职权。

生产系统最高负责人是大队长，负责井下生产的所有事务，在南矿的正式组织结构中他是生产队的第一负责人，负责整个生产队的全面管理工作。大队长在包工队中是极为重要的，是包工头高薪聘请过来专门负责生产的。大队长一般都有着十分丰富的井下生产管理经验，是从工人岗位一步步升起来的，能够处理各种突发情况，是一个十分懂行的人。他对包工队的工作面负完全责任，他组织编制工作面作业计划、安全技术措施和绘制工作面作业草图，安排每天每个班的工作任务，并验收每班的工程质量和生产任务。大队长一月下井最少15次，一般是早上开完生产例会就下井，查看一下工作面情况，布置一天的工作，验收检查昨天的工程质量和生产任务，没有什么重要的事情就升井上来，一般在井下时间为4—8个小时，这个时间视井下情况而定，井下问题少，时间就短。大队长一般不能离开煤矿，剩余时间是值班时间，井下一有突发状况，其他人解决不了，就需要大队长马上下井处理，他属于24小时必须在矿人员，做到随叫随到。

一般情况下大队长技术高、经验丰富、责任重大和工作时间长，包工头付给他的薪酬也是很高的，这个岗位实行的是日工资，工资水平在500—800元/天，这个标准每个工队差异还不小，相对来说

---

① 综采队人员较多，一般就有5层结构，而综掘队相对人数较少，一般为4层结构。

综采队最高，一般是 700—800 元/天，综掘二队一般是 600—700 元/天，综掘一队和综掘三队大致为 500—600 元/天[1]，这个工资水平每月不定，视当月的生产绩效而上下波动，但一般在这个范围内波动。每年年终包工头也会根据当年的利润给大队长发放年终奖，一般为当年的平均月工资。一年下来，一个综采大队长年收入高达 25 万元左右，跟南矿矿长年薪相当，二队综掘大队长年收入也能达到 20 万元左右，与南矿总工程师年薪相当，其他两队综掘大队长年收入也在 16 万元左右。

大队长下面是生产系统的第二级管理人员，生产队长[2]、机电队长和技术员。他们三者分管不同的领域，生产队长协助大队长负责工队生产工作，是工队生产负责人，机电队长协助大队长负责工队机电运输工作，是工队机电运输负责人，技术员协助大队长负责工队技术工作，是工队技术负责人。他们三人都是经验丰富、技术过硬之人，拥有专业技术证书。生产队长管辖三个生产班，主要职责为：负责落实大队长的工作计划，依照作业规程，合理组织生产；及时处理影响生产和安全的各种问题和隐患；监督领导工人按规程操作，努力实现安全生产质量标准化；认真执行跟班制度，每月下井带班不少于 10 次（其中早班 6 次，中班和晚班各 2 次），入井不少于 10 次，其中带班按 8 小时，入井按 3 小时考核。[3] 生产队长薪酬也比较优厚，日资为 600—700 元，与综掘队大队长相当，年收入在 20 万元左右。

---

① 综掘二队大队长之所以比综掘一队和三队日薪高，主要原因是综掘二队工作面瓦斯大，危险系数比其他两个工队高，因此南矿给予二队的进尺承包价比较高，所以包工头给他们的工资也相对高点。

② 生产队长只有综采队才有，综掘队没有，综掘队大队长直接管辖三个班的跟班队长，这是由于一方面综采队人数众多，大队长一人分管不过来，设立一个专职的生产队长很有必要，另一方面是因为整个南矿的产煤大部分靠综采队完成，综采队是煤矿生产的龙头老大，南矿十分重视综采队，因此也必须设立一个专职的生产队长，负责综采队生产工作。

③ 南矿总工办：《南矿安全生产责任制 2016 年版》，2016 年 3 月 1 日。

机电队长管辖一个检修班和一个运输班，主要职责为：负责本队机电设备、电气设施的安装、维护和检修的组织领导工作，保证其安全运转；贯彻执行三大规程，落实设备包机制度、检修制度和岗位责任制；组织机电事故的抢修处理和事故分析，针对存在的问题提出改进措施；负责检查井下配件储存消耗情况，审查设备台账和机电设备运转情况记录等。[①] 机电队长实行的是跟班制度，在南矿，早班一般为检修时间，早上 9 点以后全矿停止生产进行设备检修，因此机电队长一般是天天跟早班下井，入井时间为 8 小时。机电队长也实行日薪制，综采队日工资为 500—600 元，年收入在 16 万元左右，综掘二队为 400—500 元，年收入在 13 万元左右，综掘一队和三队为 300—400 元，年收入在 10 万元左右。

技术员主要职责为：负责编制工作面作业规程和安全技术措施，并进行传达、贯彻和监督执行；深入现场，准确掌握地质条件变化，发现问题及时处理并汇报；对生产工艺和工人规范操作进行技术指导，发现问题及时解决；组织本队工人的安全技术培训；负责搜集本队各种技术经济指标的资料，及时分析完成情况，采取各种有效的技术措施；技术员每月入井不少于 15 次，时间为 3 小时。技术员一般也实行日薪制，综采队技术员工资为 400—500 元/天，年收入在 13 万元左右，综掘队技术员为 300—400 元/天，年收入在 10 万元左右。

生产系统的第三级管理人员是跟班队长。跟班队长是采掘一线实际指挥者，负责指挥一个班的具体工作，他们是生产一线上最重要的人物，一个班能否顺利生产，全凭他们的指挥调度。跟班队长主要职责为：协作队长搞好班组管理工作；负责当班生产任务的分解和落实；搞好工作面安全质量标准化工作；及时处理安全生产中的突发情况和隐患问题；搞好工作面岗位交接班和检查验收工作；

---

① 《综采队机电副队长岗位责任制》，中国煤矿安全生产网，2011 年 1 月 12 日，http://www.mkaq.org/Management/zeren/201101/Management_ 47845.html，访问时间：2017 年 10 月 15 日。

负责本班出勤和工作进度上报记录。跟班队长技术十分全面，精通采掘一线所有工种操作，他一般在井下没有固定的工作岗位，在采掘一线各个工作岗位间检查指挥，哪里有问题在哪里，哪个岗位缺人就去哪里帮忙。"哪里需要去哪里，反正不会闲。"综掘三队跟班队长老刘说。[①] 跟班队长需要每天跟班下井，与当班工人同上同下，井下工作最少 8 小时。

跟班队长的薪酬每个队不同，综采队和综掘二队一般按日计薪，综掘一队和三队一般按进尺计薪，虽然有差异，但是他们挣的都是系数工资，工资一般为工作面工人的 1.5 倍系数。综采队跟班队长平均日薪在 400 元左右，综掘二队跟班队长日薪为 350 元左右。综掘一队和三队，工资计算比较复杂，当每班进尺达到 2.5 米以上时（包括 2.5 米），按照进尺数计算全班工资，一米包工头给 650 元，比如一个班进尺为 3 米，一个班的工资总额为 650 × 3 = 1950 元，一个班有 8 个人，工人的工资为：工资总额（1950）/总人数加 1（8 + 1 = 9）= 216.7 元，这就是每个工人的工资，这也是 9 个人的平均工资，跟班队长和综掘机司机会平分第 9 个人的工资，因此跟班队长的日薪就为：216.7 + 216.7/2 = 325 元。当每班进尺少于 2.5 米时，整个班就按杂工计算，杂工就是固定日薪，一般工人日薪为 170 元，跟班队长与综掘司机为一般工人的 1.5 倍，即 255 元。

生产系统的第四级管理人员是班长，他的主要职责是协助上级领导管好班组工作。班长在每个队的实际职责还有很大差异。综采队生产班长、准备班长和检修班长主要是协助跟班队长管理班组工作，他们没有固定的工作岗位，哪里需要去哪里，当跟班队长请假时，由他们代理队长职务。所有工队的运输班长负责他们工队的井下运输事务，运输班长主要职责为：负责当班工作任务的分解和落实，带领工人完成当班任务；搞好工作面岗位交接班和检查验收工作；负责本班出勤和工作进度上报记录。综掘队的检修班长职责是

---

① 访谈记录，LWL，男，49 岁，综掘三队跟班队长，河北邯郸，20170424。

协助机电队长搞好井下机电检修工作，机电队长请假时，由他们负责井下机电检修工作。与综采队生产班不一样的是，综掘队生产班并没有专门的班长，而是由综掘机司机兼任班长①，当跟班队长请假时，由综掘机司机代理跟班队长职务，负责指挥整个班组的生产工作。班长们与工人同下同上，在井下工作时间最少8小时。

班长也是按日计薪，他们之间的薪酬也不同，按照每个班的重要程度和规模，不仅工队之间有差异，工队内部也有差异。综采队内部有5个班，2个生产班，1个准备班，1个检修班，1个运输班，其中生产班、准备班和检修班班长是他们当班工人平均工资的1.4倍，平均为360元/天，运输班班长是他们当班平均工资的1.4倍，平均为280元/天。② 综掘一队和三队的班组结构和薪酬相似，他们也有5个班，3个生产班，1个检修班和1个运输班，生产班班长由综掘机司机兼任，他们的薪酬与跟班队长同等，为当班工人平均工资的1.5倍，检修班班长平均日薪为300元左右，是检修班工人平均工资的1.5倍，运输班班长平均日薪为230元左右，是运输班工人平均工资的1.3倍左右。综掘二队的班组结构比较简单，他们也有5个班，跟其他综掘队一样，但他们生产班长是由跟班队长兼任，而且跟班队长还负责开综掘机，身兼三职，检修班班长平均日薪为330元左右，是检修班工人平均的1.5倍③，运输班班长为220元左右，为运输班工人平均的1.4倍。

生产系统的最后一级为工人。工人也分属为两类："核心工人"和"边缘工人"，核心工人指那些掌握重要技术，构成生产过程中关

---

① 在综掘队班组中，最重要的两个岗位就是跟班队长和综掘机司机，综掘机司机的技术高低直接影响着该班组的进尺数，因此一般情况都由他兼任班长，掘进班实行的是割一米支护一米，当他割完一米之后，他也不会闲着还要帮助支护工人进行支护。

② 运输班属于辅助班，与主要班相比，他们的工资水平相对较低，属于工队工种中最低的工资。

③ 当生产班综掘机司机请假时，检修班班长有时还会兼职综掘机司机，他本身主要是维修综掘机的，所以也会开综掘机，因此工资相对来说比较高。

节点的工人，边缘工人指那些不掌握重要技术的工人，他们属于生产系统层级结构中的最底层（沈原，2007：242；蔡禾、贾文娟，2009）。一般情况下在工作面工作的工人为核心工人，也称为一线核心工人，在工作面外工作的工人为边缘工人，也称为二线辅佐工人。综采队主要工种多达13种，分别为采煤机司机、支架工、支护工、检修工、电工、控制台司机、乳化泵站司机、刮板运输机司机、转载机司机、皮带运输机司机、清煤工、防尘工、运输工，这些工种当中，属于核心工人的为采煤机司机、支架工、支护工、检修工和电工，剩余的属于边缘工人。综掘队主要工种有10种，分别为综掘机司机、支护工、检修工、电工、联网工、刮板运输机司机、皮带运输机司机、清煤工、防尘工、运输工，其中属于核心工人的为综掘机司机、支护工、检修工、电工和联网工，剩下的属于边缘工人。按规定，所有工人遵守8小时工作制，实际上仅井下工作时间都至少为8小时，加上班前会、换衣服、领工具、入井、升井和洗澡等时间，一天最少10小时。工人们的薪酬也是日薪制，每个队组计算方法不同。

表 3 - 1　　　　　　　2017 年南矿综采队各岗位工种具体分数

| 岗位 | 分数 | 岗位 | 分数 |
|---|---|---|---|
| 采煤机司机 | 36① | 刮板运输机司机 | 30 |
| 支架工 | 35② | 转载机司机 | 30 |
| 端头支护工 | 33 | 皮带运输机司机 | 30 |
| 检修工 | 33 | 清煤工 | 30 |
| 电工 | 33 | 防尘工 | 29 |
| 控制台司机 | 31 | 运输工 | 27 |
| 乳化泵站司机 | 31 | | |

注：此表由笔者根据综采队相关人员访谈资料整理所得。

———————————

① 采煤机正司机为 36 分，采煤机副司机为 35 分。
② 一般支架工为 35 分，技术最高的支架工一般为 36 分。

综采队工人的日薪全部按照每个工种岗位的分数来计算，分数考核既要体现技工与普工的区别，也按照多劳多得、按劳分配的原则进行，综采队各岗位工种具体分数参见表3－1。从表中我们可以看到，根据工种的技术含量和劳动强度的差异，分数之间还是有不小差异，分数最高的是采煤机司机，这是由于采煤机司机直接影响产煤量的多少。每分对应的价格每个月也有差异，平均在8—9元，如果本月生产顺利，产煤量高为9元，如果本月生产不顺利，产煤量低为8元，产煤正常为8.5元。表中每个工种所对应的分数是标准分，就是工人完成所在岗位当班相应任务时所得之分，当没有完成任务时，相应会减1—2分，当超额完成任务时，也会相应增加1—2分。按照标准分计算，2017年4月，由于放假多，生产不正常，因此包工头评估该月1分为8元，工分最高的采煤机司机日薪为288元，工分最低的运输工为216元，他们之间相差72元。

综掘队各队之间也不太相同，其中综掘二队也按照工分制计算日薪，根据技术含量和劳动强度进行评分，具体参见表3－2。此表中没有最核心工人综掘机司机和最边缘工人运料工评分，上文讲到综掘二队综掘机司机由跟班队长兼任，跟班队长的工资是不评工分的，他有专门的工资，而运输工也不评分，他们是固定日薪，不是计件工资，他们日薪为160元。除这两个工种外，剩下都是按分数进行工资计算的，分数最高的工种为打顶支护工，也叫锚网支护工，分数最低的工种为防尘工，也叫洒水工，掘进时为降低工作面煤尘而对煤层进行专门洒水的工人。表中分数也对应工种的标准分数，即工人完成所在岗位当班相应任务时所得之分，当没有完成任务时，相应会减0.5—1分，当超额完成任务时，也会相应增加0.5—1分。每分所对应的价格也会随着当月进尺数量的不同而稍有不同，平均在21—23元，当月进尺量高时，1分为23元，进尺量少时为21元，进尺量正常时为22元。2017年4月综掘二队进尺正常，按照1分22元计算，最高分打顶支护工日薪为242元，最低分防尘工日薪为187

元，两者相差 55 元。

表 3 - 2　　　　　　　　2017 年南矿综掘二队各岗位工种具体分数

| 岗位 | 分数 | 岗位 | 分数 |
|---|---|---|---|
| 打顶支护工 | 11 | 联网工 | 9.5 |
| 打帮支护工 | 10.5 | 皮带工 | 9 |
| 检修工 | 10 | 清煤工 | 9 |
| 电工 | 10 | 防尘工 | 8.5 |

注：此表由笔者根据综掘二队相关人员访谈资料整理所得。

与综掘二队不同，综掘一队和三队的工人实行计件工资和计时工资，实行计件工资的工人主要是生产班的工人，即支护工、联网工、皮带运输机司机和清煤工。[①] 他们是按当班进尺米数计算工资的，1 米为 650 元，正常情况下一个生产进尺数最少为 3 米[②]，按照 3 米计算，当班的工资总额为 1950 元，一个班平均工人为 8 人，1 个跟班队长、1 个综掘机司机、2 个打顶支护工、2 个打帮支护工、1 个联网工、1 个皮带工[③]，一般工人的平均日薪工资为 1950/9 = 216.6 元。实行计时工资的工人，即固定日薪的工人主要是检修工、电工、运输工和防尘工，检修工和电工的日薪为 200 元，运输工和防尘工日薪为 170 元，这是综掘一队和三队工资最低的工种。

以上所述是南矿包工队的组织结构，它由横向的部门结构和纵向的层级结构组成，各层级分工明确，责权清晰，从工人到一般工头再到包工头，权力逐步上收。此外笔者还分析了各岗位工种的工

———————

① 生产班工人还包括综掘机司机，上文已经讲到综掘机司机在一队和三队兼任班长，工资也是一般工人的 1.5 倍，所以这里不再把他作为一般工人对待。

② 这里指中班和夜班，早班不算，因为早班有一半时间在进行检修，是不生产的，因此早班一般进尺数为 1—2 米。

③ 按规定还要有清煤工，但实际运作的时候，为了节省开支，包工头都会让皮带工兼职清煤，皮带工并不是全程都在开皮带，当皮带暂停时，他就可以清煤。

作时间和薪酬待遇。

### (三)包工队的管理制度

与其他行业包工队一样,南矿早期的包工队大多没有建立明确的规章制度,主要通过包工头或工头极其个人化的方式对手下工人进行简单粗暴的管理控制(贾文娟,2014)。随着南矿改制、扩建,转变为现代化矿井之后,为提高工队效益,南矿包工队的管理水平也在不断提高,并开始逐步走向制度化管理,正如综采队经理所说:

> 干什么东西也都需要与时俱进,现在国家不是一直在倡导要从粗放式管理到精细化管理,一直在讲制度管理吗?我们现在也尝试用制度管理。(TYL,综采队经理,20170418)

南矿这几个包工队都制定了一些管理制度,这些制度大致可以分为两类:一类是关于劳动纪律的管理制度,另一类是关于井下生产巷道的管理制度。

劳动纪律管理制度包括上下班制度、请假制度、安全学习制度、宿舍管理等制度。上下班制度规定,不得迟到、早退和旷工,参加班前会每迟到一次处罚 50 元;上班期间出现早退、溜班的扣除当天工资,并处罚 200 元;无故不上班按旷工处理,每次处罚 200 元;无特殊原因无故离职剩余工资按 50% 结算;每个班下班后必须到队会议室填写各种记录,少填一次当班班长罚款 100 元。请假制度规定,当班当天有事请假必须以书面形式找队长,不得打电话请假、请霸王假,否则扣一个班,按旷工处理,处罚 200 元;平时休班时,要提前向班长请假签字,家里有事请假 3 天以上的,要经班长及队长签字同意后将请假条送到队部,而且要按时归队,违者按旷工处理一天处罚 200 元;未请假超过 5 天者直接开除;因矿上原因放假的,必须按时报到,没有按时报到者,迟到一天罚款 200 元。安全学习规定,正常上班每周二、周六要按时参加安全学习,有特殊情况要向队部请假，无故不参加安全学习的职工每次罚款 50 元，迟到、早退罚款 20 元；学习期间禁止打电话、玩手机、大声喧哗、抽烟等，违者罚款 50 元。宿舍管理制度规定，为保证职工正常休息，不上班人员不得在走廊里大声喧哗、打电话；保持本宿舍环境卫生、干净；严禁在宿舍内做饭，否则矿上将对做饭宿舍罚款 1000 元，对单位罚款 2000 元，凡因做饭被罚款的房间，均由本宿舍责任人自负。

对于包工队的劳动纪律规定，工人们也会觉得很不人性化，颇有微词，特别是关于请假制度，正如工人们所说：

> SJB：比如有时候机器坏了，临时放假了，到底什么时候上班，工队也没有告诉你上不上，上不上你得来看看呀，来了不上班没事，上了不来你就有事了，不来这里就要罚款了，来了坐在这里没事，坐在这里不上班呀，没事情。上次放假，中午两点多打电话了夜班上了，来了矿上中班还不能上了，等晚上快九点呀，他们才通知上班了，你要是不来不就弄坏了，七点多了问他还不知道，还没有弄好了。这地方就是这，来不了就罚款了。
>
> LRF：你瞧这个情况，机器坏了哇，他不给你打电话，你不来了他罚你款，这是怨他了。
>
> LJF：怨你了，他们都能来了，就你来不了。
>
> LWC：这个地方就是你来了，他不上能行，他上你不来就要有说法了，怎么也是工人们没理，一点不人性化。（群体访谈：综采队中班人员，SJB，支护工；LRF，支护工；LJF，清煤工；LWC，皮带工，20170419）

井下巷道管理制度包括班组管理、质量管理、机电管理、材料管理、交接班等制度。班组管理规定，班组实行班队长负责制，在现场工作中要服从班长分工，听从指挥，如有违反，班长有权进行处罚。质量管理规定，当班生产必须按照煤矿三大规程和队组作业规程操作，违者按照南矿"三违"规定和队组作业规程相关规定进行相应的处罚，凡因个人"三违"造成罚款由本人承担，因工程质量不合格等现场出现的问题全部由班组承担。质量管理规定相当细致，列举出具体每项工作的质量标准，不达标的都有相关的处理规定，由于规定多达几十条，这里不再一一列举。材料管理规定，材料不得乱拿乱扔，不得人为破坏，要摆放整齐，否则处罚当班班组50—200元；工具领用要登记签字，因个人使用不当损坏的或丢失按原价赔偿；发现有故意破坏生产或破坏工具和设备的工人直接开除并赔偿，剩余工资按50％结算。机电管理规定，机电设备必须每班检修到位，对因检修不到位，出现的故障和机电设备损坏，除追查检修者责任外，对损坏的设备还要进行赔偿；对本班机电设备出现故障，不能及时处理和工作缓慢影响生产的，除扣除当班工资，情节严重者暂停工作，甚至开除。交接班制度规定，班组之间必须执行交接班制度，每发现一次未现场交接班的或提前下班的，处罚当班班长300元。

此外还有一些其他规定，但没有形成制度，比较非正式化。比如一些奖励，如当班生产今天大大超过下达的任务，除给予正常工资外，记工分的包工队会给当班工人增加工分，而实行计件工资的包工队也会给予当班工人直接现金奖励，金额为300元左右，正好够七八个人吃饭喝酒。年终包工头也会根据当年效益的决定是否给工人发红包，如果效益好的话会给工人每人500元红包，并报销回家往返车票，如果效益差点儿的话便没有。还有具体的管理方式，一些班队长在生产一线管理还是简单粗暴，这也是煤炭行业普遍存在的，粗鲁骂人的现象常有，正如综采队CZQ所说：

> 你要干活干不好了，人家领导能不训你了？有的领导脾气不好，急得不行就要说难听话了，不过一般井下都是这样的，都是一群大老粗，你还想让他文明对你了？我刚开始下井的时

候不习惯，后来时间长了都习惯了。（CZQ，综采队转载机司机，20170423）

可见，包工队并没有完全制度化、正规化，在许多方面还是以包工头或工头极其个人化的方式对手下工人进行简单粗暴的管理控制。

## 二　包工制的人员构成

上节主要介绍了包工制的组织构成，但对于包工制内部人员的个人相关信息却没有进行过多介绍，我们只能模糊地认识这一群体。为了能够更为清楚地勾勒这一群体的特征，加深对包工制组织结构的认识，本节笔者将具体展示南矿包工队工人的基本人口学特征，包括性别、年龄、文化程度、来源地及其相互之间的关系等基本情况（沈原，2007：203）。

表 3 - 3　　　　2017 年南矿包工队人员结构特征

| 项目 | 取值 | 值数（N = 249） | 百分比（%） |
| --- | --- | --- | --- |
| 性别 | 女 | 3 | 1.2 |
| | 男 | 246 | 98.8 |
| 年龄 | 18—29 | 10 | 4.0 |
| | 30—39 | 50 | 20.1 |
| | 40—49 | 131 | 52.6 |
| | 50 岁以上 | 58 | 23.3 |
| 文化程度 | 初中以下 | 221 | 88.8 |
| | 中专及高中 | 25 | 10.0 |
| | 大专以上 | 3 | 1.2 |
| 户口 | 农业 | 224 | 90.0 |
| | 非农 | 25 | 10.0 |

| 项目 | 取值 | 值数（N = 249） | 百分比（%） |
|---|---|---|---|
| 籍贯 | 外省 | 115 | 46.2 |
| | 本省 | 134 | 53.8 |
| | 本省外市 | 40 | 16.1 |
| | 本省本市 | 94 | 37.8 |
| | 本市外县 | 28 | 11.2 |
| | 本市本县 | 66 | 26.5 |
| 工队 | 综采队 | 94 | 37.8 |
| | 综掘一队 | 52 | 20.9 |
| | 综掘二队 | 52 | 20.9 |
| | 综掘三队 | 51 | 20.5 |

注：此表为笔者根据南矿包工队的访谈资料整理所得。

南矿现有 4 支包工队：综采队、综掘一队、综掘二队和综掘三队，截止到 2017 年 5 月共有人员 249 人，占南矿总人数（865 人）的 28.8%，表 3 - 3 是 2017 年南矿包工队人员结构特征表。

**（一）性别构成**

大量社会学和经济学研究发现，劳动力市场存在着性别职业隔离，这种现象在各个国家中普遍存在（李春玲，2009；杨伟国等，2010）。职业性别隔离最早由格罗斯（Gross）提出，指在劳动力市场中，劳动者因性别不同而被分配、集中到不同的职业和行业中，担任不同性质的工作（Gross，1968；蔡禾、吴小平，2002）。职业性别隔离分为水平隔离和垂直隔离两类（Anker，1997）。水平隔离指男性和女性在不同职业和行业类别中的分布，如女性多为护士、保姆、秘书和幼儿园教师等，而男性多为医生、军人、建筑工、采掘工等，而垂直隔离指男女两性在社会声望和地位等不同的职位、职业和行业间的隔离分布（易定红、廖少宏，2005；童梅、王宏波，2013）。学者们将职业分为三类，即"女性职业"（女性比例大于

70%的职业）"中性职业"（女性比例处于30%—70%）和"男性职业"（女性比例低于30%的职业）（吴愈晓、吴晓刚，2008；李汪洋、谢宇，2015）。根据第六次全国人口普查统计数据，勘测采矿职业男性比例高达87.6%（童梅、王宏波，2013），截至2015年年末，全国采矿业从业人员共有545.8万人，其中女性从业人员有100.6万人，仅占总人数的18.4%[①]，可见煤炭行业作为典型的重工业部门存在着严重的性别隔离现象，仅次于建筑行业，煤矿工人作为蓝领工人属于典型的男性职业（刘德中、牛变秀，2000）。

南矿包工队中，男性工人有246人，占总人数的98.8%，女性工人仅有3人，占总人数的1.2%，男女比例极度失衡，性别结构差异悬殊，表3-3表明了这种状况。[②] 女性在重工业部门多从事后勤服务和辅助性工作（李黎明，2012），在南矿包工队中，3名女性工人正是在井上后勤厨师岗位上，给工队领导做饭。而男性工人大部分从事井下重体力和技术性强的工作。

煤炭业工人中男性占绝对优势的原因，并非性别歧视所致，特别是在井下工人中，主要由四个方面原因共同导致的：一是由于女性受制于生理因素的影响，不适合进入男性主导的职业，煤炭行业属于重体力劳动，不适合女性（童梅、王宏波，2013）；二是社会学的解释，性别角色的社会化导致的，认为我们所处的社会文化对男女两性角色存在不同的认知和定位，社会化促使他们分别习得不同的社会性别规范，男女两性在偏好、兴趣和价值观上产生差异，对将来职业有不同的期望，因此男性较为集中的职业则往往带有"男性化技术和工作环境"，比如"重体力劳动""极端恶劣工作环境""数理技术"以及"职权岗位"等（吴愈晓、吴晓刚，2008；李春玲，2009；童梅，2012；张成刚、杨伟国，2013）；三是煤炭行业工

---

① 国家统计局人口和就业司、人力资源和社会保障部规划财务司：《中国劳动统计年鉴2016》，中国统计出版社2017年版，第18、21页。

② 这里指的是包工队，整个南矿的女性职工共有65名（2017年5月数据），占南矿总人数（865人）的7.5%。

作环境差、危险性高，且需要重体力劳动，因此，国家法律明文规定禁止安排女职工从事矿山井下劳动①；四是煤矿的传统禁忌，认为女性是不洁的，去井口和井下会给煤矿带来灾难（张月琴，2013），在南矿一般不让女性到井口。

### （二）年龄构成

与其他新兴行业相比，煤炭行业是一个以中年劳动力为主体的行业。在 2015 年全国采矿业从业人员年龄结构中，30 岁以下的年轻工人仅占总人数的 15.9%（见表 3 - 4），在全国 20 个行业大类中排名倒数第三②，仅稍高于水利、环境和公共设施管理业（15%）和农、林、牧、渔业（11.1%），远低于其他行业。③

关于青年和中年年龄范围的划分，学界研究很多，但没有形成完整和统一的共识（黄志坚，2003；赵化刚，2005；邓希泉，2017；罗淳，2017）。联合国教科文组织界定青年人口为 14—34 岁（1982年），国家统计局界定青年人口为 15—34 岁（人口普查），目前，中国内地的青年研究基本采用国家统计局的有关人口普查的统计口径

① 《矿山安全法》第二十九条规定，矿山企业对女职工按照国家规定实行特殊劳动保护，不得分配女职工从事矿山井下劳动。《劳动法》第五十九条规定，禁止安排女职工从事矿山井下、国家规定的第四级体力劳动强度的劳动和其他禁忌从事的劳动。虽然也有媒体报道湖南少数煤矿井下违规使用女职工，但这种现象十分少见，参见余瑞冬《两女工已无生还希望，湖南冷水江矿难救援停止》，中华网新闻，2006 年 4 月 15 日，http：//news. china. com/zh ＿ cn/news100/11038989/20060415/13247703. html，访问时间：2017 年 11 月 21 日。

② 《中国劳动统计年鉴》把全国行业分为 20 种大类，分别是农、林、牧、渔业，采矿业，制造业，电力、热力、燃气及水生产和供应业，建筑业，批发和零售业，交通运输、仓储和邮政业，住宿和餐饮业，信息传输、软件和信息技术服务业，金融业，房地产业，租赁和商务服务业，科学研究和技术服务业，水利、环境和公共设施管理业，居民服务、修理和其他服务业，教育，卫生和社会工作，文化、体育和娱乐业，公共管理、社会保障和社会组织，国际组织。

③ 资料来源于《中国劳动统计年鉴2016》，参见国家统计局人口和就业司、人力资源和社会保障部规划财务司《中国劳动统计年鉴2016》，中国统计出版社 2017 年版，第 76—78 页。

（吴烨宇，2002）。为与全国性数据进行比较，本书也采用国家统计局的统计口径，由于煤炭行业人员准入年龄为 18 周岁，因此本书将 18—34 岁界定为青年人口，35—65 岁人口界定为中年人口。① 从表 3-4 和表 3-5 中，我们看到在全国采矿业从业人员中青年人占 29.3%，中年人占 70.7%，比三分之二还多，南矿人员青年人仅占 16.5%，中年人高达 83.5%，而包工队作为井下一线主要生产人员，更是反映了井下工人的年龄结构状况，在包工队工人中青年仅占 12%，中年人高达 88%，其中仅 40—44 岁、45—49 岁、50—54 岁这三个年龄组的工人就高达三分之二，且包工队工人的年龄均值为 44.37 岁，这些表明了不仅煤矿工人主要是由中年人组成，井下一线工人近乎 90% 也都由中年人构成。

表 3-4　　　全国采矿业、南矿工人和包工队人员年龄结构②

| 年龄 | 2015 年全国采矿业（%） | 2017 年南矿工人（%） | 2017 年南矿包工队（%） |
| --- | --- | --- | --- |
| 18—24 | 4.4 | 2.2（19）③ | 0.4（1） |
| 25—29 | 11.5 | 6.1（53） | 3.6（9） |
| 30—34 | 13.4 | 8.2（71） | 8.0（20） |
| 35—39 | 13.8 | 11.8（102） | 12.1（30） |
| 40—44 | 21.4 | 19.2（166） | 19.3（48） |
| 45—49 | 17.5 | 27.4（237） | 33.3（83） |
| 50—54 | 13.1 | 18.7（162） | 16.5（41） |
| 55 岁以上 | 4.9 | 6.4（55） | 6.8（17） |
| 总计 | 100.0 | 100.0（865） | 100.0（249） |

①　一般把 35—59 岁界定为中年人口，在南矿由于 60 岁以上的工人只有 5 个，因此本书把 35—65 岁的工人划定为中年人口。

②　表中 2015 年全国采矿业人员年龄结构资料来源于《中国劳动统计年鉴 2016》，参见国家统计局人口和就业司、人力资源和社会保障部规划财务司《中国劳动统计年鉴 2016》，中国统计出版社 2017 年版，第 76 页；其他资料为笔者通过对南矿包工队相关人员的访谈所得。

③　括号中的数值为对应的人数，单位为人。

表 3 – 5　　　　　　　　　　南矿工人和包工队人员年龄结构①

| 类别 | 均值 | 标准差 | 最小值 | 最大值 | N（人） |
|------|------|--------|--------|--------|--------|
| 南矿 | 43.42 | 8.43 | 21 | 64 | 865 |
| 包工队 | 44.37 | 7.53 | 24 | 64 | 249 |

其实，在 20 世纪 80 年代末，煤炭行业中，青年人口比例高达 50% 以上，随着改革的深化，青年人群不断减少，中年人群不断增加，这种趋势一直在延续，直到当前中年人占绝大部分。② 对于这种现象，笔者认为主要有以下几个原因：一是煤矿工人社会地位和政治地位的急剧下降。改革开放前意识形态在各方面占主导地位，工人阶级作为领导阶级社会地位和政治地位很高，他们享有终身就业权和较为全面的福利保障权（吴清军，2008），而作为最重要的重工业之一的煤炭业，煤矿工人的社会地位和政治地位也较高，随着改革的不断深化，工人阶级的社会经济地位明显下降。在陆学艺先生提出的十大阶层中，产业工人阶层倒数第三，社会地位属于中下层，仅高于农业劳动者阶层和城乡无业、失业、半失业者阶层，转型期，煤矿工人的地位失落感、被剥夺感和社会不公平感强烈。③ 二是经济收入水平的降低。1978 年采掘业的平均工资为 676 元，在当时 15 个大行业中排前五，远高于全国平均工资 615 元，到 2000 年，采掘业平均工资为 8340 元，虽然是 1978 年的 12.3 倍，但这个工资水平远低

①　表中 2015 年全国采矿业人员年龄结构资料来源于《中国劳动统计年鉴 2016》，参见国家统计局人口和就业司、人力资源和社会保障部规划财务司《中国劳动统计年鉴 2016》，中国统计出版社 2017 年版，第 76 页；包工队的数据为笔者根据南矿包工队相关人员的访谈资料整理所得。

②　1988 年全国矿业从业人员中，35 岁以下青年人员占总人数的 56.6%，参见国家统计局社会统计司、劳动部综合计划司《中国劳动工资统计年鉴 1989》，劳动人事出版社 1989 年版，第 48 页。

③　这里的社会阶层是以职业分类为基础，以组织资源、经济资源和文化资源的占有状况为标准来划分的，十大阶层地位从高到低分别是国家与社会管理者阶层、经理人员阶层、私营企业主阶层、专业技术人员阶层、办事人员阶层、个体工商户阶层、商业服务业员工阶层、产业工人阶层、农业劳动者阶层和城乡无业、失业、半失业者阶层（参见陆学艺，2002：8—9，157）。

于全国平均工资（9371 元），在当时 15 个大行业中倒数第三，到2003年，在全国 49 个行业收入排名中，煤炭名列倒数第二（仅高于军工），虽然在煤炭黄金十年中，排名有所提升，但仍属于倒数行列（中国煤炭教育协会课题组，2003；于建嵘，2006：150—156）。[①] 可见，从排名前五掉落到倒数第二，这种落差是巨大的，煤矿工人的失落感和相对剥夺感也是十分强烈的。三是煤矿工作环境艰苦，危险性高。煤矿一般处于远离城市的偏僻地区，各种服务配套差，环境艰苦，生活单调，而且井下工作更是以环境恶劣、苦脏累险闻名（李双才、赵云锋，2017）。以上这些原因共同导致了年轻人不愿意从事煤矿工作，仅有的年轻人也是干一些相对轻松、危险性较低的工作，如电工、运输工、司机、考勤等，而对于中年人来说，他们上有老下有小，为养家糊口，在没有别的选择条件下，为了挣钱还是会选择煤矿工作，他们主要在工作面工作。

　　　　现在下井的大部分都是 35—50 岁这个年龄段的人，现在的年轻人不愿意下井了，跟我们那个时候不一样了，要是没有我们这些人，煤矿都不能开采了，年轻人宁愿一个月挣两三千也不愿意来井下干活，觉得下井没面子。我们队只有几个年轻人，没有办法的才来干的，有办法的谁来干呀，谁家父母愿意让小孩子搞这个行业，实在是家里没办法才来的。（TYL，综采队经理，20160901）

　　　　我们队年轻人才有三四个呀，还是四十岁以上的为主，年轻人不愿意干，主要是挣钱挣得少，要是一个月一万年轻人也肯定愿意来干，三千五千就没人愿意干。来这里干活的大部分是结了婚的，一般没有结婚的很少干煤矿，都是为养家糊口来挣钱的，不挣钱怎么行，干其他挣钱也不多。（FCZ，综掘三队

---

① 国家统计局：《中国统计年鉴 2001》，中国统计出版社 2001 年版，第 142 页；国家统计局人口和就业司、人力资源和社会保障部规划财务司：《中国劳动统计年鉴 2001》，中国统计出版社 2001 年版，第 36 页；中华人民共和国国家统计局：《中国统计年鉴 2017》，中国统计出版社 2017 年版，第 116 页。

经理，20160906）

### （三）文化程度

煤炭从业人员的年龄结构也一定程度上决定了他们的文化程度，以中年人为主的结构也决定了他们的文化程度比较低，正如综掘三队经理所说："你像现在四五十岁的人原来上过初中就不错了，哪有那么多中专大专，你要是四五十岁的人原来上过中专也不可能来干煤矿呀，早就发达了，那时候中专出来国家是管分配的。"他的话真实反映了当前煤矿工人的文化程度，在 2015 年全国采矿业从业人员中，53.5% 的人员文化程度是初中及初中以下，中专及高中占27.5%，大专及以上仅占 19.0%（见表 3-6）。[①]

而南矿工人的文化程度远低于全国水平，初中及以下文化程度的高达 70.2%，中专及高中文化程度的占 22.8%，大专及以上的文化程度仅占 7.0%（见表 3-6）。而井下一线工人的文化程度更低，88.8% 的人员文化程度为初中及以下，大专及以上文化程度的人员仅占 1.2%，中专及以上文化程度的人多为工队的班队长以上人员，一般工人基本上是初中以下文化程度（见表 3-6）。[②]

---

① 国家统计局人口和就业司、人力资源和社会保障部规划财务司：《中国劳动统计年鉴 2016》，中国统计出版社 2017 年版，第 60 页。还可参见刘茸《国家煤矿安监局：全国六成煤矿从业人员为初中以下文化程度》，人民网，2013 年 11 月 4 日，http：//politics. people. com. cn/n/2013/1104/c1001-23428670. html，访问时间：2017 年 11 月 30 日。

② 之所以南矿工人的文化程度远低于全国平均水平，这是由于笔者使用的是工人们学历提升前的文化程度。2012 年以后为提高煤矿从业人员整体素质，提高煤矿安全生产管理水平，全国大部分地区要求煤炭行业实现"变招工为招生"，目标是到"十二五"末井下职工全部实现中专或技校以上学历。为完成上述任务，顺利进行生产，南矿自己投资对所属工人进行了学历提升，南矿与省市内煤炭职业大中专煤炭院校合作，通过委培、函授等途径基本上实现了井下工人全部中专以上学历水平。但在实际操作中，只要南矿出钱，这些院校在一年之后就会给中专证书，工人们基本上就不用去参加培训，最后的结业考试也都是院校发答案，工人们直接按照答案答题就行。这个证书只适用于煤炭行业，其他行业并不认可这些证书，而且中专证书基本上也没有提高工人们技能和文化程度，只是一张纸而已，而且这个证书也不会给工人个人，都由煤炭统一保管，其实这个证书的主要意义在于应付上级的检查，"变招工为招生"的制度基本上流于形式，这个中专证书也只有统计上的意义，这也能说明为什么全国采掘业文化程度比较高的原因。为了能够更好地反映煤矿工人实际的文化程度，笔者采用工人未学历提升前的真实文化程度。

表3-6　　　　　全国采矿业、南矿和包工队从业人员文化程度

| 类别 | 初中及以下 | 中专及高中 | 大专及以上 | 总计 |
|---|---|---|---|---|
| 2015年全国采矿业（％） | 53.5 | 27.5 | 19.0 | 100.0 |
| 2017年南矿（％） | 70.2（607） | 22.8（197） | 7.0（61） | 100.0（865） |
| 2017年包工队（％） | 88.8（221） | 10.0（25） | 1.2（3） | 100.0（249） |

注：此表为笔者根据《中国劳动统计年鉴2016》以及南矿访谈资料整理所得。

关于煤矿工人或者包工队工人文化程度低的原因，主要还是受煤炭行业本身环境影响。一是煤矿工作条件艰苦、劳动强度大、安全系数低；二是煤炭行业社会地位低，普遍给人"脏黑乱差"的印象，进入煤炭行业存在自卑感和压抑感；三是对煤矿发展前景担心，对自己前途担忧（乔顺林，2011）。因此，煤炭行业人才流失十分严重，人才短缺情况严重，大量低技能和低教育水平的劳动力流入煤炭行业。

> 总体来说，煤炭行业基本上在全国各行业是在底边的，但是你说最底层，为什么大家还有来煤矿的，一大部分人是想选择的，但80％的人是不选择不行了，你没文化、没技术，你不挖煤养活不了老婆孩儿，找不到比挖煤还更好的养活老婆孩儿的办法，简单说不就这个道理嘛。（WHY，南矿矿长，20170422）
>
> 咱那时候就是没有好好念书，只能凭苦力挣钱了，要不怎么现在在井下卖命挣钱了，就是想多挣些钱，让孩子们好好念书，以后能找个好工作。（LYH，综掘二队运输工，20170420）
>
> 下窑恓惶了，怕人家笑话了，实际煤矿就是一个最下等职的（职业）哇，你还能怎么，你瞧一般人谁下了，没才技（技术或文化）人才瞎干这个了哇，有才技人谁做这个了，三块石头夹一块肉，你当是容易挣人家的钱了，起五更达黑夜的，由

人家指挥了。（HJF，综掘一队清煤工，20170222）

### （四）户籍、来源地分布与相互关系

据统计，在煤矿采掘业工作的农民工占到总人数的80%，农民工成为煤矿采掘业最重要的主体（邱珂，2010）。据表3-7可见，整个南矿从业人员中，农民工占据81.8%，城镇职工仅占18.2%，而井下一线采掘工人农民工所占比例更大，高达90%，城镇职工仅占10%。在具体工种上，农民工大部分为一般工人，城镇职工基本上是班队长以上人员。

表3-7　　　　　　　　南矿工人和包工队人员户籍结构

| 类别 | 非农（%） | 农业（%） | N（人） |
| --- | --- | --- | --- |
| 南矿 | 18.2（157） | 81.8（708） | 100.0（865） |
| 包工队 | 10.0（25） | 90.0（224） | 100.0（249） |

注：此表为笔者根据南矿劳资科提供的资料以及包工队访谈资料整理所得。

除了下井，没有什么好职的，其他职的，找到也是最多百把多，还倒运了，咱到下井惯了，我到下了三十多年了，我二十多岁到去大窑上下井了，干了十几年农民轮换工，后来合同到期解聘了，补偿了4万多元，就回来本地煤矿干活了，到哪里也是干煤矿了。（WZX，综掘一队皮带工，20170315）

下井的肯定是农民了，要不是农民谁来下井啊，只有我从国有矿带出来的几个不是农民，剩下的基本上都是农民。（TYL，综采队经理，20160901）

井下采掘一线大部分是农民工，主要是由于劳动力市场不断开放，煤炭业的用工制度愈益灵活。20世纪80年代初，伴随着家庭联产承包责任制的实施，农村本来就存在的剩余劳动力问题凸显，随着城乡人口流动的放开而外溢。由此，大量农村劳动力进入城市寻

找就业机会，受自身文化素质和城市就业体制的限制，他们大多只能跻身于工资低廉、工作条件差、技术要求低、就业不稳定的次级劳动力市场（郭继强，2005）。煤矿采掘一线工作条件差、安全风险高、劳动强度大，在职业流动机会增多的情况下，原有城镇职工不再愿意从事采掘一线的工作，他们中的大部分想方设法把自己从井下岗位调到井上岗位，即使留在采掘一线的正式工人往往也是消极怠工，煤矿生产一线出现了既缺乏工人又缺乏效率的现象（梅方权，2006：103—113）。为了满足生产需要，煤炭企业纷纷在井下生产一线使用了大量的农民工，有效地解决了"苦、累、脏、险"的煤矿招工难的问题（Wright，2004；邱珂，2010）。

　　与南矿内部自己管辖的工人相比较，包工队工人分布范围比较广。南矿包工队工人来自 11 个省份，虽然范围比较广，但大部分工人来源省份还是比较集中，主要来自本省、安徽省和河北省，这三个省份占到全部人数的 91.6%，其他 8 个省份的工人仅占 8.4%，其中本省工人有 134 人，占总人数的 53.8%，安徽省工人占22.9%，河北省工人占 14.9%。从具体城市来看，工人们主要来自10 个主要城市①，占到总人数的 88%，人数最多的前三个城市分别是本市 94 人（37.8%），淮南市 36 人（14.5%），邯郸市 33 人（13.3%），其中在本市中，本县人有 66 人，占总人数的 26.5%（见表 3-3）。②

　　包工队工人来源地如此集聚，主要得益于包工队招工模式。为适应市场与管理方便，一般在市场上闯荡多年的包工头手下都有一支专业技术熟练、协作默契、具有人际信任的包工队。包工头招募工人都是从自己的亲戚、老乡和朋友及他们的亲朋好友中招募，这就必然会造成包工队实际上是一个熟人关系结构（吴毅、王勇，

---

①　主要城市指工人有 5 人以上，包括 5 人，其中本省 5 个城市，外省 5 个城市。

②　在南矿当地只把本县看作是本地人，其他地方的人都看作是外地人，南矿规定包工队工作面禁止使用本地人，本地人只能从事包工队内部的井下辅助工作和井上一些工作。

2017）。而对于农民工来说，也特别需要这样一种熟人社会组织，可以让他们自己规避市场风险，减少中介成本（翟学伟，2003；张春妮、刘林平，2008）。包工头招工时，多是一个班一个班地招人，包工头一般只联系一个技术好的班长，然后让班长自己带一个班的人马过来，这里的班主要指的是核心工人，因此，我们可以看到在包工队内部班组中出现来源地集聚现象。非核心工人一般都是包工头从南矿本地附近村或者本市范围内招募的，包工头是招募工人的组织枢纽，是网络化市场的"网上纽结"（沈原，2007：223），这些非核心工人也都呈现出来源地集聚现象，很少有一个地方的人单独来井下工作，一般最少是两个以上一起来工作的，相互好有照应。

　　包工头主要来源于国企实行承包制以后分化出来的国有职工。20世纪80年代以后，国有企业实行承包制以后，一些"有见识有胆魄"的所谓能人从原来的职工转变为"工程承包人"，后来这些承包人开始慢慢脱离自己的企业，招募大量农民工，组建自己的队伍，开始到全国各地承接工程，转变为"包工头"（沈原，2007：237；潘毅等，2010）。南矿4支包工队的包工头都是国企职工分化出来的，其中综掘一队浙江包工头小曾原来是浙江苍南一井巷工程公司的职工，苍南素有中国矿山井巷业之乡之称，这里井巷建设经验丰富，技术先进，承接全国各地的井巷建设。改革开放之后，苍南向全国各地输出了许多包工头，小曾是80年代初带着队伍来南矿所在省承接井下工程的。综采队包工头桑老板和综掘二队包工头老杨，都是来自淮南，他俩原先都是淮南新集能源股份有限公司的职工，一个是综采队队长，另一个是综掘队队长。淮南煤炭储量丰富，大型煤企众多，机械化采矿水平一度排到全国前列，向全国各地大量输出采矿技术人员。为了获得更大回报，他们分别带领自己手下的骨干队伍到其他省份承接工程，2009年他们先后来到南矿承接工程至今。综掘三队河北包工头老钱，原来是峰峰矿务局下属煤矿的一个综掘队队长，后来拉起队伍开始承接综掘工程，峰峰矿务局也是华北地区特大型煤炭企业，它历史悠久，采矿技术先进。可见，包工头都是一些大型国企职工，他们技术经验丰富，担任过综采或综掘队长职务，对综采综掘工程娴熟。

包工队生产系统班队长管理人员，一般也有国企大矿工作经验，他们大部分担任过国企大矿的班组长以上职务，有一半以上的班队长与包工头以前是同一煤矿的，曾是包工头的同事或下属；剩下的班队长也是包工头承包工程以来在煤矿业务这个圈子内认识的，有长年合作的经历。如综采队的所有跟班队长以上管理人员都是包工头以前的同事和下属，综掘二队和综掘三队的跟班队长以上管理人员三分之二曾是包工头的同事和下属，剩下的是包工头在承包业务以后认识并长期合作的。与其他队伍稍有不同，综掘一队跟班队长以上的管理人员，除了大队长以外，基本上都是包工头在承包业务以后认识的，有长期合作的人员，这是因为包工头小曾在南矿承包工程20多年，在W县承包工程将近30年，所有人脉积累大部分都在这里，且在煤矿井巷工程这一圈子内小有名气，由他最早带出来的温州队伍，好多都自己出去承接工程或者回家创业，或者出国打工，大部分温州工人不再从事煤炭业，所以小曾把工人基本上换成了南矿所在省的工人。

> 我们刚开始的时候就七八个人，都是我们煤矿的，十年合同期到了，我们就出来自己组队私干了，我们招人都是人拉人过来的，我们在外面挣了不少钱，回去了，跟老家那边的人说，他们也觉得不错，就跟着我们出来了。其他地方的也是，我们在好多地方都待过，五湖四海的都认识，熟人找熟人，朋友找朋友，煤矿工人有自己圈子呀，我们缺人的时候就给认识的人打电话，让他们推荐几个过来，然后，这些人又推荐和拉了一些他们觉得不错，愿意来煤矿干的人，这样我们就有了一支队伍。平时缺人的时候，我们在开班前会时，会跟工人们说一声，我们马上就要招工人了，让他们看看有没有，他们就会去找他们的亲戚朋友过来，招工对我们来说比较简单。（TYL，综采队

经理，20160901）

包工队班组内部的核心工人有两个来源。一是原国有大矿职工，这部分工人占到核心工人的一半，他们大部分是国有大矿的合同工人，正式工非常少，一般是 10 年或者 15 年合同期结束后，原有煤矿不再与他们续约，或者是原有煤矿资源枯竭，属于转岗分流人员，他们纷纷跟着包工队来到南矿。二是原地方乡镇煤矿的农民工，他们虽然不是正式工和合同工，但也是长年在煤矿从事井下一线工作，对采掘一线业务很熟悉。

由此，我们可以看到，在包工队的班组当中有来源地集聚现象，亲缘、地缘、业缘等社会关系进入生产场所之中，甚至出现了生产班由来源地命名班名的现象。如综采队三个生产班，其中两个是淮南班，一个是淮北班；综掘二队三个生产班，一个淮南班，一个淮北班；综掘三队三个生产班，一个武安班，一个磁县班。这些班大部分班队长和核心工人都来自一个地方，边缘工人多为本市人，也有的班从班队长到边缘工人都是来自一个地方，如综掘三队的武安班，他们甚至基本上来自同一村庄。有的班组内部甚至还有父子两代人和亲兄弟一起工作。如综掘一队有弟兄 3 人同在运输班搞运输，综掘二队有弟兄两人在一起工作，综掘三队有两对父子一起工作，一个是父子 3 人，另一个是父子 2 人，还有两对兄弟，都是兄弟 2 人一起工作，综采队有父子 3 人在一起工作，还有弟兄 2 人在一起工作，甚至还有弟兄 5 人在一个队工作。其他的像堂兄弟、表兄弟的也不少，同乡、同村更是常见，最多的一个村有 9 个人在一个队工作。由此可见，包工队不是一个"原子"式的结构，而是一个熟人社会结构，在井下高风险的环境中，能够增加相互的信任感，有利于实现分工和协作（王汉生等，1997）。

我和我们老板（包工头）原来是一个矿的，在矿上，我以前就是跟他干的，他后来出来单干了，就叫着我们几个出来跟

他一起干，我们几个跟班队长原来都是跟他一个矿，也是在他手下干的。（LB，综掘二队大队长，20170425）

我们队大部分是武安的，老板就是武安的，我们大部分武安的离得都不远，都是三五八里附近的。我们几个是老板叫我们过来的，我们家跟老板家就离着五里地，家里挨得很近，平时就有联系，需要人的话他们回去就会说，要不要来干活，我们在家里没事了也会联系老板看看缺人不。都是一些亲戚、老乡关系，跟着老乡干活放心，也不会欠我们工资，以前跟着其他老板干活，老是拖欠工资，好多都要不回来。（FHB，综掘三队支护工，20170414）

从上面的介绍中，我们可以看到包工队内部人员的构成，他们是一个文化程度较低，相互之间有着亲戚、老乡和朋友关系，以中年男性为主体的外地农民工群体，他们与南矿自己的工人有着比较明显的区别，形成自己独立的"包工头王国"（华尔德，1996：105）。

# 三　包工制的运行机制

上文分析了包工制的组织结构，包括层级结构和人员结构，本节将在此基础上分析包工制是如何运作的。具体而言，要探讨两个问题：一是矿方和包工头各自在生产中的分工与责任，揭示矿方与包工头的关系；二是包工头是如何管理控制工人的生产过程，揭示包工头与工人之间的关系。在此基础上讨论包工制下矿方、包工头和工人三者的权力关系。

包工头无论是通过挂靠公司还是以煤矿内部队组名义承包工程，矿方与包工头都是一种典型的委托—代理关系。这一关系是通过承包协议或者合同具体规定和体现的。当南矿与包工头协商一致后，会签订一份协议，用来明确双方的权利和义务。协议一般由六个部分组成：作业基本情况、双方责任与义务、设备与材料、安全与质量、工资结算与考核、其他说明，见下文合同。

## 15 号煤层回采掘进协议书

甲方：南矿

乙方：综采队（综掘一队、二队、三队）

根据有关规定，结合本矿实际情况，经由甲乙双方协商一致同意签订本协议。

一、作业基本情况

1. 作业地点：南矿 15 号煤层

2. 承包时间：当前工作面结束验收终止

3. 承包范围：××××

4. 承包方式：包工、半包材料、包安全费用，采煤实行吨煤包干，掘进实行延米单价的方式，但不包括由于地质条件发生变化所增加的费用（增加费用由双方根据井下具体条件另行协商确定）。

二、双方责任与义务

1. 甲方负责向乙方提供办公、住宿、洗浴、就餐场地、电源、水源等生活设施。

2. 乙方在甲方领导下开展工作，对甲方负责。

3. 甲方负责监督安全生产、煤炭资源的合理开发和利用、工程质量和工资方法，乙方全部人员必须在甲方备案，跟班队长以上人员由乙方提名，甲方任命。

4. 甲方负责制定煤矿的年度工作目标，下达月度生产计划和工作计划，并监督实施。

5. 甲方负责乙方队组管理人员、特殊工种的培训取证工作（费用由乙方负责），负责乙方人员的岗前安全培训、考核与发证。

6. 甲方有权根据规定，对乙方违反甲方各项规定的行为做出处罚。

7. 甲方负责为乙方所属员工缴纳工伤保险。

8. 乙方负责落实甲方制订的年度工作计划和月度工作计划，并接受甲方的监督和考核。

9. 乙方负责编制巷道采掘作业规程、安全技术措施，做好巷道采掘各项准备工作。甲方审批的作业规程及措施如出现与现场实际不符的情况，乙方有权向甲方提出建议或修改意见。

10. 乙方负责本队组职工的日常安全培训和管理教育工作，建立健全队组安全管理制度和配足安全管理人员。

11. 乙方必须保证采掘期间的用工投入，严格按照规程、措施和甲方的要求，组织本队组作业。

12. 乙方负责按照国家煤炭行业要求对所属员工健康检查，以及社会保险和各种劳保福利的发放并承担此费用。

13. 乙方工作面不得使用本地人，辅助工不受此限制，如果需使用本地人必须先征得甲方同意，与其他外地人员同酬。

14. 乙方队组负责所属工作面的质量标准化管理和机电设备质量标准化管理。

……

三、设备与材料

1. 甲方负责固定资产投资及正常作业所需的大型设备、电气、通风、运输等设备和 5 万元以上配件的供应，甲方拥有所有资产的处置权，乙方只有使用、维修和管理权，以上设备损坏或丢失乙方按价赔偿。

2. 甲方购买炸药、雷管等爆破材料，乙方按规定领取使用，费用自理。

3. 工作面所需其他小型设备和材料由乙方自行购买，但所买产品必须向甲方提供产品合格等证书，并对其质量负责。材料和设备使用前，由甲方负责检验或试验，不合格的不得使用，检验或试验费用由乙方承担。由于乙方购买材料不合格，造成的重大安全隐患和事故，一切责任由乙方全部承担。

四、安全与质量

1. 为保证安全施工，乙方每年必须向甲方交纳安全生产抵押金100 万元，如一年内无伤亡事故，甲方给乙方50% 的抵押兑现奖励，并连同本金归还乙方，下年度再重新抵押。

2. 乙方应遵守行业安全生产有关管理规定，严格按照安全标准作业，并随时接受甲方和行业安全检查人员依法实施的监督检查，采取必要的安全防范措施，消除事故隐患。由乙方安全措施不力造成事故的责任和因此发生的费用，由乙方承担。甲方不得要求乙方违反安全管理的规定进行作业。

3. 乙方在作业中必须按照规定组织生产，接受甲方管理人员的管理，质量等级达不到合格品以上的，甲方不予结算。对影响使用的工程，必须按甲方要求返工，所发生的返工费用及因返工造成的经济损失，由乙方全部承担。

4. 乙方对所掘进的巷道，必须严格按照煤矿工程质量的有关规定及本巷道掘进作业规程要求进行作业，符合煤矿安全质量标准化要求。否则，承担由此造成的全部损失。

5. 发生伤亡事故，乙方应按规定立即上报甲方，并负责发生的一切工伤事故的经济赔偿和善后处理等全面工作。甲方扣除乙方全部风险抵押金。

五、工资结算与考核

1. 矿方每班安排跟班安检员对工作面工程质量进行验收，每月矿组织一次全月总验收并出具验收单。

2. 综掘工资：全煤巷道按255.6 元/平方米计算，半煤岩巷道按全煤巷道的1.2 倍计算，全岩巷道按全煤巷道的1.5 倍计算，巷道标准为5.2 米×3.5 米（2017 年）。综采工资为吨煤18 元包干（2017 年）。

3. 在作业过程中遇地质构造改变造成生产费用提高则另行协商。

4. 每月正常按26 天计算，每天进尺7 米，每月进度为182 米，超出部分每米奖励原价的10%，如果进度少于182 米，在当月考核中相应扣分。综采按330 工作日计算，每月平均产量为10 万吨，不达标考核中相应扣分。

5. 如遇国家政策或不可抗拒等因素不能组织生产，甲方需要组织培训以及岗前安全培训，甲方支付乙方 45 元/工。

6. 矿上每月对各队组进行工资考核打分（100 分制）[1]，各队组全月工程总价＝定额总价×考核分数。

7. 甲方每月 25 日左右给乙方发放上月工资，工资由乙方自行分配，但工资表必须由乙方人员签字、盖章后报给甲方。

六、协议未尽事宜，甲乙双方共同协商解决。

七、本协议一式六份，甲方执四份，乙方执两份，经甲乙双方签字盖章后生效。

甲方：南矿

代表人：×××

乙方：×××

代表人：×××

签订日期：2017 年×月×日

从上面的委托—代理合同中，我们大致可以看到矿方和包工头各自在生产中的分工与责任，矿方拥有大型资产所有权、人事任命权、生产监督权、检查验收权、奖惩权和审批权，包工头拥有资产使用权、招工权、实施/激励权等。下面笔者将依据合同，并结合相关理论具体从几个方面来剖析其三者的关系及其运作机制。

经济学的企业理论区分了企业治理的两个基准模式：发包制与雇佣制，前者对应两个企业之间的市场交易关系，后者对应企业内部的行政命令关系（周黎安，2014）。霍尔姆斯特姆和米尔格拉姆从资产所有权、激励契约和任务分配三个角度对发包制和雇佣制进行了系统区分。[2] 他们认为在发包制中，承包方拥有资产所有权、高强

---

① 其中安全 25 分，绩效 10 分，质量 10 分，环境 10 分，素质提升 5 分，岗位 40 分。

② 威廉姆森也从激励强度、行政控制和合同法制度三个角度区分了市场与科层制之间不同的企业组织治理模式（参见 Williamson，1999）。

度的激励契约和很大的自由裁量权，而在雇佣制中，发包方拥有资产所有权，雇员面临弱激励和很少的自由裁量权（Holmstrom & Milgrom，1994）。本书中的发包制稍有不同，发包方拥有生产性资产的所有权，承包方面临高强度的激励契约和拥有比较大的自由裁量权，可见本研究的发包制应是介于科层制和纯粹外包制的一种混合中间形态。周雪光从经济学的不完全契约理论出发提出了分析组织治理模式的控制权理论，不完全契约理论认为任何契约都无法将组织间或组织内部关系的诸多可能性全部考虑在内，因此任何谈判达成的契约通常都是由资产所有者持有剩余控制权。[1] 以雇佣制和发包制这两种不同的治理形式为例，在雇佣制中，委托方掌控组织生产、激励设计、绩效评估等权力，在发包制中，委托方将一些特定政策目标承包给外包商，要求他们完成契约规定的政策目标，委托方将相应的剩余控制权赋予承包商，即后者有权决定契约实施的组织工作、资源分配和激励设计等。在这基础上周雪光把控制权划分为目标设定权、检查验收权和实施/激励分配权三个维度，来分析组织内部的实际运行过程（周雪光、练宏，2012；周雪光，2015）。在本研究中，不管包工队签订何种合同，在隶属关系上，始终要服从南矿的领导，名义上隶属于南矿。因此，本书借用控制权理论，并结合煤炭业包工制的特殊情况加以改造，把控制权分为目标设定权、检查验收权、安全生产监督权和实施/激励分配权。包工制的运作过程为南矿制订目标计划—包工队具体组织落实计划—南矿对包工队的执行过程进行全程监督—南矿对包工队执行结果进行检查验收。

## （一）目标设定权

所谓目标设定权，指的是委托方为代理方设定目标任务的控制权（周雪光、练宏，2012）。在南矿，矿方拥有生产性资产的

---

[1]　即所有权者占有和控制契约规定之外的资产使用权。

所有权①，矿方为委托方，各个包工队为代理方，无论签订何种承包合同，矿方都拥有领导权，拥有正式权威，因此矿方负责制定煤矿的年度工作目标。煤矿与别的行业不同，它的工作目标一般有两个，一个是生产目标，另一个是安全目标，总体目标是实现安全生产，即在安全的情况下，完成生产目标。

生产目标由矿长、总工程师和生产矿长三人根据煤矿的核定生产能力进行制定。2013 年，国家能源局为了加强煤矿生产能力管理，规范煤矿生产行为，合理开发利用煤炭资源，建立了煤矿产能登记及公告制度。制度规定，煤矿生产能力由煤矿上报，由省级煤炭行业管理部门依据煤矿批准的生产能力进行核实和公布，并定期将公布情况报告给国家能源局。煤矿应当依据登记公布的生产能力，安排年度、季度、月度生产计划，合理组织生产。煤矿年度原煤产量不得超过登记的生产能力，月度原煤产量不得超过月度计划的110%；无月度计划的，月产量不得超过登记的生产能力的1/12。任何部门和单位不得下达可能造成煤矿超能力生产的经济指标。省级煤炭行业管理部门要对辖区内的煤矿日常生产情况进行定期或不定期检查，对超过登记生产能力组织生产的煤矿，按照有关法律法规规定进行处理。② 南矿按照一年 330 天工作日计算，批准的核定生产能力为 120 万吨/年。一般情况下，南矿会把 120 万吨作为年生产目标，由这个目标层层分解，制订出月度生产计划，由于每年春节期间会放假一个月③，南矿会按照 11 个月来安排生产计划，月生产计

---

① 南矿不仅拥有生产性资产的控制权，还拥有南矿所属煤炭资源的采矿权。《中华人民共和国矿产资源法》和《煤炭法》都规定矿产资源、煤炭资源属于国家所有，其所有权归属于国家，国家出让采矿权，即其占有权、使用权、收益权和转让权归属煤矿企业，实行所有权和使用权的分离（参见胡文国，2009：24—26；李利宏，2016：32—35）。

② 国家能源局：《国家能源局关于建立煤矿生产能力登记和公告制度的通知》（国能煤炭〔2013〕476 号），2013 年 12 月 8 日。

③ 每年南矿过了农历腊月十八之后，便会放假一个月左右，直到农历正月十八左右才开始上班。

划为：产煤 11 万吨，掘进尺数 702 米，其中综采队月采煤为 10 万吨，三个综掘队每队月平均进尺为 234 米。① 生产计划经矿长办公会议通过以后，便由调度室下发给各个工队，由他们具体负责执行。

安全目标由矿长、总工程师、安全矿长负责制定。安全目标主要由两大部分组成，一部分为安全生产控制指标，另一部分为安全生产质量标准化建设。南矿的安全生产控制指标有三个，分别是杜绝水、火、顶板、瓦斯、煤尘事故；杜绝重伤以上人身事故，控制重伤事故，减少轻伤事故；杜绝直接经济损失 10 万元以上的机电设备事故。南矿的安全生产质量标准化目标要达到三级以上，通过省级煤矿安全生产标准化工作主管部门的考核认定。南矿的年安全目标也要经过矿长办公会议通过后，下放给各个机构，层层落实责任。对于工队要完成的安全目标具体分解为：不发生重伤及重伤以上事故，轻伤事故控制在 4 人次；煤矿安全生产标准化考核评分系统中，采煤、掘进系统月考核评分均不得低于 70 分，其中采煤标准化总分为 100 分，具体分为基础管理（15 分）、岗位规范（5 分）、质量与安全（50 分）、机电设备（20 分）、文明生产（10 分）；掘进标准化总分为 100 分，具体分为生产组织（5 分）、设备管理（15 分）、技术保障（10 分）、岗位规范（10 分）、工程质量与安全（50 分）。②

---

① 南矿的掘进工作面为全煤巷道，因此，掘进工作面也会每月出产一定数量的煤，平均下来一个月三个掘进工作面采煤数量大约有 1 万吨，掘进工作面不按出煤多少来计算工资，而是按照进尺米数来计算。

② 为强化煤矿安全生产基础建设，进一步推进煤矿安全生产形势持续稳定好转，2013 年国家煤矿安全监察局会同中国煤炭工业协会，制定了《煤矿安全质量标准化考核评级办法（试行）》和《煤矿安全质量标准化基本要求及评分方法（试行）》。在此基础上，2017 年国家煤矿安监局又组织制定了《煤矿安全生产标准化考核定级办法（试行）》和《煤矿安全生产标准化基本要求及评分方法（试行）》，定级办法规定煤矿安全生产标准化等级分为一级、二级、三级 3 个等次。一级：煤矿安全生产标准化考核评分 90 分以上，且年度内无死亡事故；二级：煤矿安全生产标准化考核评分 80 分以上，且煤矿百万吨死亡率低于全国及所在省（直辖市、自治区）上年度平均水平；三级：煤矿安全生产标准化考核评分 70 分以上，且煤矿百万吨死亡率低于所在省（直辖市、自治区）上年度平均水平。

矿方制定生产和安全目标之后，然后层层分解下去，最后由各工队负责具体组织实施。

### (二) 实施/激励分配权

实施/激励分配权，是由委托方下放给代理方的一种控制权，指的是委托方设定目标之后，交由代理方具体执行，代理方不仅拥有组织实施权和资源配置权，还拥有对内部工人的激励设置以及考核、惩罚其表现的权力（周雪光，2015）。具体到南矿就是矿方制定生产和安全目标之后，交由各工队进行具体组织实施，在符合规程和规定的情况下，各工队拥有组织决策权，以及对所属工人的激励、惩罚等控制权。下文将从实施分配权和奖励分配权两方面来分析各工队是如何把南矿下放的工作目标具体落实的。

南矿把实施/激励分配权下放给各包工队后，作为代理方的包工队便拥有了实质权威。作为包工队的实际负责人包工头及其手下管理者便拥有了生产管理的实际权力。从上文包工队的组织结构中我们已经知道，包工队的运作是在包工头领导下，由经理实际负责的。更为准确地说是整个包工队是在经理—大队长—（生产队长）—跟班队长—班长这四级或五级管理者领导下实际运作的。[1] 南矿每月召开一次生产调度大会，会议由矿长主持，生产系统副科级（包括队长）以上人员参加，各工队经理和大队长以上人员参加，会议主要是总结上月工作，下达当月工作计划，各工队经理和大队长签订当月工作任务目标书。然后经理和大队长便会根据月工作计划制订日工作计划。由于煤炭生产属于高危行业，受国家各类安全治理和行政干预的影响比较大，遇到重要的政治周期和大型节假日，或者上级部门不定期的安全检查，煤矿都要配合上级的停产要求（Nie et al.，2013；陈家建、张琼文，2015；吴毅、王勇，2017）。此外再加

---

[1]　四个工队中，只有综采队有生产队长这一级，其他都是四级或三级制，经理、大队长和跟班队长是每个工队必不可少的管理层级。

上南矿内部因地质、瓦斯、机器设备损坏等因素的影响，一个月下来正常工作时间最多不超过 26 天，为保证能够顺利完成矿方下发的工作任务，不影响月底考核，包工队一般都会自行加码，在矿方下发任务的基础上提高目标，或缩短完成时间，矿方一般以 26 天的工作时间计算生产计划，而工队一般都会缩短完成时间，按照 21 天或者 22 天的时间来制订日工作计划①，工队的生产计划一般为矿方规定生产计划的 1.2 倍左右。如矿方给综掘队平均每天进尺为 7 米，早班 1 米，中班和晚班各 3 米，综采队每天产量为 3666 吨，平均每天 4 个循环，各工队会在此基础上增加 1.2 倍左右。

制订出生产计划以后，便下放给各班组具体执行。各工队实行"三八"工作制，早班、中班、夜班，24 小时循环作业。综掘队有三个生产班，其中中班和晚班全时段生产，早班生产半班，检修半班，三个生产班每十天轮换一次班次（早班倒夜班，中班倒早班，夜班倒中班）。综采队实行"两采一准"，有两个采煤班，一个准备班，也是中班和晚班进行生产，早班进行检修和准备，两个生产班每半个月轮换一次班次（中班倒夜班，夜班倒中班）。各工队每班的工作流程大致为班前会→入井准备及集体入井→现场交接班→安全检查→循环生产作业→收工、整理、工程质量验收→现场交接班→集体出井。每天早上 5 点半开班前会（中班为下午 1 点半，夜班为晚上 9 点半），一般由大队长和跟班队长主持，跟班队长先进行点名，记录当班出勤情况，队长和跟班队长在班前会总结上一个班生产中存在的问题，然后安排当班生产任务，并对安全方面的问题做出具体布置，班前会内容还必须班班记录，且内容详细、条理清楚，班前会时间一般在 20—30 分钟。之后会进行一系列的入井准备，到澡堂换井下工作服，去充灯房领取矿灯和自救器，再去监控室领取定位器，一切准备好之后，集体乘坐工具车到旧矿入井处，坐猴车

---

① 这些时间指的都是一个月中能够正常工作的天数，排除停产等受影响的天数和时间。

到井底，然后步行 3 千米左右到达工作面，从入井准备到进入工作面所需时间大概 1 个小时左右。进入工作面之后，由跟班队长带领本班人员与上班人员进行交接班，各岗位工到工作现场与上班人员进行交接，上班人员需将当班安全生产、设备运转、材料消耗和下班需求、遗留工作和存在问题以及接班后注意事项等交接清楚，遗留安全隐患、情况交接不清不得离开现场。

交接班之后，上班人员离开工作面，本班人员接管工作面，在正式工作之前，还需要由跟班队长、安全员、瓦检员共同对工作面通风、瓦斯、顶板、支护、工程质量、探头位置进行认真的安全检查，发现问题及时处理，确认工作地点安全可靠后，便开始正式作业。跟班队长根据当班安全生产条件，合理安排作业循环任务，以安全为前提，不得违反正常程序作业，严禁瞎指挥、抢进度。综掘队施工方法为采用综掘工艺施工，使用掘进机、胶带运输机，完成落煤—装煤—运输工序，支护为人工作业，锚网支护，辅助运输方式为调度绞车牵引矿车。具体施工工艺过程为：掘进机割煤、出煤→敲帮问顶→临时支护→打顶锚杆、锚索→打帮锚杆，这是一个循环，即为 1 排，1 排指的就是 1 米，综掘队实行割 1 排，支护 1 排，然后再进行割煤、支护，一般情况下早班生产半班，能够完成 1—2 米，中班和晚班各完成 3—4 米，日进尺为 7—10 米。综采队采用综采一次采全高采煤方法，全部垮落法管理顶板，移溜移架工追机作业，其他工种平行或交叉作业。具体施工工艺过程为：双滚筒采煤机前端头斜切进刀→割煤→移架→推移刮板输送机→清煤，这是一个循环，即为 1 刀，每班一般能够完成 2.5—3 个循环，即 2.5—3 刀，1 刀煤大致为 900 吨左右，日产量为 4500—5400 吨煤。[①] 跟班队长和班长负责当班的安全生产，随时解决突发的问题，其他

---

① 1 刀产量 = L×M×H×r×C = 207×0.8×4.35×1.35×0.93 = 904，其中 L 为工作面长度，L = 207 m；M 为截深，即循环进尺，M = 0.8m；H 为割煤高度，H = 4.35m；r 为煤的容重，r = 1.35t/m³；C 为工作面回采率，C = 93%。

岗位工种协同作业，共同完成生产任务。正常作业时间为 8 小时，完成工作时间后，开始收工准备，将工具和设备整齐放置到指定地点。然后跟班队长与质量验收员一起负责对本班工程质量进行验收，不合格需返工处理，确保班班工程质量达标。验收完成后开始与下一班人员进行交接班，现场交班后，按规定路线集体出井，然后乘车回到新矿，送还各种设备，洗澡换衣服，从出井后洗澡换衣服大致需要 1 小时。从开班前会到洗澡换衣服回到宿舍，整个时间长达 10 个半小时，其中，井下正常作业时间为 8 小时，班前会、下井、出井、洗澡时间为 2 个半小时。① 跟班队长完成上述事务后，还需要回到工队办公室填写当班生产记录和日记。

> 正常早晨 5 点起床刷牙、洗脸、吃早饭，5 点半点名，开班前会，队长要讲 20 分到半个小时，开完会再换好衣服，再领上设备，坐车到旧井，再下去，然后走路到工作面，走三公里，六里路，这就到 7 点多了。然后开始干活，开始今天的工作量，然后等到下个班到现场了，手拉手，口对口咱们交接班，形象化一点就是必须到我们工作地点，咱们两个人见面了，咱们交代工作，这个班把活干完了，有什么情况，收拾好了，让你来干。一个班 8 小时，所谓的 8 小时是现场的 8 小时，跑路的就不算了，多出来的这个时间就是无私奉献了，国家法律规定的 8 小时都是在工作场所里。下了班正常是到 3 点多上来，上来洗完澡了，就 3 点半了，整个工作时间大概有 10 小时。中国企业

---

① 相对来说综掘队工作时间较短，因为是三个生产班轮流作业，井下工作时间必须为 8 个小时，加上上下班路上及各种准备，所有时间加起来有 10 个多小时。综采队生产班工作时间就相对较长，特别是夜班工作，夜班晚上 9 点半开班前会，11 点到达工作面，到第二天早上 7 点本应该下班出井，但是由于早班是准备检修班，没有安排生产班，而且检修也是从上午 9 点才开始，综采队为了多产煤，会让夜班工人一直工作到早上 8 点半左右才停止，虽然早班人员 7 点已经进入工作面，两个班人员各干各的工作，直到夜班人员 8 点半正式交接班，才离开工作面，出井洗完澡之后，就已经 9 点半左右，整个工作时间长达 12 个小时。

上班正常 8 小时的哪有几个呀，煤矿企业特殊些，实行"三八"工作制，最少都得 9 小时以上，其他行业是把路上的时间减掉了，我们真正干活也是 8 个小时，在工作面是 8 个小时。（TYL，综采队经理，20170417）

经理和大队长会对各班组当班工作任务进行考核，考核也分为生产和安全两个方面。生产方面，每班生产结束以后，经理、大队长或验收员会对当班生产任务进行现场验收，然后根据完成情况对当班人员进行记分或评分，与工资收入相挂钩。本章开头已经介绍过各工队的工资构成，这里不再重复，综掘一队和三队实行进尺工资，当每班进尺少于等于 2.5 米时，整个班将按杂工计算，工人日薪为 170 元，跟班队长与综掘机司机为一般工人的 1.5 倍，即 255 元；当大于 2.5 米时，按进尺计算，一米 650 元包干；当大于 4 米时（包括 4 米），在 650 元的基础上，一米奖励 200 元。综采队和综掘二队实行评分制，当没有完成任务时，当班工人相应会减分，当超额完成任务时，也会相应增加分，如综采队，当小于 2.5 刀时，相应减 1—2 分；当大于等于 2.5 刀，小于 3 刀时，评分不变；当大于等于 3 刀时，增加 1—2 分；当大于等于 4 刀时，增加 10 分。对于在生产中，违反劳动纪律，损坏机器等影响生产的行为，大队长也会按照工队管理规定进行相应的处罚。各工队通过奖惩来提高各班组的生产积极性，从而完成生产计划。

安全方面由跟班队长和班长自己负责，经理和大队长也会在班中进行巡查，在每班结束后还会进行安全质量验收，对于不合格的安全质量进行返工处理。由于大队长每月还有处罚"三违"指标，因此，他也会对一些严重"三违"行为进行相应处罚。对于安全隐患，大队长和跟班队长一般会让及时处理，并不会给予处罚。对于所属工人因"三违"被南矿安全人员处罚时，南矿会在工队当月总工资中扣除，工队会在发工资时扣除"三违"工人工资，因工队自身问题被罚款的由工队承担，因个人问题被罚款的由工人个人承担。

最后当班组发生安全事故时，工队也会对当班队长和班长给予一定的处罚。矿方与各包工队承包协议中规定，进尺包干和吨煤包干中，包括安全风险费用，发生安全事故后，各工队负责发生的一切工伤事故的经济赔偿和善后处理等全面工作，参加工伤保险的，由工伤保险赔付，剩余的部分由工队自己承担，没有参加工伤保险的，其费用由工队全部承担，超过矿方的安全指标，甲方将扣除乙方全部风险抵押金。

> 矿上给我们定的进尺包干，这里面还包括安全系数了，工伤的钱也是我们自己出了，就是人死了也得我们自己出了，虽然参加工伤保险了，但工伤保险你敢报吗？出工伤了，比如骨折了我给你报，报去没事。要是死亡了，报了矿上罚款，矿上停下了，这样损失更大了，所以这个钱谁买单呀，各个工队自己买单。所以我们什么都承担，开玩笑讲，放屁砸了你脚后跟都要找你的事。（FCZ，综掘三队经理，20160906）

总之，南矿作为委托方，对代理方包工队实行的是生产包干和安全包干，而各工队拥有具体的实施/激励分配权，他们通过强激励来保证生产计划的完成。

### （三）安全生产监督权

所谓安全生产监督权，指的是委托方对代理方执行过程进行监督的控制权。这与煤炭行业安全与生产的双重目标是相对应的，这里矿方拥有的安全生产监督权主要是针对生产中的安全进行监督，监督各工队在生产过程中是否按规程进行，防止"三违"和安全隐患，确保安全生产。安全生产监督是对生产过程和环节的全程监督。

南矿安全生产委员会负责全矿安全生产工作的决策、部署和领导，研究制定安全管理计划、方案和措施。日常安全生产监督在安全矿长领导下，由安全科负责具体实施。安全生产监督分为日常监督和专项监督。

日常监督主要由安全科相关人员和生产系统技术员以上人员负责。安全科下属安全员是采掘一线现场工作的监督检查者，每个工队工作面每班安排一名安全员，对采掘工作面实行 24 小时跟班作业。安全员需要深入作业现场巡回检查，坚持"三不生产"的原则，对责任范围内的安全生产情况进行详细检查，及时发现隐患并排除隐患，发现事故隐患时有权采取现场整改、停工整改和停工撤人措施。此外，在采掘作业现场，他还要督促工队按照规程作业，发现"三违"行为可以进行及时制止，并有权进行处罚或其他处理意见。

除了安全员对工队进行现场监督之外，安全科还安排生产系统技术员以上安全生产管理人员每天对工队生产进行不定时的检查监督。自 2010 年国家安全生产监督管理总局施行《煤矿领导带班下井及安全监督检查规定》（第 33 号令）以来，包括南矿在内的所有煤矿开始实行矿级领导跟班带班下井制度，每班必须有矿领导带班下井，并与工人同时下井、同时升井。在此规定基础上，南矿制定了技术员以上安管人员轮流跟班入井制度，这些安管人员包括矿长、总工、副矿长、副总工程师、生产各科室的科长、副科长和技术员。轮流跟班入井表由安全科负责每月制定，报矿长审批后下发执行。安管人员是井下当班现场安全生产第一责任者，负责检查监督井下一二线各单位人员履行安全生产责任制情况。与安全员定点监督不同，安管人员实行巡查制，并不固定在某一区域，但工队所在的采掘一线是他们重点巡查区域，重点负责当班安全隐患的排查和"三违"的发现与处理。而且南矿还规定了安管人员每月查隐患、反"三违"指标，其中，矿长每月下井带班 5 次，查隐患不少于 10 个，反"三违"不少于 2 人次；总工每月下井带班 6 次，查隐患不少于 12 个，反"三违"不少于 2 人次；副矿级每月下井带班 8 次，查隐患不少于 15 个，反"三违"不少于 2 人次；副总工程师每月下井带班 10 次，查隐患不少于 20 个，反"三违"不少于 2 人次；科长每月下井带班 8 次，入井 8 次，查隐患不少于 16 个，反"三违"不少于 1 人次；副科长每月下井带班 6 次，入井 8 次，查隐患不少于 14 个，反"三违"不少于 1 人次；技术员每月入井不少于 15 次，查隐患不少于 15 个。[①] 每天跟班入井的安管人员需把当班查隐患和"三违"情况反馈给安全科，由安全科进行分析汇总后，反馈给有问题单位进行处理和整改。

专项监督主要是由南矿安管人员定期进行的井下安全方面的检查监督。专项监督主要有两种形式。一种是由矿长组织、安管人员参与的每月一次的全矿性隐患排查工作，这个工作一般在月末进行，井下采掘工作面是隐患重点排查地区；另一种是由安全矿长组织的每周一次的周五安全检查活动，参与人员也是南矿安管人员，范围也是主要针对井下安全生产状况，重点是采掘工作面。这两种监督都是全体安管人员一起进行的，与上文所说的安全人员跟班入井制度不一样，目的是要及时排查生产安全事故隐患，并提出改进安全生产的建议，对于排查出的重大隐患，安管人员要具体负责指导，立即停产停工进行整改。

以上便是矿方在生产过程中拥有的安全生产监督权，为保证南矿生产的安全进行，各工队工人是在南矿的监督下进行作业。

### （四）检查验收权

所谓检查验收权，指的是在目标设定权基础上，检查验收契约完成情况的控制权（周雪光、练宏，2012）。为确保代理方完成契约条件，委托方在设定目标后，自己行使检查验收权。矿方每月给工队下发生产和安全计划，由工队具体负责执行，到每月月底对包工

---

① 跟班时间为 8 小时，入井时间为 3 小时，副矿级领导以上人员井下每班至少有一个，其他安管人员没有特殊规定，按跟班入井表来实施。参见南矿《关于下发2017 年度安全生产工作计划的通知》，2017 年 3 月 18 日。

队的执行情况进行检查验收和考核。

为搞好煤矿的采掘工程质量，确保矿井采掘工程达标，南矿专门成立了采掘工程质量验收小组，负责检查验收工程质量的各项工作。小组组长由总工程师担任，副组长由主管工程验收的矿长助理担任，成员有生产系统各科室科长与副科长，工程质量验收组下设办公室，办公室设在企管科，主任由副组长兼任，主要负责每月采掘工程质量验收具体事宜。采掘工作面以批准的工作面作业规程为依据，每月的24—25日由验收组组织验收。质量验收主要有两个方面：绩效和质量。

所谓绩效就是指对各工队的当月完成生产计划情况的检查验收，主要由生产调度室来进行，这个指标相对来说比较好测量。对于综采队当月产煤量的验收，调度室主要通过汇总综采队每天的产量而实现，综采队每天生产的煤通过井下皮带运输到地面，皮带终端装有电子磅，可以记录实时流量和累计流量，调度员会以此为根据每天统计当班生产数据，并在每天早上的生产调度会上进行公布，月底验收时，调度室便通过汇总一月的生产记录来计算出当月的产量。综采队绩效总分为100分，按照完成的百分比来进行打分，如当月生产计划为10万吨，实际完成9万吨，打分为90分。对于综掘队生产任务的验收，也是由调度室进行，虽然各综掘队也会每天上报当天进尺数，但当月最终进尺数还是按照调度室的验收为准。综掘队每月第一天生产时，调度室会派人在各掘进工作面生产现场悬挂里程牌板，并以此作为当月生产的起始点，然后在月末验收时，实际测量起始点与月末终点之间的距离作为本月的实际生产进尺数。综掘队绩效总分也为100分，按照完成的百分比来进行打分。如因国家政策、不可抗拒或者矿方等因素影响工队正常生产，导致不能完成当月生产任务，矿方也会根据实际情况，按照影响时间的长短，相应核减当月产量和进尺数。然后根据核减后的生产计划重新进行评分。

表 3 - 8　　　　　　　　　煤矿采煤标准化部分评分表（2017 版）

| 项目内容 | 基本要求 | 标准分值 | 评分方法 | 得分 |
|---|---|---|---|---|
| 安全出口与端头支护 | 1. 工作面安全出口畅通，人行道宽度不小于 0.8m，综采（放）工作面安全出口高度不低于 1.8m，其他工作面不低于 1.6m。工作面两端第一组支架与巷道支护间距不大于 0.5m，单体支柱初撑力符合《煤矿安全规程》规定 | 4 | 查现场。1 处不符合要求不得分 | |
| | 2. 条件适宜时，使用工作面端头支架和两巷超前支护液压支架 | 1 | 查现场。1 处不符合要求不得分 | |
| | 3. 进、回风巷超前支护距离不小于 20m，支柱柱距、排距允许偏差不大于 100mm，支护形式符合作业规程规定；进、回风巷与工作面放顶线放齐（沿空留巷除外），控顶距应在作业规程中规定；挡矸有效 | 4 | 查现场和资料。超前支护距离不符合要求不得分，其他 1 处不符合要求扣 0.5 分 | |

注：此表取自于国家煤矿安监局下发的《2017 版煤矿采煤标准化评分表》。

　　质量验收主要是对采掘工作面的安全质量标准化工作进行验收。安全质量标准化工作是煤矿企业的基础工程、生命工程和效益工程，是构建煤矿安全生产长效机制的重要措施，做好安全质量标准化的最终目的，就是确保煤矿安全生产，保障劳动者的生命安全。[1] 2017 年，国家煤矿安监局组织制定了《煤矿安全生产标准化考核定级办法（试行）》和《煤矿安全生产标准化基本要求及评分方法（试行)》，这两份文件所规定的煤矿安全生产标准化基本要求及评分方法适用于全国所有煤矿，煤矿安全生产标准化考核必须以这两份文件所规定的办法进行。考核办法和评分方法十分明确，涉及采掘工作面的方方面面，而且所有评分方法也非常易于考核评分（见表

————————

① 南矿：《关于设立安全质量标准化管理机构通知》，2014 年 4 月 6 日。

3－8）。质量验收由南矿采掘工程质量验收小组负责，成员有企管科、生产调度、通风科、机电运输科、安全科、职防科、监控中心等科室副科以上人员组成，他们各自对分管业务内的采掘工程进行检查验收，一般是每月 24 日进行验收，25 日上午验收组成员在调度会议室对验收结果进行汇总评分，总分为100 分，80 分以上为合格，否则为不合格，不合格工程不予验收，下午召开工程质量验收会进行验收总结，验收中存在的问题要及时整改，整改后报验收小组办公室，验收小组组织相关科室进行复验，合格后出具验收单。①

表 3－9　　　　　　南矿工队二次考核目标任务指标考核表

| 序号 | 考核指标 | 目标任务 | 标准分值 | 评分办法 | 单项得分 |
|---|---|---|---|---|---|
| 1 | 安全（25 分） | 1. 轻伤 | 3 | 1 项本部门发生轻伤一起扣1 分，扣完为止；2 项本部门发生重伤一起扣2 分，扣完为止；本矿井发生其他扣5 分，扣完为止；3 项本部门发生一条（起）扣1 分，扣完为止；4 项本部门发生一起扣0.5 分，扣完为止 | |
| | | 2. 重伤 | 7 | | |
| | | 3. 重大安全隐患 | 8 | | |
| | | 4. 严重三违 | 7 | | |
| 2 | 绩效（30 分） | 产量 | 30 | 以月底验收清单为准，按完成百分比与单项分值相乘之积 | |
| 3 | 质量（30 分） | 按照公司采、掘安全质量标准化标准《工程质量考核表》进行考核 | 30 | 以月末验收及考评报告为准，按百分比与质量工资挂钩 | |
| 4 | 环境（10 分） | 按照公司采、掘安全质量标准化标准《文明生产考核表》进行考核 | 10 | 以月末验收及考评报告为准，按百分比与环境工资挂钩 | |

① 南矿：《关于成立工程质量验收组的通知》，2014 年 3 月 30 日。

| 序号 | 考核指标 | 目标任务 | 标准分值 | 评分办法 | 单项得分 |
|---|---|---|---|---|---|
| 5 | 素质提升（5分） | 按月（季）员工考试成绩及格率，每班入井考试通过率月平均值，周二、六培训出勤率月平均值 | 5 | 以三项乘积与单项分值相乘之积 | |
| | 合　计 | | | | |

注：此表来自于南矿考核领导小组办公室。

验收合格后，南矿考核领导小组会进行第二次考核，考核领导小组同工程质量验收小组领导组成人员一样，属于一个机构，两块牌子。第二次考核的具体工作由企管科根据南矿《工资薪酬考核办法》，结合井下工程验收小组对各队组的考核情况进行考核。主要从五个方面进行，总分为100分，其中安全25分、绩效30分、质量30分、环境10分、素质提升5分（见表3-9）。这次考核中绩效、质量和环境方面与采掘工程质量验收非常相关，根据质量验收评分按照二次考核分值进行换算得出，安全方面按照安全科上报的各工队实际情况进行评分，素质提升根据职防科上报的实际情况进行评分。工队全月工程总价=定额（决算）总价×第二次考核分数%，如综采队第二次考核分数为98分，那么综采队全月工程总价=定额（决算）总价×98%。

各工队每月的定额总价指的是各工队每月的应得工资总额，工资总额是根据各工队的产量和进尺数包干的，这里的产量和进尺数都是按照验收小组实际验收的数值为准。从前文的合同中可以看到，综掘队工资按255.6元/平方米计算，巷道标准为5.2米×3.5米（2017年），折合进尺一米为4652元，这是综掘一队和综掘三队的单价，综掘二队由于瓦斯含量较高，生产难度大，进尺单价会比其他两个队多500元，即进尺一米单价为5152元。每月按26天计算，每天进尺7米，每月进度为182米，超出部分每米奖励原价的10%，因此综掘队的工资总额 = 进尺单价 × 进尺米数 + 进尺单价 × 0.1 × 超出目标进尺米数 – 当月工队罚款总额。综采工资为吨煤 18 元包干（2017 年），月生产目标为 10 万吨，超出部分每吨奖励原价的 10%，因此综采队的工资总额 = 吨煤单价 × 实际生产吨数 + 吨煤单价 × 0.1 × 超出目标产量[①] – 当月工队罚款总额。这里的罚款总额指的是工队因"三违"或发生安全事故而被南矿罚款的总额。

即使考核合格之后，各工队还必须要对所施工工程的质量负责，南矿有权根据施工工程的质量和用途，对各工队进行责任追究和经济处罚。考核结束之后，矿方会在下个月的 25 日左右给各工队发放上月工资，工资发放会先发一半现金给各工队，剩下 50% 的工资，其中 40% 的工资是进行承兑，由于南矿流动资金有限，在煤企效益

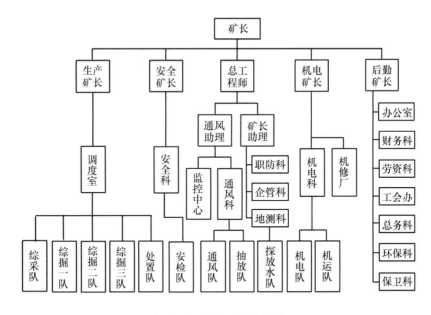

图 3 - 2　南矿组织结构图

---

① 这里的目标指的是验收小组最后核定的生产目标，因为有时月初下达的生产计划由于不可抗拒或者矿方的原因没有达成，工队会要求核减生产计划。

比较差的情况下，能够更好地利用各包工头的资金维持再生产，余留 10% 的工资作为质量保证金，质保期为 1 年，到期后南矿将归还给各工队。工资由各工队自行分配，但工资表必须由工队工人签字、盖章后报给南矿财务科。

# 小　结

本章对包工制的组织结构与运行机制进行了详细分析。首先，对包工队的组织结构进行了分析，主要从后勤系统、生产系统以及管理制度三个方面展开。研究发现包工队具体由横向部门结构和纵向层级结构组成，各层级分工明确，责权清晰，且有相对明确的薪酬体系。在管理制度上，包工队虽然开始逐步制度化，但并没有完全制度化、正规化，在许多方面还是以包工头或工头极其个人化的方式对手下工人进行简单粗暴的管理控制。其次，对包工队人员的构成结构进行了分析，主要从性别、文化程度、年龄、户籍和来源地等几个方面展开。研究发现，包工队工人是一个文化程度较低，相互之间有着亲戚、老乡和朋友关系，以中年男性为主体的外地农民工群体，他们与包工头之间存在着一定的依附庇护关系。最后，运用控制权理论对包工制运行机制进行了分析，从目标设定权、实施/激励分配权、安全生产监督权和检查验收权四个方面展开论述。包工制作为一种生产发包制，矿方与包工队之间是一种委托—代理关系，矿方拥有目标设定权，制订工作计划，实质为生产包干制和安全包干制，然后交由包工队具体执行，为更好地完成计划，矿方把实施/激励分配权下放给各工队，各工队有比较大的自由裁量权并面临强激励。为完成工作计划，各工队会在矿方生产计划的基础上层层加码，并通过强激励来促使各个班组超额完成任务。为了确保包工队能够安全生产，保质保量完成工作目标，矿方还拥有安全生产监督权和检查验收权，对各工队生产过程进行全程监督，并对完成计划情况进行检查验收考核。包工制正是在这样的激励和约束条件下运作，并不断发展壮大。本章通过对包工制组织结构与运作机制的分析，发现在包工制下矿方地位最高，权力最大，与包工头相比较，拥有一切事务的最终决定权。包工头地位和权力次之，他拥有具体生产的实施分配权，决定着包工队内部的一切事务，其手下的工头也分享着部分的权力。而工人的地位则最低，权力最小，听从包工头及其工头的安排。

# 第 四 章

# 包工制的功能

从 2009 年以来，南矿开始在井下采掘一线全面实行包工制，包工制已成为南矿生产最重要的生产组织和劳动用工方式。即使国家明文禁止生产矿井井下不得使用包工制，也没有阻挡包工制在南矿，乃至其他大部分煤矿的实质性存在与发展。那么，包工制到底有哪些功能和益处使得煤企即使明知违规也要使用呢？上文对包工制下权力配置和运作机制进行了分析，本章将在此基础上分析包工制的功能，从而进一步揭示包工制的深层运作机制。对于包工制的功能，本章将从四个方面来进行分析，主要从南矿主位视角出发，分析包工制给矿方带来的益处。

## 一 管理责任的下放

在上文中我们知道矿方把实施/激励分配权下放给包工头，这实际上就是把管理工人的权力转交给包工头自己负责。包工队共有249人，占全矿人数的三分之一，人数众多，而且来自不同省份，管理十分困难。因此，南矿便把包工队工人的管理责任下放给包工头负责，并明确写在承包协议中，这有效地减轻了南矿的管理负担，降低了管理成本。

### （一）管理幅度的降低

"管理幅度"是管理学基本理论中的一个重要范畴，它指的是在一个组织结构中，管理人员所能直接管理或控制的下属数目（孙毅，1995）。管理幅度理论是由泰罗、法约尔、韦伯等提出的，该理论认为一个管理者由于其精力、能力、知识和经验的限制，所能管理的下属人数是有限的（张军、李金林，2007）。管理幅度与管理层次是相对应的两个概念，管理层次是由于管理幅度的限制而形成的，管理幅度与管理层次是负相关的，即管理幅度越大，管理层次就少；管理幅度越小，管理层次就越多，前者为扁平结构，后者为高型结构（林志扬、林泉，2008）。南矿在 2004 年扩建前是一个只有 300多名员工的小型企业，2013 年投产后成为一个拥有 1000 多人的大型企业，且在扩建时期，南矿人数最多达 1500 多人，工队人数最多时达 600 多人。这对于一个企业来说，管理还是比较困难的，且包工队人员来自五湖四海，语言和习惯与南矿所在地区差异很大，增加了南矿管理人员的难度。

> 工队工人管理起来很麻烦的。一是他们来自四面八方，跟咱本地人不一样，语言就不好交流，有安徽的，有河北的，有山东的，还有浙江的，一个地方一种口音，又不是都讲普通话，再说咱本地话就不好懂。他听不懂你，你听不懂他，讲个事很费劲，老是大眼瞪小眼不知道说啥。二是工队工人流动性很大，今天走了一批，明天又来了一批，后天又走了，光人数你就搞不清。所以还不如干脆交给包工头自己管理，他比俺们好管。（LLP，劳资科科长，20160819）

为降低管理难度和幅度，将有限的精力放在煤矿安全与销售方面，矿方把工人的管理权授予包工头，由他负责对包工队的管理，包工头需要负责工人的生活安排、工作安排、生产管理、工资分配等事项（余明侠，1994；莫晟，2012）。而矿方只需与包工头及其手下经理和大队长打交道即可，不再具体面对众多的一线工人，这不仅简化了矿方的管理，把繁重的管理责任转移给包工头，而且还把"各种劳动问题造成的矛盾冲突局限于包工队伍内"，有利于转移劳资冲突（沈原，2007：262；任焰、贾文娟，2010）。当各工队在安全生产中出现问题时，南矿安管人员会直接跟工队领导说明，让他们加强对工人的管理，而不会直接处理，即使发现工队工人违反"三违"，安管人员也是直接处罚工队，而不是处罚个人，然后由工队再进行内部处罚。正如南矿矿长所说：

> 矿上管理相对还是正规一些，工队管理就不正规，矿上对于工队管理实际上是一个二级管理。你好比，你负责工队，我发现工队什么问题我就直接批评你，不针对你工人，因为你是工队负责人。然后你受到批评之后，你就批评你下面的人，你用很简单的办法，你干了你干，不干了明天走人，简单粗暴。所以说从管理上我们就比较简单，不需要再跟工人讲什么，有什么问题直接找工队负责人，让他去处理。再说工队好多都是外地人，你要是处罚他，他要是不满意生气了，他还要天天找你麻烦，直接让负责人处理就不存在这个问题。（WHY，南矿矿长，20170422）

从矿方到包工队工人之间存在很多层级，属于典型高型结构。这样的结构存在一个很大的弊端就是不利于高层领导的集中管理控制，增加管理费用和导致信息沟通不畅（林志扬、林泉，2008）。而南矿对包工队实行的二级管理，就在一定程度上避免了上述弊端，而且还进一步缩小了自己的管理幅度，但管理效率却提高了。

### （二）管理成本的降低

包工头的管理权包括招募权、培训权等，南矿把工人管理权授予包工头时，便把招募权和培训权交给包工头来行使，这些管理权的下放极大地降低了矿方的管理成本。

矿方与包工头签订承包协议时，明确规定包工头要保证采掘期间的用工投入，配备齐全的队组人员。由此，包工头便拥有了工人的招雇权，他需要自己招募所有工人，来组建自己的包工队，从而获得承包资格。他不仅需要招募一大批熟练工人，而且还需要招募一批技术好、经验丰富的管理人员。这对于长年从事煤矿承包工程的包工头来说是比较容易的，而且花费费用和精力也是比较少的，但是对于南矿来说就比较难，而且会花费很大一笔费用。如果由南矿自己招募工人，这所花费的时间和费用便会很多，首先需要发布招聘信息，然后还要进行一系列的招聘程序，笔试、面试等，从发布招聘信息到正式录取至少也需要半个月的时间，而如果是包工头自己招募的话，只需几天即可（南开大学经济研究所经济史研究室，1983：205）。而且这只是一般人员的招聘，对于采掘一线队组管理人员可能会更加复杂，南矿本地缺乏这样的人员，还需要跑到外地大型煤矿，甚至跨省去那些采煤技术发达的省份进行招聘，这极大地增加了招聘成本。而对于包工头来说，他们就是从国企大矿出来的，招募管理人员只需打个电话就可以把原来的下属或者同事招过来，基本没有什么费用可言，招募进来以后，矿方进行任命便可。因此，使用包工队不仅不必支付大量中等水平管理人员的工资，而且还能通过包工头招募到大量训练有素的管理人员（赖特，1991：224）。正如综采队大队长所说：

> 你觉得招工就简单呀，那你得看对谁了。你让矿上去招招看，他就不好招，他去叫人家来，人家还不一定愿意来这个小地方呢，离家那么远，人生地不熟的人家也不敢来呀。要是对我们来说就简单呀，基本上我们打个电话就搞定了，你需要多少，我能给你招多少过来。一是我们接触这个圈子时间久了，

我们的人脉都在这个圈子里了；二是我们口碑很不错的，不拖欠工人工资，都是按时发放，跟我们干过的工人都愿意过来，一个电话的事，不仅他自己愿意过来，他还能给你带一大堆亲朋好友过来。（GZS，综采队大队长，20170530）

矿方除了不需要招聘工人之外，还不需要花费大量时间和成本去培训包工队工人。南矿从2004年之前的9万吨小煤矿转变为当前的120万吨大型机械化矿井，在综掘工艺上有了质的飞跃，从手工开采转变为机械化开采，而南矿原来的工人已经完全不能胜任当前的机械化作业，为此南矿急需一批懂机械化作业的熟练工人，如果自己组建队伍，还需要花费很大精力和费用才能培训出一批熟练工人。但使用包工队之后，包工头在招募工人时，可以直接招募一些下井多年的熟练工人，矿方只需要进行简单的新工人入岗培训即可（主要是熟悉一下南矿的环境），并不需要进行技术培训，便能直接进行井下作业。近年来，国家为加强煤矿安全生产，要求井下人员，特别是队组以上管理人员和特殊工种要持证上岗，没有相关证件不得入井。为了能够顺利生产，南矿花费大量费用用于井下工人素质提升和相关证件获取，但在包工队这里南矿就节省大量的培训费用。一方面，包工队队组以上管理人员大部分都有国企大矿的从业经历，本身就有相关证件，不需要再进行学习培训；另一方面，即使没有证件的管理人员和特殊工种工人，矿方也只是代为培训取证，所需费用都由包工头自己负担，这在承包协议中有明文规定：甲方负责乙方队组管理人员、特殊工种的培训取证工作（费用由乙方负责），负责乙方人员的岗前安全培训、考核与发证。

现在实行的是机械化开采，煤矿自己的人不会呀，他们完全没有接触过这个东西，以前就是一个小煤窑。现在建成大型现代化煤矿，什么技术都要学呀，但是这个哪是一朝一夕能学会的，得需要多大成本和时间了，煤矿现在等不起呀，那么多人要张嘴吃饭了，所以只能借助我们工队了。我们工队有技术呀，我手下这些淮南工人哪个不是在我们国企大矿干了十几年，经验丰富，我们那里采煤技术在全国都是非常先进的，这里现在用的技术和设备都是我们淘汰好几年的东西，我们使用这些东西还不是非常容易？所以煤矿把生产交给我们就 OK 了，你们管好安全就行了。（TYL，综采队经理，20170418）

从上文可知，使用包工队不仅可以使矿方省除一切人事管理的烦琐事项，降低矿方的管理幅度，提高管理效率，而且还能解决井下管理和技术工人的短缺现状，从而降低劳动管理成本（Wright，1981；向明亮，2016）。

# 二　用工成本的转嫁

包工制作为一种非正式的用工方式，具有灵活性、去福利化和低成本的特点，这一特点正好契合了资本对于弹性生产积累最大化的要求（任焰、贾文娟，2010）。受市场、国家和行业本身特点的影响，煤炭行业是一个弹性生产的行业，对用工灵活性要求很高，而包工制这样的用工方式正可以把本应南矿自己承担的用工成本转嫁给包工头承担，从而大大降低煤企的用工成本。下面将从去福利化、弹性用工和垫资运行三个方面进行分析。

## （一）去福利化

《劳动合同法》规定，用工企业必须给员工缴纳社保和提供福利，然而对于大部分农民工来说，他们却是去福利化的一类人群。在南矿，除工伤保险外，矿方不给工队工人缴纳和提供任何社保和福利。即使是工伤保险也是国家要求强制缴纳的①，南矿不得不缴纳，而且煤矿企业工伤保险缴纳方法和其他大部分行业不一样，不是按照员工人数来进行缴纳，而是按照煤矿核定生产能力来缴纳。在南矿所在地区，煤矿企业工伤保险缴纳标准为吨煤缴费 2 元，像南矿年产 120 万吨的企业，一年固定缴纳 240 万元。南矿把工队工人管理权下放给包工头时，其他社保和福利也一并转嫁给包工头来承担，这在承包协议中有明文规定，乙方负责按照国家煤炭行业要求对所属员工健康检查，以及社会保险和劳保福利的发放并承担此费用。其他社会保险包括养老保险、医疗保险、失业保险和生育保险，按照规定企业需要分别缴纳 20%、6.5%、1.5% 和 1%，企业缴纳比例合计为 29%。包工队工人在南矿所有工人中属于收入最高的一个群体，他们月平均工资在 6000 元左右，即使按照 5000 元来作为他们的缴费基数，一个工人平均一年企业要缴纳 $5000 \times 29\% \times 12 = 17400$，按照 2017 年包工队工人总人数 249 人计算，一年企业要给包工队缴纳社保费用为 $17400 \times 249 = 4332600$ 元，而 2017 年是包工队人数最少的时候，2013 年南矿扩建完成时，包工队人数多达400 多人，所要缴纳的费用更高。这只是按照 5000 元基数的计算，如果真正按照他们的实际工资缴纳，一年下来都可能上千万。这对于资金困难的南矿来说，是一笔很大的开支，而把这些费用转移给包工头，矿方便可以节省开支，这对于处在煤炭萧条时期的南矿是十分重要的，400 多万元的开支最少够南矿给自己的工人发放两个月的工资。正如劳资科科长所说：

> 矿上不用给工队工人缴社保，只交工伤保险，其他社保不管。要是给他们缴纳社保，二三百个人下来一年最少就得好几百万，这还是按最低缴费基数说的。工队工人大部分都是大工

---

① 《中华人民共和国煤炭法》第四十四条规定，煤矿企业必须要为员工缴纳工伤保险。

资呀，比矿上自己的工人工资高多了，要是正儿八经按照他们的实际工资来缴纳保险的话，差不多就得上千万了。现在企业这么困难，贷款还有几个亿，前几年给自己工人发工资都困难，更不要说给包工队工人缴纳社保了，自己工人的社保都拖欠1年没有缴纳了，有那钱矿上还准备给工人发工资呢。（LLP，劳资科科长，20170310）

除了没有社保之外，南矿也不给包工队工人提供劳保福利。南矿自己的工人矿方会给提供劳保福利，这些福利分为月福利、季度福利、年福利和节假日福利。月福利为一双手套、一袋洗衣粉和一袋口罩，折合金额为40元左右；季度福利为一条毛巾和一桶洗发水，折合金额为50元左右；年福利为一袋白面、一袋大米、一桶油和一箱饮料，还有工作服，包括一套井上工作服，一套井下工作服（衣服、裤子、安全帽和水鞋），折合金额为1000元左右；节假日福利主要指五一、端午和中秋三个节日，五一一般发一个水杯，端午发一袋白面、一袋大米、一桶油和一袋粽子，中秋发一袋白面、一袋大米、一桶油和一盒月饼，所以节假日福利折合金额为800元左右。以上所有福利大致一年一个工人需要花费2500元左右，当然福利的发放也要视南矿的企业效益而定，效益好时多发点，效益差时少发点，但是几年平均下来为2500元左右，包工队所有工人一年下来需要花费60多万元，南矿把这些费用统统转嫁给包工头，而包工头为节省开支并不会按照煤矿的要求进行发放，只会在过年时发放一点白面、大米和油等生活用品，其他劳保福利也享受不到，即使下井的劳保用品也是工人自己购买。正如综掘三队综掘工所说：

现在中国的国家政策是好的，就是下面不执行。你看《劳动合同法》写得多好啊，多全呀，但是你看劳保谁发过？矿上自己的工人由矿上发，我们的谁发呀？矿上和老板都不给发，都是我们自己买的，安全帽、绒衣绒裤、高腰水鞋和口罩都得

自己买，一套下来四五百吧。工会倒是哪个矿都有，但是人家
不管你，本矿的正式工人都管不了，更不用说包工队了。
（GWX，综掘三队支护工，20170415）

此外，南矿还不给包工队工人发放各种津贴和奖励。这里的津
贴主要指的是煤矿井下艰苦岗位津贴，这个津贴是为补偿煤矿井下
工人因工作条件艰苦而付出的额外劳动消耗，以及因生活费用支出
大，对职工生活和身体健康带来的不利影响，津贴按照工作的繁重
性以及对身体健康的危害程度确定。煤矿井下艰苦岗位津贴适用于
各类煤炭企业的井下作业职工（不包括露天煤矿职工），具体发放范
围为：井下采掘工人、辅助工人、安检人员及下井工作且编制在井
下采掘、辅助队的基层干部、技术人员和管理人员。① 津贴包括井下
津贴、夜班补贴和班中餐补贴，南矿所在省最新规定井下津贴：井
下采掘工 30—50 元/工，井下辅助工 20—35 元/工。夜班补贴：前
夜班补贴即中班补贴为 10—15 元/工，后夜班补贴即夜班补贴为
12—17 元/工。班中餐补贴为 15—20 元/工。南矿的标准为井下采掘
工 40 元/工，辅助工 30 元/工，前夜班 13 元/工，后夜班 15 元/工，
班中餐补贴 15 元/工。煤矿井下艰苦岗位津贴按日考核、按月发放。
按照南矿标准，一工一天最少有 68 元津贴，按照一年 276 工作日计
算，包工队所有工人（249 人）一年至少需要发放津贴 300 万元左
右。② 南矿还给自己工人发放各种奖励，月奖和年度奖。月奖主要奖
励出勤，南矿规定一月 26 天为满勤，出勤 26 天以上（包括 26 天），
会给予普通工人一个出勤奖 5 元，班组长一个出勤奖 8 元，科队级
一个出勤奖 12 元。③ 年度奖指的是全年出勤超过 250 个工作日，并

---

① 刘羊旸：《三部委联合上调煤矿井下艰苦岗位津贴》，《中国改革报》2006 年 8
月 3 日。
② 除去早班工人人数计算的结果。
③ 出勤奖只有达到 26 天以上才有，如一个出勤 5 元，当月出勤 26 天，那么出勤
奖为 26 × 5 = 130 元。

下工人一工奖励 10 元，井上工人一工奖励 8 元。按照一年 276 个工作日计算，包工队所有工人（249 人）一年至少需要发放奖金 100 万元左右。可见使用包工队，南矿一年至少减少了大约 400 万元津贴和奖金费用。这些津贴和奖金南矿都转嫁给包工头，包工头除了年终给每位工人 500 元左右的红包奖励，其他津贴和奖励也不按规定发放。

你看的这份工队工资表和津贴补助表是假的，主要是为了应付上面检查做的。你看上面写着都是工作 22 天，什么下井补助，前半夜后半夜补助，都是假的，实际上都不按这个来。矿上正式规定一个月最少上 26 天，哪有什么津贴补助，工人工资发了就不错了，形势这么差。工队工人更不用说了，矿上什么也不管，都是由包工队老板管了，其实他们老板也不管，工人发的少了他们自己就能多挣点。 （LLP，劳资科科长，20141105）

你像人家大型煤矿，入坑补助、风险抵押、夜班补助，补助就可厉害了，一到年底一下子给你打一万块钱，就不知道什么钱了，什么烤火费呀，乱七八糟的，可多了，这里什么也不给你发。这些都应该发，我们也知道，反正你是打工的，你能较真吗，对不对？反正跑了这么多地方也没有拿到过，有时你要是较真了，较真了你只能回家了。不能较真，把正常工资发了就行。（群体访谈，LWC，综采队清煤工；LJF，综采队清煤工，20170419）

### （二）弹性用工

弹性用工（Flexible Employment）又称为"灵活性用工"，即指不限时间、不限收入、不限场所的灵活机动的就业形式。该种用工有两种形式，本书使用其中一种形式，即一种与全日制用工相对的用工方式，包括使用临时工、季节工、钟点工（小时工）、派遣工、承包工等若干种非全日制用工形式或临时性的用工方式（Lenz，1996；刘红霞等，2015）。煤炭行业与制造行业不同，受到地质环境、机器设备、生产周期、季节性市场波动和国家行政干预影响很大，导致行业生产的不确定性很大，虽然大部分煤矿实现了机械化，但生产的不确定性一直无法消除。因此，煤矿企业为了降低用工成本，最大限度地保持雇佣的弹性，利用包工队工人这种可以"召之即来，挥之即去"的农民工来进行生产。

"开采地下矿藏不可避免地会遇到地质环境的不确定性和易变性"（Curtin & Shields，1988；布若威，2015：185），煤炭作为一种非常重要的地下矿藏，其开采过程自然也会遇到各种地质因素的影响。相对而言，在全国采矿业中[①]，煤炭开采业受到地质因素影响最大，制约性因素最多，其中影响最大的四种因素为：煤田的地质构造、煤层顶底板、瓦斯、矿井水文地质条件（刘进军，2007；程军等，2011）。这四种地质因素的不合理都会影响甚至中断煤炭的正常生产，因此煤炭开采的不确定性很大，南矿每年受地质因素影响而停产少则几天，多则一个月。由于矿方和包工头签订的是生产包干制，停产期间，包工队工人便会放假，南矿不需要承担工队工人停工期间的各种费用，而自己管辖工人需要发放每天45元的基本生活补助。

> 我们矿是高瓦斯矿井，瓦斯和其他地质因素对我们影响很大。前几年通风设施没有搞好，瓦斯常常超限，一超限就得停产停工，一停就至少好几天，可影响生产了，这几年瓦斯好多了。还有水也影响大，去年井下还发生透水了，一个巷道被淹了，人员撤离得比较及时，整整抽了三天才弄干净。我们矿煤田所在区域，以前小煤矿可多了，他们就乱采乱挖，也没有正

---

① 采矿业分为煤炭开采和洗选业、石油和天然气开采业、黑色金属矿采选业、土砂石开采等类型。

儿八经的地质资料，现在都关了，他们弄得采空区积水可多了，再加上古空区积水，导致我们矿积水不仅范围大、量也大，地质比较复杂，这次透水就是打破了以前小煤矿的采空区积水造成的。（LTZ，安全科科长，20170527）

南矿属于标准的机械化矿井，机械化率在95%以上，井下各种机器设备众多，机器设备的良好运转对正常生产至关重要。虽然南矿制定了各种规章制度来保证设备的正常运行，但总会有各种因素影响其正常工作，如工人违规操作、检修不到位、机器的正常损耗和老化以及设备采购的本身质量问题。生产、通风、运输、提升环环相扣，每个系统的缺失都会导致生产的停滞，特别是一些主要机器设备的故障会直接导致停工，如采煤机、掘进机、运输机等设备。每次机器设备导致的停工时间相对来说比较短，短则几个小时，长则两三天，每月出现的概率不确定性很大。这种停工现象，在建筑行业多被学者们称为"窝工"现象，他们认为该种现象是建筑行业的"特有制度"，其实不然，在煤炭行业也十分普遍（潘毅等，2012：139）。窝工不付工钱的制度不仅是建筑业的通用法则，也适用于煤炭行业，特别是使用包工制的煤炭企业。而对于南矿的正式工人而言，即使窝工，南矿也需要给予适当的经济补偿或者正常记工，而包工队工人的窝工则交由包工头自己负责。

哎，不挣钱呀，这个月满打满算才上了17个班呀，老是不顺利，今天放假，明天放假，今天干了，明天还不知道干不干得了。不是矿上大皮带坏，就是采区小皮带坏，就不知道怎么回事。好不容易皮带修好了，电机又烧了，你说要么多放几天，一天一天放算甚了，又不能回家，回家一次来回就得好几天。放假了矿上和老板又不给发工资，你就是农民工，干一天挣一天，一天不干什么都没有，连生活费也没有，不用说其他的了，在这里干耗着，还要自己花钱吃饭。（WXD，综掘二队支护工，

20170421）

　　煤炭开采具有一定的周期性，煤矿一般实行一矿一面，采掘接替的生产流程。一般情况下，由于开采技术和资金的限制，工作面长度是有限的，短则几百米，长则一两千米，对应可开采的时间少则半年，多则1—2年，一个工作面采完之后，就需要换一个新的工作面进行开采，这是综采队。综掘队也一样，一条巷道掘进完毕，需要掘进新的巷道，这在煤炭行业叫作"搬家倒面"，即旧工作面结束，换新工作面。"搬家倒面"是一个很复杂的系统工程，它分为两个流程，即旧工作面设备的回撤和新工作面设备的安装①，这需要大量的人工，一般情况下，"搬家倒面"所需劳动力是正常工作的两倍左右，正常情况下，综掘工作面搬家需要半个月左右，综采工作面需要1个月左右。这种情况下，包工制这种灵活用工方式就发挥出它的优势，可以根据任务量调节劳动力的数量（贾文娟，2015），包工头在搬家期间会招募或者从别的地方调来一大批熟练工人进行作业，当搬家结束以后，工作面恢复正常，包工头又可以把这些多余的工人解散，做到召之即来，挥之即去，这有利于减少因生产不稳定造成的用工成本提高，而且煤矿也不需要保持一个比较大的固定的劳动力队伍（王处辉，1999），对于南矿来说，招聘、保持和解雇一个正式工人的代价很大。

　　　　外包它有它的好处，比如煤矿在搬家的时候需要200个人协作，当搬家结束的时候，我不需要这么多人了，只需要100人，好了那100人就可以走了，不要你了，你看这就是用工灵活。要是放在矿上就麻烦了，你不要我了，咱们劳动关系还在呢，我这里还有社保关系，你辞退我，你需要跟我算账，一年经济补偿金，补助一年工资，解除劳动合同，我失业了，你要

---

① 拆装设备很多，包括刮板运输机、采煤机、综掘机、转载机、支架、电缆等。

给我失业保险，社保关系你要给我转走，你干吧，一大堆事情
就出来了。代价很大的，哪能跟我们工队比呀，反正矿上就给
我们固定的钱，任务大的时候我们就多招点人，任务少的时候
我们就少点人，不要人了直接让他走就行。煤炭这个行业不确
定因素太多了，用工队比较简单些。　　（TYL，综采队经理，
20170418）

煤炭企业生产随市场行情波动很大，一般来讲，一年中有四个
明显的季节性波动，4—6 月份为淡季（4 月份以后，全国取暖期普
遍结束，下游电力企业进入淡季检修期，煤炭消费较低），7—8 月
份为旺季（七八月份为"迎峰度夏"备货旺季，虽然水电也很多，
但工业、生活超额用电导致煤炭需求激增），9—11 月又为淡季（迎
峰度夏行情结束，高温退却，居民用电需求减弱，电力耗煤进入传
统淡季，煤炭需求下降），12—3 月又为旺季（随着冬季气温下降，
全国范围取暖用电需求上涨，煤炭需求很大），当然不同地理位置的
煤矿也有差异（陈家建、张琼文，2015）。这种季节性市场波动导致
煤炭生产的不稳定，从而导致劳动力就业的不稳定和流动性很大，
旺季时生产任务大，需要劳动力较多，淡季时生产任务较小，需要
劳动力较少。南矿可以根据生产任务来调节用工数量，随时解雇大
量的工人，而又不承担相应的代价，从而降低用工成本（向明亮，
2016）。

市场生产的行政性干预，对于普通企业来说，其生产作业由市
场盈亏决定，但煤炭行业则不同，受到国家行政干预的影响极大
（陈家建、张琼文，2015）。一是许多节假日强制停工。这一方面是
防止节假日期间因为疏忽导致安全生产事故，另一方面也是为了执
行国家去产能政策，2015 年下半年以来所有煤矿必须执行 276 天工
作日，不仅法定节假日要停工，一个月中周末最少要强制停工 5—6
天。在南矿当地，每年农历腊月十八之后，当地煤矿就必须全部放
假停工一个月，直到农历正月十八之后才能开始上班。其他传统节

日也有时间不等的停工，如五一、端午、国庆和中秋等，仅这些节假日全年加起来停工就长达 40 天左右。二是重大政治活动期间强制停工。重大政治活动期间是一个对生产安全和社会稳定非常敏感的时期，为防止安全事故发生，政府下令会让煤矿大面积集中停产（Nie et al.，2013）。这个停产时间的不确定性很大，视每年的重大政治活动的多少而定，但有一些政治周期是有规律的，如每年的"两会"。以 2017 年为例，南矿因重大政治活动的停产时间有：1 月份召开的地方"两会"（人代会和政协会），为营造良好的安全环境停产 5 天；3 月份召开全国"两会"，停产 13 天；5 月份北京召开第一届"一带一路"国际合作高峰论坛，停产 2 天；7 月底为庆祝中国人民解放军建军 90 周年阅兵，停产 1 天；10 月召开中国共产党第十九次全国代表大会，停产 10 天。在其他年份遇到其他重大政治经济活动也要相应停产，如 2008 年中国举办奥运会，奥运会期间全国多数煤矿停产；2015 年 9 月 3 日，举行抗日战争暨世界反法西斯战争胜利 70 周年大阅兵，停产 1 天。

> 俺们是腊月十八上班的，上班到现在一直没有生产，总得等"两会"开完以后，县里面才会让复产的，主要是怕出安全事故了哇，此期间出了事故影响不好，给领导抹黑了。工队们都还没来，他们来得比较迟，一般都是煤矿快复产验收的时候才来，现在就来了几个井下抽水的，大部分都在家里，来了也不能生产，还光花钱。（SZS，调度室副主任，20170531）

三是煤矿企业发生安全事故后要停业整顿，甚至本县、本市或本省内其他煤矿发生安全事故也得停业整顿。"在安全生产的监管体系中，如果某个煤矿出现安全生产事故，就必须要停业整顿，国家甚至为了强化安全生产责任制，还在煤矿行业中推行了'连坐制度'，即区域内的某一个煤矿出了问题，该区域内所有的煤矿都必须停业整顿，区域的范围与安全生产事故的等级大小直接相关"（陈家建、张琼文，2015）。在安全问责高压态势下，这种一刀切的行政管理手段越演越烈，在南矿所在省"连坐"有着不成文的惯例。如果一个煤矿发生一般安全事故（死亡1—2人），所在煤矿停业整顿；如果一个煤矿发生较大安全事故（死亡3—9人），那么该县所有煤矿全部停业整顿；如果一个煤矿发生重大安全事故（死亡10—29人），那么该市范围内的煤矿全部停业整顿；如果一个煤矿发生特别重大安全事故（死亡30人以上），那么全省范围内的煤矿全部停业整顿。在特殊安全时期，这样的行政干预还会升级，比如发生较大安全事故，全市所有煤矿停业整顿，发生重大安全事故后，全省所有煤矿都要停业整顿，这种整顿有很大的随意性，属于典型的运动式治理（肖兴志等，2011）。2017年，南矿本市邻县发生一起较大安全事故，事故发生后由于瞒报死亡人数，最后被查处，为加强安全治理，全市所有煤矿停业整顿，南矿受牵连停业整顿半个月。

> 煤矿生产很不稳定，不确定性很大，你自己注意安全还不行，其他煤矿出了事故，你照样受牵连，不能生产。你说我们都是正规企业，都是经过国家批准合法经营的，政府是没有道理随便让我们停产的，说句实话这都是违法行为。因为其他煤矿出事情，我们受牵连，这是什么道理。前几年省里一个煤矿发生特大安全事故，我们矿受到牵连停业整顿3个月，那时候煤炭形势还不错了，我们损失很大呀，不仅不能生产，工人放假还得发生活补助，这样下去企业怎么生存。你政府也应该合理管理是不是，那些煤矿违规有问题的你让他停业整顿这个可以理解，人家没问题的煤矿也让停业整顿就不合理了，现在都是市场经济了，老还是按照计划经济管理，那肯定不行，你说是不是了？（WHY，南矿矿长，20170408）

四是各类安全和其他治理导致的停工。每年煤矿固定要接受三次大的安全检查，检查期间煤矿都处于停产状态。第一次为开年后的复产验收检查，检查由市县相关机构组织进行，时间在十天左右，煤矿只有在检查合格之后才能开工复产。第二次为每年 6 月份的"全国安全生产月"，这个检查由省市县三级政府机构组织进行，全月进行不定时的煤矿抽查，如果发现安全隐患，煤矿必须进行停业整顿，整改完成经过复查验收才能开工。第三次为安全生产大检查，这个每年时间不固定，也是由省市县三级政府相关机构组织进行，如在 2017 年，南矿所在省在 8 月份连续发生多起安全事故，为加强安全生产，有效防范和杜绝重特大事故发生，确保十九大召开期间全省安全生产，在 10 月展开为期半月的全省安全生产大检查。此外，市县还会组织多次不定期的安全生产巡检，检查期间煤矿都要停产接受检查。近几年，由于国家对于环境的重视，各级环保部门也会开展各种专项治理针对煤矿进行抽查。如 2017 年，中央环保局督察组进行环保专项治理督查，对"散乱污"企业特别是煤矿企业进行巡视，重点检查煤矿环境是否有煤露天堆放、污水乱排放等问题。① 南矿因短期销路不畅，煤仓爆满而不得不停产，以前煤仓爆满时，一般会进行露天堆放，南矿有三个煤仓，一个煤仓储煤 5000 吨，一共可储煤 15000 吨，这些藏量只是南矿 4 天的生产量，在环保督查组的巡视下，南矿不得不进行阶段性的停产放假，在煤仓空时进行生产，煤仓满时停产，直到环保督察组离开。

行政干预、市场环境以及煤炭生产内部环境等因素的影响，导致南矿每年因各类停产加起来一年少则两个月，多则四五个月，在这种情况下，灵活和低成本的包工制往往成为企业生产与人事用工制度的首选。

### （三）垫资运行

学者们在研究建筑业包工制时发现，一个建设项目启动与实施

---

① 《环保督查愈演愈烈，还有几个煤矿能挺住？》，中国煤炭新闻网，2017 年 9 月 9 日，http：//www.cwestc.com/newshtml/2017 - 9 - 9/477641.shtml，访问时间：2017 年 12 月 10 日。

的过程，就是一个逐级垫付、资本卷入的过程，通过垫付式的施工形式，一方面缓解了上游企业以及土地资本的资金困难，降低了虚拟资本运营的压力；另一方面也加剧了大规模欠薪情况的发生（蔡禾、贾文娟，2009；潘毅等，2010；任焰、贾文娟，2010；亓昕，2011）。包工队的垫资运行不仅在建筑业存在，在煤炭业也大量存在，在南矿各个包工队垫资运行十分普遍，这在承包协议中也有明确规定：矿方每月25日左右给各工队发放月工资，50%的工资现金发放，剩下50%的工资，其中40%的工资进行承兑，余留10%的工资作为质量保证金，质保期为1年，到期后将归还给各工队。在煤炭市场不景气，南矿周转资金困难的情况下，南矿为维持再生产常常会拖欠包工头工资。而为防止因拖欠包工头工资导致包工队工人出现上访或者其他事件，南矿还特别要求各包工头必须按月给包工队工人发放工资，不得拖欠，假如拖欠引发讨薪事件，给南矿带来不良影响，将会取消包工头的承包资格。因此，南矿在选择包工头时，也会选择一些资金比较雄厚的包工头，南矿现有的四个包工头，个人资产都比较雄厚，少则千万，多则上亿，即使南矿拖欠包工头工资，包工头也能按月给所属工人发放工资。当然，在煤矿资金充足时，包工头便会找南矿要账，南矿也会视情况而给予解决。

### 关于支付工程款的请示

尊敬的 H 总、W 矿长：

我队于 2004 年 11 月份来矿承建本矿 90 万吨改扩建矿井的井巷开拓工程，及 2#风井的打井工程，我队保质保量按时完成了矿上下达的各项任务，经监理部门验收工程合格率为 100%，并连续几年达到安全生产无事故，质量无次品，得到了全矿干部职工和监理部门的一致好评。

从 2010 年 10 月至今贵矿断断续续欠我队工程款，总计欠款为 1180 万元。由于欠款数额较大，给我队的正常运转带来很大困难，职工工资发放和大批原材料购进都靠贷款支付，直接影响到工人工资按时发放和原材料的购买，为了不影响煤矿生产的顺利进展，保证各项任务的圆满完成，请 H 总、W 矿长给予解决部分欠款，以便我队正常运转。

综掘一队<br>二〇一四年七月二十九日

可见，包工队的垫资运作有助于煤企在资金困难时降低或延后用工成本，从而维持企业的再生产。

煤矿现在还欠我们好几百万元工程款了，矿上也不是专门拖欠你了，也是比较困难。煤矿有钱了，老板就去拿一点，有钱了去拿点。我们现在用工人，第一个国家要求不能拖欠工人工资，第二个我们说白了包工队就是钱要比矿上硬一点，即使矿上不给我们工资，你说这个月开工资我们也能马上给大家开了，你这样用工人，管理这块才管用，现在都是钱说话了，没有钱谁听你的，就是这个事情。（ZQC，综掘二队后勤经理，20160906）

# 三　生产效率的提高

既有研究认为包工制有利于生产效率的提高，学者们从两个方面进行分析，一方面从用工方式角度出发，认为包工制下的灵活用工和弹性劳动，有利于灵活生产，因此大幅提高了生产效率，降低了成本（任焰、贾文娟，2010；潘毅等，2012：109）；另一方面从薪酬形式角度出发，认为包工制是计件工资制的发展形态，以计件工资为基础的劳动制度比计时工资更能够调动工人生产积极性，提高生产效率（王处辉，1999；向明亮，2016）。本书将从组织考核激励视角出发，在既有研究的基础上，探讨南矿包工制的生产效率。

激励就是组织通过设计适当的外部奖酬形式和工作环境，以一定的行为规范和惩罚措施，借助信息沟通激发、引导、保持和规划组织成员的行为，使之能够有效实现组织目标的活动（郭丽卿，2006；申喜连，2011）。激励问题是经济学研究的核心，激励理论主要是依据委托代理理论发展并逐步完善起来的。委托代理模型强调，基于委托方和代理方相宜的目标函数和信息不对称，组织设计的关键在于进行合理的激励设计，使得代理方的利益与委托方目标一致（原超、李妮，2017）。因此，委托代理模型在本质上是激励设计的问题，通过建立以代理人业绩为基础的激励型报酬方案，通过风险分担和激励兼容来激发代理人努力敬业（黄再胜，2005）。激励设计是有前提条件的，即必须存在合理可行的绩效测量机制对代理方的绩效做出评价，并以此为基础进行相应的奖励，绩效测量机制包括：客观绩效测量和主观绩效测量，前者指那些产出可量化的、不存在信息不对称情形下的绩效测量，后者指那些产出不可量化，或者存在信息不对称的情况下需要借助主观绩效测量，由考评者对雇员的绩效做出评价（廖飞等，2008）。不同的治理模式影响组织间"委托代理"关系结构以及组织的激励强度。霍尔姆斯特姆和米尔格拉姆将企业组织视为一个激励系统，他们从资产所有权、激励契约和任务分配三个角度对发包制和雇佣制的激励效果进行分析。发包制中，承包方拥有资产所有权，给定发包企业支付的价格，承包方所耗费的成本越低，净收益越高，所以作为代理方的承包方面对来自作为委托人发包方的强激励，而雇佣制下雇员的薪酬是弱激励的，薪酬与企业绩效的相关性较弱（Holmstrom & Milgrom，1994；周黎安，2014）。

南矿矿方与各包工队属于典型的委托代理关系，作为委托方的矿方为了使各包工队更好地完成自己下达的生产计划，制定了以绩效评估为基础的激励机制，对各包工队进行绩效管理。矿方主要采用两种激励机制：一是经济激励。矿方与各包工队对于承包工程的工资结算主要实行产量包干制，综采队实行吨煤包干制，一吨煤给

予综采队 18 元，综掘队实行进尺包干制，一平方米给予综掘队
255.6 元，本质上是一种计件工资，各包工队的工资多少与他们各自
的产量高度挂钩，即矿方给定产量单价，各包工队的薪酬与他们的
绩效高度相关，属于典型的强激励分配。二是考核激励。该种激励
是委托人保证代理人努力工作以完成目标的重要控制机制，矿方在
月底对各工队的绩效进行考核，并对绩效较好的工队进行额外的经
济奖励，对绩效较差的工队进行相应的经济处罚。如综采队超额完
成的产量，超出部分每吨奖励原价的 10%，综掘队超额完成的产量，
超出部分每米奖励原价的 10%，未达标的将在月底考核中扣分。矿
上之所以能够设计上述的激励机制，主要是鉴于煤炭行业生产绩效
的可测量性，产煤量和进尺数是一个客观量化的绩效指标，是非常
易于测量和评估的，几乎不存在什么信息不对称，而且评估考核成
本非常低。在矿方强激励刺激下，各包工队都非常努力地去完成生
产任务，并追逐超额利润。

> 其实都不用煤矿监督我们干活，反正干多挣多，干少挣少，
> 我们心里都有数。矿上平均每月给我们下达的产量为 10 万吨，
> 只要生产顺利我们都能完成，一天差不多能割 6 刀煤，一刀 900
> 吨左右，一天能产 5000 多吨，有时候能够采到 6000 多吨，一
> 个班采两三千吨煤。这还是矿上运输系统能力有限，跟不上我
> 们采煤系统，我们还得搞慢一点。这个月就是停停干干总共干
> 了 20 多天，也还能产 10 万吨煤，生产顺利的话，有的月份一
> 个月我们能产 13 万吨煤。我们干的少了还不行，一个矿上要
> 罚，还有一个矿上跟我们是吨煤包干，干的少了养活不了这么
> 多人呀，老板还要利润了，不可能亏本干，是不是。（YSX，综
> 采队生产队长，20170425）

> 这两年形势不怎么行，老放假，挣不了什么钱。我们工队
> 是按进尺算账，去年单价又降了，而且今年材料费涨得厉害，
> 将近翻了一番呢，以前锚杆一根最低 17 块钱一根，现在涨到二

十六七块了，一根涨了十块钱，钢铁涨得厉害了。虽然矿上给的任务是一个月180多米，一天平均下来是7米左右吧，但是在现在这个形势下，一个月如果干不到200米，利润率就很低，甚至就要亏本了，所以只要生产正常我们就多干一点。（YXD，综掘二队包工头，20170422）

矿方使用强激励机制来促使各包工队完成生产计划，各包工队在具体执行过程中也采用了激励手段来确保工人们努力工作。对于以挣钱为主要目的的井下工人来说，经济激励是最为有效和使用最多的方式，有效的薪酬结构能产生强大的激励效应，各包工队内部制定了能够将工人们的薪酬和他们的"努力"直接挂钩的薪酬体系（赵公民、李欣，2008）。经典代理理论的激励与保险权衡假设认为，风险是影响企业薪酬形式选择的一个重要因素，当生产过程中不确定性的风险较大时，计件工资难以为雇员所接受，故而权衡的结果是偏向保险功能强的计时工资；当风险程度较小时，员工愿意接受计件工资，薪酬形式又会偏向激励功能较强的计件工资（张风林，2008）。各包工队因风险程度不同而选择的薪酬形式也不尽相同。综掘一队和综掘三队井下巷道地质条件较好，生产影响较少，相对来说风险程度较小，因此他们主要实行计件工资，但井下生产毕竟存在其他许多不确定性，所以并不是实行单纯的计件工资，还辅以计时工资和奖金。当每班进尺少于等于2.5米时，整个班将按杂工计算，即实行计时工资，工人日薪为170元，跟班队长和综掘机司机为工人的1.5倍工资；当大于2.5米时，按进尺计算，一米650元包干；当大于4米时（包括4米），在650元的基础上，一米奖励200元。

我们给工人也是按进度，按米算钱的。辅助工按天算，一天差不多两百块钱，搞掘进的按进尺的话两百七八，按米算，掘得越多挣得越多。一般干一米六七百吧，一个班可以干到三到五米，一天干十来米，你比如说你今天多干了一米或者两米，

上来老板除了正常工资以外，会多给三百两百奖励钱。（FCZ，综掘三队经理，20160906）

我是邻县人，跟着老板已经干了好几年了，一直在开掘进机，老板人不错，不拖欠工资，月月能够发了。俺们是计件工资，干多挣多，干少挣少。下井的人只要正常，都想多挣点儿，所以，不用老板操心，不用领导操心，自己就想多干点。只要没有什么特殊情况，就多干点，每个人的心里都一样的，但凡今天来上班就是想多挣点钱。本来下井就有点危险，既然下来了，当然是能挣三百不挣二百。（ZZG，综掘三队综掘机司机，20170412）

综采队和综掘二队所在工作面瓦斯较大，生产的不确定性较大，常常会因瓦斯高而停工或者生产缓慢，此外综采队还会因煤炭市场萧条企业销售不良导致煤库爆满滞销而停产，因此相对其他两个综掘队，综采队和综掘二队生产不确定性最大，面临风险程度最高，所以实行计时工资制。但为了能够调动工人的积极性，他们所实行的计时工资并不是每天固定，而是一种计时工资的变种形式，介于计件工资和计时工资中间的一种形式，即岗位考核评分制。评分以工人当天完成的任务量为依据，当没有完成任务时，当班工人相应会减分，当超额完成任务时，也会相应增加分，月底后勤经理会根据当月的生产绩效评定每分对应的价钱。各工队通过不同的薪酬形式来激发工人的生产积极性，工人们在强激励的刺激性下努力生产，甚至为了能够获得更多的报酬而进行"赶工游戏"。

我们不按吨煤工资给工人，你看有的时候矿上影响了，不产煤或者产煤少，这样一个月下来工人挣得少，他们就要走了，所以不能这么干，得综合考虑。我们有个参照，比如这个月出煤出得多，工资给你高点，下个月出煤出得少，我不能给你很低呀，我要给你降一点点，比如上个月你能拿6000元，这个月给你

5500 元，你不能上个月给你 8000 元，这个月给你 4000 元，人的心理落差很大的，得有一个标杆在这里，我们可以高一点，低一点，基本平行的东西上下波动一些，然后整体一年下来还是比较持平的，这样才能吸引人，要不工人流动太大，产煤多了都来了，产煤少了都走了，那就弄不成。　（TYL，综采队经理，20170418）

我们只有后勤工资是固定的，工作面是按进尺有浮动的。我们不是死的，你比如说这个月杂活多了，进尺少了，劳动强度在这里了，也不是必须按进尺，但进尺多了你肯定是多劳动了，肯定要多给你一点。基本上大部分按天是固定，考虑一天是多少钱，然后看你工作量，小了给你拉一点，大了可能给你浮动点，但是差距也不是特别大，这样高的工资才能把人的积极性调动起来了。不能按米算，按米算怎么算，要是一天搞不上进尺呢，怎么办？人们还不都跑光？人不稳定，他就干不好活。（LB，综掘二队大队长，20170425）

在强激励下，各工队基本上每月都能完成矿方下达的生产任务，甚至超额完成。可见，使用包工制不仅能降低用工成本，还能提高生产效率和劳动产量。

## 四　安全责任风险的转移

为应对严峻的安全生产形势，国家从 2004 年开始建立安全生产控制指标体系①，对各级政府的安全生产工作进行考核（Chan &

---

①　国务院安全生产委员会负责制定每年的安全生产控制指标，并把指标下放到各省，各省通过层层签订责任状、逐级分解控制指标，把责任量化到市、县及相关部门和企业。

Gao，2012）。煤矿事故死亡人数控制指标作为安全生产控制指标体系的重要构成，由省煤炭厅层层分解到市、县及相关部门和企业。在县里，县安全生产委员会给煤炭局下达安全生产目标责任状，煤炭局又给煤矿下达安全生产目标责任状，实行安全生产"一票否决制"[1]。南矿企业法人、矿长、主管安全的副矿长还要与煤炭局签订安全生产承诺书，承诺全面承担安全生产管理职责，若违反承诺导致责任事故将受到相应处罚。除此之外，如果发生死亡事故，还要对煤矿及相关安管人员进行处罚。《安全生产法》规定，发生生产安全事故，对负有责任的生产经营单位除要求其依法承担相应的赔偿等责任外，由安全生产监督管理部门依照下列规定处以罚款：发生一般事故的，处二十万元以上五十万元以下的罚款；发生较大事故的，处五十万元以上一百万元以下的罚款；发生重大事故的，处一百万元以上五百万元以下的罚款；发生特别重大事故的，处五百万元以上一千万元以下的罚款；情节特别严重的，处一千万元以上二千万元以下的罚款。[2]《生产安全事故报告和调查处理条例》规定，事故发生单位主要负责人未依法履行安全生产管理职责，导致事故发生的，依照下列规定处以罚款；属于国家工作人员的，依法给予处分；构成犯罪的，依法追究刑事责任；发生一般事故的，处上一年年收入30%的罚款；发生较大事故的，处上一年年收入40%的罚款；发生重大事故的，处上一年年收入60%的罚款；发生特别重大

---

[1]　煤矿与煤炭局签订安全生产工作目标责任书，年终县局对考核单位进行全面考核，考核采用百分制，考核得分在85分以上者进行表彰，75分以下者进行通报、批评、处罚，存在否决项目的不予奖励。考核分七大项，分别是主要指标（矿井无死亡事故）10分、安全管理25分、现代化矿井建设10分、六个标准推进实施15分、行业科学管理30分、文化强矿6分、其他工作4分。其中主要控制指标，矿井无死亡事故为否决项，只要煤矿有死亡事故就不会奖励，且要受到相应的处罚。特别是不能出现重大事故，如果出现重大安全事故，不仅企业的相关负责人要受到处罚，县市相关负责人都要受到处罚。

[2]　具体参见2014年《中华人民共和国安全生产法》，中华人民共和国主席令第十三号。

事故的，处上一年年收入 80% 的罚款。[1] 可见，国家对于安全生产的重视和处罚力度之大，但经济处罚对于一个煤矿来说都是相对较小的成本，最让煤矿承受不起的是发生事故之后的停业整顿，南矿安全矿长讲道：

> 发生安全事故后，最重要的不是什么赔偿和罚款。你看啊，假如发生了一般事故，矿上给工人都交了工伤保险了，给工人的赔偿大部分工伤保险中心就赔了，矿上只是出一小部分。安监局还要对矿上罚款哇，一般也就是二三十万，这罚款也不多。最让矿上担心的就是，上面要让煤矿停业整顿，停了容易，想复产可就难了。一整顿各种麻烦事情就来了，各个监管机构都要过来检查，你要是平时好好没问题什么也好说，要是有了安全事故，谁家也不敢轻易放你过关，都开始应付你呀，你得天天跑去找政府单位签字，光签字你就得找十几家部门哇，中间花费的精力就不说了。发生一次事故，停业整顿最少也得一两个月哇，要是碰上风气紧的时候，最起码得三四个月才能复产了，你想想停个三四个月对矿上影响多大了，你就按现在一吨煤 300 块钱算，四个月你还不产 40 万吨，你这就损失一千多万元了。你当是停业整顿放假后，矿上自己的工人你该发生活补助这个要发吧，各种保险还要交吧，再加上复产验收的各种活动费用，你最起码也得 1500 万元左右哇，你看看多厉害了。这还没完了，以后要是一遇上什么安全检查，或者停产减产，首先想到的肯定就是你这些发生过安全事故的煤矿，以后你这个日子就不好过了，三天两头来查你，你就不好生产了。（FJB，安全矿长，20170315）

---

[1] 具体参见 2007 年《生产安全事故报告和调查处理条例》，中华人民共和国国务院令第 493 号。

在这样的安全生产环境下，矿方不断加强安全监督，但煤矿生产毕竟是一个高危行业，人为因素和非人为因素导致生产的风险不确定性很高，矿方为了实现利润最大化，风险最小化，把不确定的安全责任风险向下转嫁给各包工头，从而来转移安全风险（亓昕，2011；潘毅等，2012：139）。矿方在与包工头签订的承包协议中明文规定，发生伤亡事故，各承包单位负责发生的一切工伤事故的经济赔偿和善后处理等全面工作。矿方和包工头之间关于安全事故的契约实质上相当于一种"安全事故包干制"，类似于政府治理中的"属地管理责任"，地方政府必须管理和承担发生在管辖内的各种事物，以承包人的无限责任代替代理人的有限责任（周黎安，2014）。通过安全事故包干制，矿方要实现两个目标：一是促使各包工队认真履行岗位安全生产责任制，按规作业，阻止或减少安全事故的发生，达到安全生产的目的；二是转移安全责任风险，降低成本，即使发生伤亡事故，矿方也不再承担任何责任，全部由各包工队自行承担，但矿方拥有处理事故的最终指导权和否决权。对于第一个目标很好理解，简单而言就是通过承担安全事故的责任和费用来倒逼各包工队加强安全生产的管理。第二个目标还需要其他的治理手段方能实现，对于工伤事故而言相对简单，按照国家规定的正规程序办理即可，申请工伤鉴定，工伤保险中心赔付绝大部分补偿金，剩下的由所在工队赔偿。对于一般死亡事故就相对复杂一些，如果按照国家正规程序上报，煤矿便会面临高额的处理费，不仅相关人员和煤矿要被处罚，而且煤矿也要强制停业整顿，这是每个煤矿都不愿意见到的结果。在此情况下，私下处理对于煤矿来说就是一个成本非常小的办法，虽然私下处理将不能再使用工伤保险，但处理费用由所在包工队承担，矿方也不会有损失。通过私下处理，安全事故便消解在煤矿内部，矿方避免了因走正规渠道带来的各种风险。在当前高压的安全问责形势下，安全事故的非正规处理正是包工队最吸引煤矿之处。包工头雄厚的资本有利于用经济手段摆平事故，此外包工队这种以外地人为主形成的群体，由于生活习惯、语言等不同从而导致的区隔，能够防止安全事故的泄露，从而保证非正规处理的有效性，这也是矿方禁止各包工队在井下一线使用本地人的重要原因。包工制有利于转移安全风险，这也是当前煤矿使用包工队最重要的原因，笔者在访谈中，当问到为什么要使用包工队时，这也是回答最多的原因。

> 为什么要用包工队了，主要是有一个好处，一旦出了事故好处理，一下拉到外地跟人家家属私了就行，要是本地人了，家属来的号号哭哭地闹得满城风雨了，这个就不好办了。上个月县里那个煤矿有个外包工人工伤死了，私了的，给了200万元，不敢上报，出了事故就要停矿，又得验收，复产验收，最少几个月，不知道什么时候，有事情赶紧私了，能多给点钱，也不能让声张。　（YSR，调度室原主任，现任后勤矿长，20160906）

> 私了的工伤保险就不赔啊。没有上报怎么赔偿啊，保险公司很高兴，报了就把煤矿停了。开开煤矿可不容易了，再让复产可难了，所以宁愿自己私了也不申报，就是指标内也不行。上次矿上自己井上运输系统出了事故，主要个人原因造成的，就上报了，上面对煤矿进行处罚，相关人员都要罚款，说的是要停矿，后来没停，主要是井上出的事，要是井下出事了，肯定要停矿。直接负责人，科长罚5000元，副总、矿长1万元都被罚款，本来还要逮捕他们，把他们吓坏了，查了好长时间，矿上抓紧交了罚款才没事了，要不然真的查下来，集团安全副总、矿长、安全矿长、科长、队长，一连串责任人都要拘留。上次安全副总跟我说不想干这个活，想换个职位，担子大，担的风险太大了，搞不好就把自己弄得坐牢了，20万元不好挣。（LLP，劳资科科长，20141105）

其实对于包工头来说，他们也并不想承担安全事故的处理费用，但在与矿方的谈判博弈中，他们是处于劣势的一方，在煤炭市场竞争激烈的环境下，他们不得不承担起煤矿转嫁过来的安全风险。

> 井下出事了，都不敢上报，报了矿上罚款，矿上停下了，这样损失更大了，这个钱谁买单呀？各个工队自己买单。你没办法，现在最少都是一百二三十万的事情，那也得给钱，自己买单，矿上什么风险也不承担，我们工队成了"背锅侠"了。但是这个市场就是这样的，包工队在哪里都得承担风险，我们也跑了这么多地方了，都是一个样，要不人家煤矿花钱用你干啥，我们工队就要满足矿上的需求。它既然存在肯定有它存在的合理性呀，只有不断满足新的需求，我们工队才能在夹缝中生存下来。(TYL，综采队经理，20170417)

## 小　结

本章主要从管理责任、用工成本、生产效率和安全责任风险四个方面对包工制的功能进行了分析。在管理方面，矿方把工队工人的管理权下放给包工头负责，由此矿方无须负责工队工人的生活安排、工作安排、生产管理、工资分配等一切人事管理的烦琐事项。这一方面有效降低了矿方的管理幅度，提高了管理效率，从而将有限的精力放在煤矿安全与销售方面；另一方面，还能有效解决井下管理和技术工人短缺的现状，而且可以节省大量中等管理人员的报酬，从而降低劳动管理成本。此外，把繁重的管理责任转移给包工头，使矿方不在具体面对大量工人，有利于转移劳资冲突，把冲突限制在各包工队内部。在用工成本方面，包工制具有去福利化、灵活性和低成本的特点，可以有效地转嫁用工成本。一方面，矿方无须给工队工人缴纳社保和提供福利，从而有效降低用工成本；另一方面，包工制这种"召之即来，挥之即去"的弹性用工方式非常符合煤炭行业弹性生产的需要，煤企可以根据生产任务的需要随时调整工人的数量而不需要付出多大成本，从而降低企业的用工成本，满足资本对于弹性生产积累最大化的要求。此外，在煤企周转资金困难的情况下，包工制还能够垫资运行，使企业在经济困难的环境下维持再生产。在生产效率方面，一方面，矿方制定了以产量包干制为基础的强激励机制来促使各包工队积极完成生产任务；另一方面，各包工队内部也实行了与产量相关联的薪酬制度，通过强激励极大地调动了工人的生产积极性，有效地提高了生产效率和劳动产量。在安全责任风险方面，煤企通过安全事故包干制，成功地把安全责任风险转嫁给包工头，降低了自身的安全责任风险。

由此可见，包工制既能转移企业的管理责任和安全责任风险，又能转嫁企业的用工成本，还能提高企业的生产效率，满足了煤炭行业受自身环境、市场环境和政治环境等因素形塑的要求，契合了资本对于收益最大化，风险最小化的要求。因此，其虽然在制度上不合法，但却普遍受到煤炭行业的欢迎，在南矿乃至其他大部分煤矿实质性存在，并不断发展。通过对包工制运作功能的分析，也进一步揭示了包工制权力利益上收与责任风险下移的运作机制。虽然包工制的这种运作机制带来了诸多绩效，但同时也带来了大量的问题和困境。

# 第 五 章

# 包工制下的工人权利状况及其困境

包工制的权力利益上收与责任风险下移的运作机制满足了矿方收益最大化、风险最小化的要求，但是这套运作机制同样带来了不少问题，其中之一就是工人的权利问题，即包工队工人的合法权利得不到保障，屡屡遭受侵犯，这也是外包容易带来质量问题的一个方面。虽然说即使是南矿正式工人的合法权利也会遭受侵犯，但与包工队工人相比较两者之间存在着巨大差异，后者几乎享受不到法律赋予的大部分合法权利，实际上是煤炭企业中的"二等工人"，这也正是包工制能够低成本运作的原因所在。矿方作为委托方，在效率逻辑的支配下，在把工人管理权下放给承包方包工头之后，相应把本应自己承担的保障工人权利的责任也转嫁给包工头负责。矿方除监管包工头是否按时发放工资外，其他的事务几乎不再管理，都由包工头全权负责，矿方的注意力全部集中在包工头能否按时完成生产计划，而对于包工头如何管理工人，是否侵犯工人的合法权利则不在矿方的考核范围内。因此，在缺乏监管约束的情况下，面临着硬预算约束，自负盈亏的包工头在收益—成本的理性考量下，自然会通过侵犯工人的权利来降低用工成本，从而获得最大收益。因此，本章将从包工队工人的权利状况、工人的行动表达以及矿方和包工头的应对策略这几个方面来详细分析包工制下工人的权利困境。

# 一　包工队工人的权利状况

中国对于劳工权利保护十分重视，国家通过积极的劳动立法来规定工人在雇佣关系中有关工资、合同、劳动条件和社会福利等各项经济性的权利，以及解决劳动争议的程序（陈峰，2009）。《劳动法》《劳动合同法》这两个最重要的法律对工人享有的基本权利做了具体规定。《劳动法》第三条规定："劳动者享有平等就业和选择职业的权利、取得劳动报酬的权利、休息休假的权利、获得劳动安全卫生保护的权利、接受职业技能培训的权利、享受社会保险的权利、提请劳动争议处理的权利以及法律规定的其他劳动权利。"本节将从劳动合同权、休息休假权、劳动安全卫生保护权以及社会保险权这几个最重要的权利出发，详细地论述南矿包工队工人的权利状况。

## （一）劳动合同权

《劳动合同法》是我国继《劳动法》颁布以来最重要的劳动法律，它的颁布与实施是中国劳动关系发展史和法治史上一个重大事件，它在劳动法制史上发挥了承前启后的作用。这一法律的实施，极大地促进了中国劳动合同制度的完善，并为今后劳动法律体系的建构提供了基础（常凯，2008；常凯、邱婕，2011）。《劳动合同法》的制定主要是为了明确劳动合同双方当事人的权利和义务，保护劳动者的合法权益，构建和发展和谐稳定的劳动关系。《劳动合同法》明文规定，用人单位自用工之日起即与劳动者建立劳动关系；建立劳动关系，应当订立书面劳动合同。2013 年南矿投产之前，南矿与包工队是正式外包关系，南矿与包工队所属企业签订承包合同，包工队工人由其所属企业管辖，应与其签订劳动合同，基本上跟南矿没有关系。由于包工队只是挂靠企业，企业只与包工头签订承包协议，并不与其所属工人签订劳动合同，而包工头也只是与工人进行口头协议，这是典型的层层分包和转包劳动体制，在这种用工体制下，工人往往把包工头当成自己的老板，遮蔽了真正的劳动关系，导致工人的合法权益无法得到保障（潘毅等，2010）。

> 煤矿没跟俺们签过合同，俺们跟煤矿没多大关系，什么事情都是自己老板说了算，老板也没有跟俺们签过合同，工钱都是口头说定的。来上班之前，老板就说好了一天多少钱，或者进一米多少钱。社保和其他福利俺们也没有，反正有什么事情找老板就行。俺们工队老板就是俺们的老板呀，他招俺们过来，管俺们，给俺们发工资，他当然是老板了。（LYB，综掘三队皮带工，20130805）

> 矿上不跟工队工人签合同，他们是归包工头和他们公司管理，不归矿上管，矿上只是负责统计花名，其他的事务一律不管，跟矿上没有什么关系。（LLP，劳资科科长，20130816）

从上面的案例可以看出，在2013年之前，无论是南矿还是包工队所属公司都没有与工人签订劳动合同。2013年，南矿正式投产以后，由基建矿井转变为生产矿井，按照国家相关规定，生产矿井采掘一线禁止使用外包工队，为了顺利通过验收，早日投产，南矿不得不改变以前的通用做法。南矿解散项目部，组建自己的采掘队伍，把原来的外包工队直接吸纳过来转化为自己的队伍，包工队对外宣称为南矿自己的队伍，对内实际上还是承包关系，工队工人由包工头自行招募和管理。与以前不一样的是，从法律层面上来看，工队工人此时转变为南矿管辖的工人，南矿是法定的用人单位，包工头只是拥有矿方下放的管理权。由于南矿验收中有劳动用工部分，它要求实现签订合同率100%，为了能够顺利通过验收，南矿开始与工队工人签订劳动合同，但矿方签订劳动合同的目标只是应付劳动部门的检查和防止工人诉诸仲裁委员会或者法院时的凭证，并不是真

正想保护工人的权益。为了降低签订合同带来的用工高成本，矿方
与包工头在承包协议中明确规定，工队工人的所有费用仍由包工头
自己负责，包工头也不得告诉工人，矿方与他们签订有劳动合同。
劳动合同全部由矿方自己来代签，不经过工人之手，合同的内容也
全部由矿方填写有利于自己的内容，如工时、工资、保险等条款全
部填写符合法律最低要求的内容，特别是在工资这项中，矿方只给
井下工人填写月工资为 2000 元，而实际井下采掘一线月平均工资都
在 4000 元以上。按规定合同应该一式三份，工人一份，用人单位一
份，当地劳动部门一份，在南矿只有两份，工人自己手中没有，这
样的合同其实就是"霸王合同"，也是违规合同。对于这样签订合
同，劳资科科长谈道：

> 　　现在煤炭局、劳动局查得特别严，全矿的工人都订了合同。
> 这个合同怎么说呢，说真也是真的，说不合规定也可以这么说。
> 我们矿没有订集体合同，订的是个人合同，合同大部分都是 3
> 年期限，合同应该是一式三份，劳动局一份，煤矿一份，工人
> 一份，我们订的是两份合同，只有劳动局和煤矿这两份，工人
> 们本人手上没有，其实矿上主要为了应付检查。除了 2007 年让
> 工人们自己签字外，其他时候都是矿上代签，这个上面有指示
> 的，不敢让职工来签字，一签就有争议了。煤矿工人懂法的人
> 很多，矿上跟工人们之间违法的太多了，不知道还好，看了怎
> 么办，还不闹翻天？所以领导就不让工人们签，这个签合同是
> 保密的，工人们不知道自己到底订没订，也很少有人来问。劳
> 动局年年下发很多法律文件，让工人们学习法律，我们都放在
> 库房里，不敢给工人们发，不懂法律还常去上访，要是都懂法
> 了，怎么办？还不天天去告状？这个劳动局也不查，反正给了
> 他们书钱就行。（LLP，劳资科科长，20141103）

由于签订合同是保密的，这一时期，工队工人几乎不知道自己

与矿方签订有劳动合同，当笔者在调研中问及工人有没有劳动合同，谁是你们的老板，你们与矿方有没关系的问题时，工人们给出了他们自己的答案：

> GWX：签合同呀，谁给你签合同，矿方没有跟我们签过，我们是外包工，跟人家矿上没多大关系。
>
> ZYJ：我们也不知道有没有合同，反正是没见过那玩意，我们直接跟老板打交道，不和矿方打交道，老板跟矿上对口，有事反正找老板就行。
>
> LWL：我们都是跟老板有口头协议了，那个合同签不签没多大意义，都是霸王条款，对我们没什么作用。
>
> GWX：我们几个也算懂法，你看看《劳动合同法》写得多好啊，多全呀，要是真正按照《劳动合同法》来执行，那就很好了，就是下面不执行，你有什么办法。（群体访谈：GWX，综掘三队支护工；ZYJ，综掘三队支护工；LWL，综掘三队跟班队长，20170415）

从工人们的话语中可以看出，他们都不太清楚自己是否有劳动合同，但是非常希望能够签订一份可以保护自己权益的真正合同。此外，他们还是把包工头当作自己的老板，在他们看来，谁招募、管理他们，给他们发工资，谁就是老板，而并不是从法律层面来看待这个问题。

### （二）休息休假权

《劳动法》规定，国家实行每日工作时间不超过八小时、平均每周工作时间不超过四十四小时的工时制度①，并规定企业因生产不能实行上述规定时，经劳动行政部门批准，可以实行其他工作和休息

---

① 具体参见《中华人民共和国劳动法》第三十六条。

办法。煤炭企业因生产特点实行年工作日 330 天，为降低井下工人工作强度，南矿所在省早在 2008 年就出台了《省煤炭企业办矿标准暂行规定》，规定煤矿企业井下作业人员每周工作五天，并推行四班六小时工作制，废除原来的三班八小时工作制。在南矿 2013 年投产验收时，上级主管部门也批准了南矿实行"四六工作制"，在劳动合同中也清楚写着每周工作时间不超过 44 小时，每月平均工作时间为21.75 天，但在实际运行中南矿却依然实行"三八工作制"，工人超时工作严重。对于为什么不实行"三八工作制"，南矿总工谈道：

> 上面要求要实行四六工作制，但是这么多年了，矿上也没有实际实行，这个成本太高了。本来井下一个队有 50 个人，实行以后，一个队最少增加 10 个人，全部加起来最少得增加 100多号人，你看看这个成本就不少了，反正上面查的时候，矿上提供的是四六工作制的花名。不仅矿上不愿意实行，这个包工头更不愿意改变，反正矿上给他的承包价是固定的，他自己用的人越少他就能挣得越多。反正矿上自己的井下工人都是在二线了，劳动强度本身就不大，8 个小时和 6 个小时没有多大区别，一线工人劳动强度大，这个区别就大了，包工头们还恨不得让工人们工作十几个小时，还给你实行 6 小时了？（XXN，南矿总工程师，20170417）

可见，为降低用工成本，矿方和包工头都不愿意实行"四六工作制"，就是"三八工作制"包工队也没有严格执行，工人的工作时间非常长，远远超过《劳动法》规定的时间，而且没有法定超额劳动的报酬。其一，包工队工人每天工作时间远超法定的 8 小时。笔者在前文中就曾提及，煤矿工人所说的 8 小时工作时间，指的是井下实际工作的 8 小时，如果从班前会、入井到升井洗澡这一系列完成之后，实际时间长达 12 小时以上，这远远超过法定的 8 小时工作制，甚至违反了《劳动法》规定的每天加班时间最长不超过 3 小时规定。一方面，超长工作导致工人长时间处于疲劳状态，对安全生产极为不利；另一方面，工人们并没有得到法定的加班工资。《劳动法》规定，安排劳动者延长工作时间的，支付不低于工资的百分之一百五十的工资报酬。[①] 在包工队实际执行中，每天工作 12 小时左右是十分正常的事情，这才是一个标准的工作时间，并不算加班，用综采队经理的话说："煤炭这个行业比较特殊，你在工作面时间最少为 8 小时，加上上下班花费时间，十一二小时很正常了，这个行业就这样你有什么办法，多出的时间你就权当无私奉献了吧。"（TYL，综采队经理，20170418）工人们对于超时加班也存在不满，并迫切希望实行"四六工作制"，缩短工作时间，降低劳动强度。

> WQH：夜班上十几个小时，人就顶不住。问题是你这个是编制 8 个小时班，8 个小时的班你成了 12 个小时，你就太超点超得厉害了，其实超这么多点，公家就不允许的了，开会矿上就不允许，煤矿是高危行业，下井后你就撑不住这个时间，人饿的。
>
> LRF：听说上面早就让实行四班工作制了，这里怎么还不实行？俺们前几年在那个煤矿干活就是四六工作制，一个月还能休息七八天了，挣的钱也不少，还是人家超大煤矿比较正规，按照规定来了，咱就盼人家煤矿把这里收购了，就能走上正规了，跟上工队老板你还想挣多少了，他还想多挣点了，给你越少越好。（群体访谈：WQH，综采队清煤工；LRF，综采队支护工，20170419）

其二，包工队工人几乎没有双休日和法定节假日。只要生产正常，工人就要天天上班，每一天对于他们都是"工作日"（潘毅等，2012：137）。煤矿企业是按照一年 330 天工作日计算的，这个工作

---

[①]　具体参见《中华人民共和国劳动法》第四十四条。

日对应的是"四六工作制"，而南矿实际实行的是"三八工作制"，如果企业生产顺利的话，这样下来工人每年工作时间至少都在300天以上，这远远超过法律规定的年最高工作日数。而且工队工人请假也是很难的，除非家里真有很重要的事情，否则一般不会让休假。此外，工人在双休日和法定节假日也没有法定的加倍工资。《劳动法》规定，休息日安排劳动者工作又不能安排补休的，支付不低于工资的百分之二百的工资报酬；法定休假日安排劳动者工作的，支付不低于工资的百分之三百的工资报酬。[①]包工头为降低用工成本并不给工人发放法定工资，双休日和法定节假日的工资与平时工资一样。对于为什么不给法定工资，包工头谈道：

> 咱是工队跟人家正规单位不能比，在这里上班就是上一天给一天钱。你说矿上自己正规哇，它也不正规，它也不给它自己工人双倍或者三倍工资。矿上跟我们签订协议时，算工钱的时候就没有把这些加班、周末加班工资算进来，我当然也没法给工人算了。再说了，在工队干活都是这样，哪里的工队也不发那个工资，咱只要能够正常给工人发了工资，不拖欠他们的就行，我自己有个原则，就是再困难也不拖欠工人工资。（ZSZ，综掘一队包工头，20160831）

矿上为了节省开支，在与包工头签订承包价格时本身就没有把加班工资计算进去，在效率逻辑的支配下，包工头自然也不会给工人发放法定加班工资。对于包工头不给发放法定加班工资，工人们说道：

> 俺们当然也想带薪休假，享受国家规定的休息日了，但是老板不实行，你也没办法不是，难道你还要去问问老板，他肯

---

① 具体参见《中华人民共和国劳动法》第四十四条。

定会跟你说，别人都没事，就你事多，不想干了回家去。跟上私人老板你还想甚了，能给你发了工资就不错，你还想什么休息，几倍工资？（GWX，综掘三队支护工，20170415）

可见，在劳动力极大丰富的情况下，没有权利的工人们只能处于超时劳动之中，不仅没有得到正常休息休假，也没有得到应有的劳动报酬。

### （三）劳动安全卫生保护权

劳动安全卫生保护权，是指企业有责任在生产和工作过程中保护劳动者的生命安全和身体健康。该权利是劳动者在实现宪法赋予的生命权和健康权的具体保障。煤炭行业作为一个高危行业，随时随地都有可能发生安全事故，严重威胁矿工的生命安全，而且煤矿井下一线潮湿、粉尘大、噪声大等恶劣的工作环境，导致它是一个职业病高发的行业，严重损害矿工的身体健康，由此，劳动安全卫生保护权对于矿工是至关重要的。南矿作为用人单位本应是保护矿工生命安全和身体健康的第一责任人，但为降低成本，却把相关责任交由包工头承担，而包工头为获得最大收益，很少履行矿方转嫁过来的责任，从而让矿工自己由此承担带来的各种安全风险，导致矿工的生命安全和身体健康受到极大威胁，这主要表现在以下几个方面。

在生命安全方面，首先，无论是矿方还是包工头，都很少给工人提供安全防护用品。工人井下工作所需的安全帽、绒衣绒裤、护目镜等安全防护用品都由工人自己购买，由于这些用品都是每天需要的，属于易耗品，需要经常更换，因此很多工人为了省钱，会购买比较低廉劣质的用品，在高危的环境下，很难防护自身安全。其他井下工作所需的工具，如矿灯、自救器和定位器等，虽然由矿方提供，但是矿方为了降低成本，常常提供一些过时或者过期的工具，安全隐患很大。管理这些设备的工人说：

我在充灯房工作，负责给矿工发放矿灯和自救器。你不要看这些是小设备，正用上的时候都是大牌场，但是领导们对这些就不重视，这些东西都有使用期限，按照规定过了期限就不能使用了，我跟上面反映过多次，矿灯、自救器都超过使用日期了，都是安全隐患，但都没有下文了。这个东西哇，平时不出事情没多大事情，你要是一出事故你看哇，问题就大了，正要用自救器了，这个东西过期了，里面根本就没有氧气了，本来还有生存的可能，这不是就拉到了。超过安全期，出了事故，肯定要追究灯房责任，咱必须先申明，申报了领导让继续用，咱再说，没有自己责任了，毕竟咱是第一责任人。这个情况广泛存在，你看这个小的安全隐患多得是，都是小的隐患引发大的。这里好多东西都是形式，你那个自救器过期不能用了哇，那么重个东西每天还背那个干啥，光增加重量了，就是为了应付检查了。（LYM，充灯房矿灯发放工，20141107）

**工人们对这些不合格的设备也有很大的不满，一位矿工谈道：**

你不说大的事，就说是矿灯，不是说了，真没话说，按半天都不亮，还让工人干活呢，瞎弄了，都是些安全隐患。井下工人们，有时候拿上个不好的灯了，凑合一下，你想想井下黑乎乎，全靠矿灯了，矿灯就是你的眼睛，拿个好灯还怕工伤，更何况拿个坏灯，甚也看不见，那不工伤越多？我那个自救器用了四五年了，按规定只能用3年，里面的液压氧，早就不能用了。这里就瞎用吧，我们反映也没用，矿灯自救器上的数字都看不清，下井登记有时候笔都写不上，就是矿灯该换了，充灯员说瞎胡用吧，我们也没办法，矿上不给换，矿上大部分都是凑合了，用的都是一些过时影响工作的东西。（JWL，综掘三队支护工，20160907）

其次，矿方安全监管不严，包工头及其手下工头违章指挥，增加了安全风险，导致煤矿工伤事故不断，这些都威胁着矿工的生命安全，在本书第六章将会详细介绍，这里不再累赘。

在身体健康方面，工队工人职业病隐患严重。近年来，我国安全事故死亡人数不断下降，但煤矿职业病报告病例却不断增加，2013 年煤矿职业病报告病例高达 15078 例，是同年煤矿事故死亡人数的 14 倍，可见煤矿职业病形势十分严峻（何国家、徐伟伟，2014）。煤矿生产地质条件复杂，工作环境恶劣，存在着粉尘、噪声、潮湿、毒物等多种职业病危害（曲双翼等，2012；何国家、徐伟伟，2014），在国家《职业病分类和目录》所认定的 10 类职业病中，井下工人是其中 6 种职业病的潜在受害人群，这些职业病严重威胁矿工身体健康和生命安全。[①] 然而由于许多职业病属于慢性病，有的往往数年才开始发作，而不是一下就出现，在上级管理部门没有严格要求的情况下，矿方并不重视，再加上包工队工人流动性很大，在效率逻辑的支配下，矿方和包工头更加不重视职业病的防护。下面将重点分析几种职业病情况。

第一，粉尘引发的尘肺病是煤矿行业最为严重的职业病。尘肺病是矿工在井下作业过程中吸入粉尘而发生的肺组织纤维化为主的疾病。井下机械化水平越高，工作面粉尘浓度就越大，而且南矿属于高瓦斯矿井，必须通过足量的风来稀释瓦斯，风大自然就导致粉尘更大。面对如此恶劣的环境，南矿并没有提供足够的防护用品，防护粉尘最佳的方法有两种：第一种方法是作业时佩戴防尘口罩，而南矿每月只给每个工人发放两只口罩，包工头也不会发放口罩，这些口罩远远不够，由于煤尘过大，工人们一般一天就得使用一只口罩，剩下的口罩都需工人自己购买。按照要求口罩必须是防护级

---

① 这六种职业病分别为尘肺病、噪声聋、化学气体中毒、手臂振动病、痤疮、滑囊炎，具体参见《职业病分类和目录》。

别最高的那种，当然这种口罩价格相对来说就比较高，而且由于防护比较好，佩戴之后呼吸比较困难，特别是工人从事重体力活时呼吸会更加困难，不利于开展工作。在这种情况下，工人们一方面会买价格比较便宜且容易呼吸的那种口罩，另一方面如果工头要求赶工时，在作业时干脆就不戴口罩。第二种方法是往煤层中注水，往工作面洒水，让煤层和空气保持湿润状态，从而来降低粉尘。但是由于每次注水往往花费很长时间，为提高生产效率，包工头及其下属班队长往往只在每班工作之前向煤层注水一次，而且洒水量也很少，因此，降尘的效果不佳。以上这些都导致了工人们每天必须面对大量的粉尘，他们或多或少都患有肺病，在矿上每年例行的体检中，好多一线工人都查出有轻微的肺病，只是矿上并不把体检报告告诉工人们。

## 南矿2015年接触职业病危害因素作业人员
### 职业健康检查总结报告

用人单位：南矿

职业检查机构：市第二人民医院

体检地点：南矿

职业健康检查资质：省卫职健检字【2009】第124号

检查类别：在岗期间

职业病危害因素种类：粉尘

检查时间：2015年3月11日—2015年3月15日

······

三、体检项目

肝功 内科常规检查 血清 ALT　尿检　心电图　高千伏 DR 胸片肺功能 听力

四、体检结论

本次体检应检人数591例，受检人数591例，根据《职业健康监护技术规范》（GBZ188—2014）要求对受检人员体检结果进行综合分析，体检结果需复查肺功能 32 例，其他疾病或异常 166 例，目前未见异常 401 例，疑似职业病 2 例，建议尽快到有职业病诊断资质的机构（市医院或市疾控中心）进行检查。

五、处理意见或建议

对每一位受检者的体检结果，我们在《职业健康检查表》中有详细记录，建议用工单位根据体检结果做好健康管理工作，将体检结果及时通知受检本人，以便了解该作业之前的健康状况，为劳动者岗位安排提供科学依据。

1. 对于 ZJT、LGW 等 32 名同志，建议复查肺功能或高千伏 DR 胸片，请戒烟限酒，生活规律，于接到报告一月内到我院进行肺功能或高千伏胸片的复查。尘肺保留及观察对象者，从确定之日起，每年体检一次，连续观察 5 年。

2. 重度听力障碍者，请到医院进一步详查，必要时在医师指导下治疗，定期复查。

……

6. 结果告知和档案管理。

企业在收到体检结果后，尽快将体检结果以书面形式如实告知劳动者，尽快安排复查时间（最好在一个月内），并将复查结果报我单位。定期参加职业健康检查，加强个人防护，及早发现职业病和职业禁忌症。本次体检总结报告将归入职业健康档案管理。

职业健康检查主检医师：×××

报告审核人：×××

报告签发人：×××

附：职业健康检查结果共 40 页

……

笔者在访谈中提到粉尘和职业病时，工人们流露出无可奈何的神情：

WXD：这个矿上就是煤尘太大，巷道煤尘大的就进不去，看不见，这个煤尘吸到胃里好几天还能吐出来，可容易得职业病。这么大煤尘矿上还不多给些口罩，还要自己买，就不把工人当回事。

LYH：你说到口罩了，就是给你发几个口罩，你还敢戴了？你戴上那个猪嘴口罩，你还能出上气来了？领导催你干活时，你还能戴上口罩干了，戴上那个肯定管些用，但是戴上就没法干活，呼吸不畅，这里戴不戴也没人管。每天下来吸得都是那个黑煤，说得不好听哇，吐口痰也是黑的。你有甚办法了，谁叫你吃这口饭了。

LZ：你要是一直洒水还好点，能煤尘小点，但是领导能让你一直洒，洒水影响生产进度，没什么好办法，只能上来了好好洗洗，肯定会有职业病了哇。（群体访谈：WXD，综掘二队支护工；LYH，综掘二队运输班班长；LZ，综掘二队掘进工，20170421）

第二，井下作业噪声对工人们危害很大，特别是采掘一线的生产工人。对于作业噪声，矿方和包工头也没有发放任何防护用品。有的工人自己买耳塞，但是效果一般，因为噪声分贝过高。此外，戴上耳塞不利于工人们交流，井下作业属于协作作业，工人们需要相互沟通才能完成，本来井下噪声很大，平时工人们交流就得大声说话才能听见，现在戴上耳塞更不容易交流。因此，大部分工人们作业时并不戴防护工具，只能忍受噪声带来的危害。笔者在访谈中，发现好多工人们都有耳鸣等听力方面的症状，对于这种情况，工人们只能忍受。

我在井下是搞支护了，主要是打顶锚杆锚网，打钻的时候声音可大了，震得耳朵嗡嗡的，别人说话根本听不见，不吼着说话，你就不要想听见。戴上耳塞还好点，那个玩意也不能常戴，要是领导指挥你干啥干啥，你听不见，他还不骂你一顿？我刚开始干这个活的时候就受不了，慢慢地就习惯了。（WXD，综掘二队支护工，20170421）

第三，井下长期潮湿也引发很多职业病。为了降尘，井下常常需要洒水，再加上抽取地下水，就导致采掘一线地面长期保持一种潮湿状态，外加上重体力活动而经常出汗，工人们衣服长期处于潮湿状态，这很容易引发各种风湿病。笔者在访谈中发现许多工人患有风湿病，如腿疼、膝关节疼痛、腰酸背疼等症状，而且一进入工作面这个潮湿环境就会发作。但是工人们常患的风湿病却不属于《职业病分类和目录》认定的职业病，煤矿和包工头对此也不重视，不给工人们提供任何防护和治疗措施，工人们需要自己花钱买药来治疗。而且，南矿为了节约开支，还取消了班中餐，包工头也没有提供，本来在井下湿气重，工人们可以通过吃点热的班中餐，补充能量和热量，驱寒祛湿。但是取消班中餐之后，工人们就需要下井前自己带食物和水，这样工人们在吃饭时食物和水已经变凉，不仅没法驱寒祛湿，还使许多工人患上了肠胃病，所以许多工人干脆上班期间不吃饭，直到下班之后才吃，这更加剧肠胃病的发生。对此，工人们谈道：

WQH：吃东西哇就是给你拿上东西你能吃行了？咱就不用说叫俺们这些干活的人了，就叫你假如仅仅是按按钮，我给你拿上冷水和冷东西你吃你能吃行了，你吃上一天、两天、三天能行，半个月过来你胃口就承受不了。

LJF：对，胃口承受不了。这个是很经常的事情。为什么下窑这个人就常胃寒、胃疼了，本身在底儿又潮湿，又有水，又不见太阳，没有一个好身体你就根本不行。

LRF：我们好多干脆就不吃了，硬扛了哇，不吃哇饿了，吃上哇胃难受了。不仅胃难受，而且俺们还有很多风湿病，腰酸背痛的，有时候实在疼得不行了，就去外面小药店按摩按摩。
（群体访谈：WQH，综采队清煤工；LJF，综采队清煤工；LRF，综采队支护工，20170419）

第四，工人们还常常受到化学气体的侵害。南矿属于高瓦斯、高硫矿井，特别是含硫量很高，因此在生产过程中常常会产生硫化氢这种急性剧毒气体。当遇到硫化氢这种气体集聚时，为了不影响生产，矿方和包工头也不会彻底处理完再进行作业①，只是简单采取一些措施，如放置一些石灰水或者安排工人们轮流进入工作面作业来应对。这样使得工人们几天之内都间断地处于硫化氢的侵害之下，工人们会出现流泪、眼痛、畏光、视觉模糊、头痛、乏力等症状，长时间接触甚至还会引发神经衰弱综合征和植物神经功能紊乱。硫化氢气体也只是在一段时间内出现，过了那段分布区之后便没有了，笔者在调研期间正好遇到综采工作面出现硫化氢气体，一直持续了一周左右，综采队还一直在生产，在访谈中工人们谈道：

> 上周十几号发现有两个眼睛疼，正好机器坏了，休息了。前天上班，硫化氢把几个工人弄得眼睛流泪看不清，前天有两个请假了休息，昨天又有三四个也休息了。队长们给他们买了药水、防尘口罩。昨天没有闻到，就是前几天进去闻到过，臭鸡蛋的味道。工作面采煤机司机、拉架的、搞支护的比较严重，像我们几个在工作面外面就没多大事，就工作面严重点。反正你一割煤就出来了，你也没有办法控制，领导在班前会还想措施了。这个硫化氢去年就遇到过一次，它这个有两天把好几个人呛到了，有滴眼药的，有住院的。去医院住了两天还是那样，

_____

① 工作面遇到硫化氢完全是可以通过采取一些措施把这些有毒气体吸收完，比如在采煤机滚筒割煤处喷洒碳酸钠吸收液吸收，并在吸收液中加入 NT 的氧化剂，以及在采煤机下风流喷洒吸收液拦截捕获相结合的硫化氢治理新技术，这样可以快速彻底地去除空气中的硫化氢（参见林海等，2012；刘奎，2016）。

后来过了那段时间慢慢就好了，后来才知道是硫化氢，去了医院也是这样，就不住院了。昨天工作面就是割煤机好几个了，你顶不住了就去皮带上清清煤，再换个上去，每个人都去工作面轮换一下，每个人就没有那么严重，还能凑合干，领导们总不会让你因为这个停下不干哇。 （LJF，综采队清煤工，20170423）

可见，井下职业病隐患严重，工人们一直承受着职业病的危害，而矿方和包工头为获得最大收益，对此并不关注。

### （四）社会保险权

《劳动法》《劳动合同法》《社会保险法》规定用人单位需依法给工人缴纳医疗保险、养老保险、工伤保险、失业保险、生育保险等社会保险。其中，工伤、失业和生育保险由用人单位缴纳，医疗和养老保险由单位和个人共同缴纳。2013 年以前，南矿处于基建时期，在法律上，包工队工人属于挂靠企业管理，与南矿没有关系。由于包工头挂靠企业只是每年收取管理费，并不给所属工人缴纳社保，包工头也不给自己的工人缴纳社保，只是每年过年时发一点福利。

2013 年南矿投产后，南矿成为包工队工人的实际用人单位，南矿为了节约成本，除工伤保险外，也没有给工队工人缴纳保险和提供福利。在南矿当地，工伤保险缴纳并不是按照人数来缴纳的，而是按照煤矿核定产量来强制缴纳的，一吨煤 2 元。南矿不仅不给包工队工人缴纳社保，而且还通过种种手段来应付上面的检查。

煤矿不给工队工人缴社保有好几个原因。最主要的原因当然就是想节约成本了，这个一年可以节省几百上千万了。第二个就是工队工人流动太大了，今天来了明天走了，你今天给他交了，他明天就走了，后天新人就来了，要是按规定来交，这个成本就太大，根本交不起，这个问题就不好解决。还有一个就是人家工队工人大部分也不愿意交，工人们常说，想干了干，不想干了就走，交那个干啥，况且我们才来干几天，说不定明天就走了，交那个干啥。要是按照《劳动法》来说，矿上不给工队工人缴纳社保肯定是违法的，但是上有政策，下有对策。其实县里劳动局都知道这个问题，人家就是管这个了，还不知道你矿上有几个人，矿上去活动活动，讲讲煤矿实际困难，都是睁一只眼闭一只眼，只要没人去找就这样拉倒。每次上面来检查的时候，俺们都得做假账，应付检查，他们也知道实际情况，也不是认真检查，人家来了矿上把钱准备好，给钱就过关了，哪次检查也得花不少钱，按级别大小，分层级给人家钱，领导们给个一千两千，一般人给个五百，反正最少是五百。上面一缺钱了，就来矿上检查了，这几年管得严了，检查也收敛多了，这几年来了不吃饭了，前几年来了，吃上还要拿上才走了。上面都把这几个煤矿当提款机了，一没钱就来检查了，也没办法。（LLP，劳资科科长，20150816）

对于大部分工人不愿意参保的说法，笔者在调研期间专门针对这个问题访谈了多位工人，发现不同地域之间的工人对这个看法不同。本地工队工人大部分还是愿意缴纳，只是煤矿不给交，而大部分外地工人由于害怕异地不能相互转或者其他原因而不愿意缴纳。正如工人们说的：

煤矿不交，上面查是查，外包人家也不管，工伤保险有。现在出来打工的，跟私人老板干，谁给你交呀？国家规定是国家规定，私人承包是愿意不是强制，很复杂，不能一概而论。你愿意干就干，不干就走。我倒是想交了，反正我就是再跑来跑去也都是本县范围内走了哇，这个社保也能转，也不怕丢了，就是矿上不给咱交哇。按法律，俺们也应该交了，是没有告他，一告保证准，肯定没有人站出来说你们就不能交，你们不准交，只要你在干活，你告他，他敢不给你交，他要给我交了，我就交上。（LYH，综掘二队运输班班长，20170420）

交保险没法交呀，人家在这里干了，今天干着不合适就走了，在这里交了保险还得转出去，假如说你走了没有找到工作，这个保险还得自己交，企业就不管了，你没有固定工作去哪里拿这么多钱呀？而且还得交够 15 年，达到退休年龄才能领钱呢，所以就是这个问题，不想交，把钱挣到手最划算。（LWJ，综掘三队记工员，20170519）

从上面这些案例确实可以看出，本地工队工人由于不需要异地转保而且希望高一点的养老金而愿意缴纳保险，而外地工队工人有的因为异地转保手续很复杂，有的因为在原单位缴纳有社保，还有的因为对国家社保政策不信任而不愿意缴纳社保。不管工人愿不愿意缴纳社保，南矿不给工人缴纳侵犯了工人的合法权益。

从上文我们可以看到，在效率逻辑的支配下，矿方和包工头屡屡侵犯工人的合法权利，工人几乎享受不到应有的法定权利，与正式工人相比，他们属于典型的"二等公民"，那么在权益如此受损的情况下，工人们是如何看待并行动的呢？既有研究认为，工人的抵抗在同质性很高的职业社区往往被认为是特别激烈的，这些社区由单个行业主导。这些条件促使工人们产生强烈的团结关系，他们追求共同利益导致与雇主产生利益冲突，并倾向于采取激烈的行业行动，特别是在诸如煤矿这种被明显标记为冲突高发生的行业中（Lockwood，1966；Bulmer，1975）。学者们发现在大多数国家中，矿工站在劳工运动的前面，他们举行罢工的次数最频繁（转引自赖特，1991：215）。一些学者对此提出了不同的看法，他们从劳动过程出发，认为煤矿劳动过程的结构是破坏工人的团结，特别是实行分包制度（subcontracting）的煤矿，具有强烈团结传统的工人被某种特定工作组织形式分化和妥协（Goffee，1981；Curtin & Shields，

1988）。赖特（1991：215）在研究1937年之前的中国煤矿业时认为，中国矿业社会还未形成，矿工与农业社会保持着密切联系，雇用他们的包工团体在内的宗法联系和由这种制度促成的工人分裂妨碍了阶级团结的出现。国内一些学者在研究中国近代煤炭业包工制时也提出了类似的观点，他们认为封建把头们利用帮规、教规和封建行会的会规来束缚、统治工人，同时又通过同乡、宗亲、戚谊等各种社会关系来分裂工人内部的团结（南开大学经济研究所经济史研究室，1983：188；余明侠，1994）。那么，南矿工队工人对于权益受损有何反应呢，以及包工头和矿方对于工人的行动又将如何回应？

## 二　工人的日常行动与包工头的应对

面对权利受损的状况，大部分工人并没有像既有研究那样团结起来，并采取激烈的行动，正如斯科特所说："公开的、有组织的政治行动对于多数下层阶级来说是过于奢侈了，因为即使不是自取灭亡，也是过于危险的。"（斯科特，2011）因此，他们选择了服从，或者只是进行个人倾诉。

### （一）服从

笔者在调研中发现服从是工队工人最为普遍的行动选择方式。服从分为两种：主动服从和消极服从（刘爱玉，2003）。主动服从是工人们能够理解包工头的做法，在行为表现上为合作与投入。主动服从的工人一般都直接与包工头有着很近的关系，如亲戚、同事和朋友，他们一般是工队小领导或者核心技术工人。他们平时与包工头或者经理接触比较多，基本上了解包工头所处的境遇，包工头对于他们也给予较为丰厚的回馈，如稳定且较高的工资或者给予一定的职位，因此他们对包工头比较忠诚，即使煤炭市场不景气，工资有所下降，他们也能够积极地工作。这一方面可以获得更多的收入，另一方面也能回报包工头的信任（沈原，2007：244）。

> PQK：我们几个以前都是跟着老板在新集煤矿干活的，都是他的手下，他是我们的综采大队长。后来在这里承包工程缺人，就叫我们过来帮忙，我们几个就过来了。出来了虽然没有社保哇，但是给的工资不低哇，我一天最少能挣 300 元多哇，工资在工人当中也是数一数二的吧。
>
> WGX：老平说得对，我们几个在原来煤矿就一直在一起干活了，很熟悉了，老板对我们不错了，我在原来煤矿就是一个工人，来了这里老板信任我，让我干了班长，管理一个班，工资还不错哇，反正给老板好好干就行。
>
> FZL：离开原来煤矿，离家这么远，跟着老板干活，一是老板人确实不错，值得信赖，在一起好多年；第二个也确实比原来那里挣钱多，老板当初叫我的时候就说："兄弟，跟我去外面多挣些钱吧，在这里虽然有保障，但是挣得不多呀。"我就过来了，他还能骗我们不成？
>
> YSX：我原来也是老板手下，而且还和老板有点亲戚关系，也跟着他过来了。老板有时候也跟我讲一些情况，这几年煤矿效益不好，承包价一直在降，生意确实不好做了，老板也挣不了多少，他需要打点的人太多了。前几年一吨煤二三十确实挣了不少，这几年就一般了，我们工资也还降了降，我们也能理解，就是降了也比在原来煤矿挣得多。（群体访谈：YSX，综采队生产队长；WGX，综采队班长；FZL，综采队采煤机司机；PQK，综采队支架工，20170425）

另一种为消极服从。调查中发现，很多普通工人的服从是消极的、无奈的，即工人虽然不抱怨，不退出，并服从制度安排，但是对于这样的安排并不认同（刘爱玉，2003）。这样的工人多为边缘工人，没有什么技术，也跟随包工头好几年，他们大部分和包工头没有什么社会关系，都是经介绍而来，属于零散型工人，即在包工队中熟悉的亲戚朋友比较少，一般只是2—3人的小群体。他们由于缺乏相应的技能，退出重新找寻工作的成本比较大，而且还面临着新的工作报酬不高和被欠薪的风险。因此他们选择了不退出，保持忍耐。

> 我们也懂点法律哇，现在网络发达了，上网一搜什么也能找到了，所以也大致知道法律规定的那些东西，要是按照法律来这里可都是违法了。反正你是一个打工的，你没有那个本事，你能干什么了，你还能真较真了？要是真较真了，你只能回家了。我们出来打工都知道是甚环境了，你又不是在人家正规单位，你就是一个受苦的。好在我们这个老板还不错，不拖欠工资，月月能发了，这几年形势不好，可有那黑心老板工资也发不了。哎，你反正就是养家糊口，就这回事吧，适应就好了，不是十八九二十来岁，不行了咱就跑，你像我们这个年龄，你往哪里跑，跑哪里也是这个活，说不定还没有这好呢，瞎糊跟上老板再干几年哇。（LJF，综采队清煤工，20170423）

### （二）个体表达

个体表达形式也属于"弱者的武器"。斯科特在研究东南亚的农民抗争时，提出了农民日常形式的反抗通常包括：偷懒、装糊涂、开小差、假装顺从、偷盗、装傻卖呆、诽谤、纵火等，这些反抗方式称为"弱者的武器"（斯科特，2011：2）。它们的特点是不需要事先计划或安排，可以利用心照不宣的理解和非正式的网络，通常表现为一种个体的自助形式，从而避免直接地、象征性地对抗权威（郭于华，2002）。这里个体表达也分为三种：一种是抱怨。这种抱怨是因对现状不满而引起，它主要还是工人私下的一种行为，很少在领导面前，特别是包工头面前抱怨。这种现象多发生在组织绩效衰减时，导致工人工资下降和劳动强度变大，抱怨多发生在本地边缘工人和与包工头关系比较远的工人中。前文讲过南矿采掘工作面禁止本地人进入，本地人只能在包工队中从事辅助工作，因为进入包工队相对比在南矿更挣钱，因此进入包工队是比较难的，一般没有强关系进不去。可见本地工人进入包工队成本是比较大的，所以他们只要进去一般不会随意退出，但是如果没有获得预期的收入，便会产生抱怨。工人进入包工队主要为了挣钱，当工资下降时，那些有技术的，与包工头关系比较远，而且有自己小团体的工人因觉得获得的收益下降会有所不满。

> 跟上侉的们（包工队）咱也挣不上钱，本地人就不值钱，这里不是甚也会就能多挣钱，甚也会也不用你了，是不是，就这个道理哇。像本地人的工资就没甚规定，人家老板就是看你干的怎么样了，给你几个算几个。我跟杨老板7年了，最多挣过一年6万块钱，剩下都是5万多，在里面卖命了，你当是跟了老板这么多年他给你多挣些钱了，他倒把你算好了，给你多少钱合适，可不让你多挣了钱，剩下的都是他的。（LYH，综掘二队运输班班长，20170420）
>
> WCS：我们一般就是哪里好干去哪里了，去年在新疆干了一年，干到8月份来，煤矿停了。今年就来这里了，这里的活也不好干，工资也不高。现在这里按进尺算了，割一米650块钱，我们一个班七八个人就是搞3排，两百多块钱吧，平均一个月就是六七千，那还得上满班，上不满就五千多。这边工资低，干杂活才一百多。
>
> DYM：而且这边规格还这么大，宽5.2米，高3.5米，才六百多，实在是不高呀，矿上应该给的工队不低吧。我看这里拉煤车很多呀，效益还不错的。
>
> WCS：我听他们说工资拖欠不了，月月发，他这个地方就是占了工资能开，工资不高，每月能拿到手，有的地方工资高

拿不到手，给不了你，欠着你的。这里规格大，单价太低，我们以前干的都是 4 米宽，2.7 高，这里规格太高，挣不了钱。挣不了钱你没办法，下煤窑的工资现在都低，形势不好，但是最近形势好了点呀，工资应该往上提提，大包给的工资太低。

LDM：给的太低了，有可能给我们领导多，领导给的我们少，也有可能，老板赚得多。（群体访谈：WCS，综掘三队综掘机司机；DYM，综掘三队支护工；LDM，综掘三队支护工，20170411）

许多工人特别是有过国企工作经历的工人在表达不满时，往往与更为宏大的传统社会主义意识形态相联系，对当前生活境况和权利的解释归因于"资本主义矛盾"在当下社会的体现以及基层政府的不作为，他们开始强烈地表现出对传统计划经济时代的怀念（佟新，2006）。

LWL：哎，发钱也没钱，老婆回去还等着看病，她说去医院检查，我说检查就检查，等我回去了检查去，放了假正好回去。哎，没法儿呀，就这。剥削剥削再剥削，哎，剥削阶级，哈哈。哎，穷人就受剥削，这剥削剥削，老板剥削，检查的也剥削点，矿上再剥削点，都没了。

GWX：以前的工会还可以，家里有什么困难还帮助了，以前讲的工人阶级是领导阶级，现在就是剥削与被剥削阶级，我们现在都是被剥削阶级，现在已经回到以前资本主义社会了，说的是社会主义国家，社会主义国家走的是资本主义道路。

LWL：不剥削不行呀，都有本事了都当干部了，谁当老百姓呀？其实中央的政策对工人们挺好的，就是下面不执行。

LWL：我觉得毛主席那时候好，现在贫富差距太大，现在这个人就没有一点可以说理的地方了，是不是，只有被剥削，没有公平，没有说理的地方。（群体访谈：LWL，综掘三队跟班

队长；GWX，综掘三队支护工，20170415）

第二种个体表达就是经常讲粗话与黄话。以性为题材的粗话和黄话在煤矿这种以男性为主的重工业行业中非常普遍，这也是笔者在调研中对于矿工印象比较深刻的一个片段。无论在哪个场合，矿工与矿工之间、矿工与领导之间都充斥着这样的粗话与黄话，这可以被解读为是他们个体宣泄的口头表达（何明洁，2009：111）。首先是粗话。以性为题材的粗话在矿工们眼中也是习以为常的事，"他妈的""瞎逼""你妈 X""X 你妈""妈了个 X""屌样儿""狗日的"等话语是矿工们经常使用的话语。经常说粗话虽然反映了井下工人们素质较低，但其真实意义远不是如此。一方面，粗话首先是表达不满的工具。斯科特在《统治与反抗的艺术：隐藏的文本》一书中记述了农民对地主当面谦卑地点头鞠躬，背过身来对着地上吐唾沫以表达怨恨的方式（转引自何明洁，2009：111—112）。同样，工人们对于领导和矿上不满，也会通过私下讲粗话来泄愤。

> 井下三天两头放假，也挣不上个钱。放假之后，老板连鸡巴生活费也不给发，更不用说其他的了。（XYP，综掘三队运输工，20170521）

> 矿上买的那些设备有的质量可差了，可有安全隐患了。就说新买的这个乳化泵，跟老乳化泵一个样，肯定是返新，上面用东西一抹漆就掉了，旧的还不掉了，瞎鸡巴买了。（CF，综采队电工，20170524）

> 我是不想搭理他，给他一个脸，不往出给他宣传了，一半回就无所谓，他没完没了。昨天安全员还问我要钱了，我说搭理你个逼然，想罚罚你妈 X 哇。（XWB，综掘一队运输工，20170604）

另外，粗话也是对井下作业这种高危、高强度工作环境造成的紧张疲惫心理的一种宣泄。"经历过令人精疲力竭的劳动，一般的言语似乎已不足以表达疲惫身心下酝酿的各种情绪，只有质朴、掷地有声的粗口才能把复杂的情感用简单的语言表达得酣畅淋漓。"（何明洁，2009：112）在调研中，经常可以看到工人们在正常交流时相互说粗话，甚至来打招呼。

> LYH：砍扁你妈逼的，你来做甚来了？
>
> LZ：那个谁哪去了。
>
> LYH：干死你的逼样儿哇，你找球他做甚了。
>
> LZ：傻货你就是一个，不知道拉球到。（LYH，综掘二队运输班班长；LZ，综掘二队掘进工，20170421）
>
> YGW：老李，你们相跟上去球哪儿呀？
>
> LXQ：你管你妈逼了。（YGW，综掘一队皮带工；LXQ，综掘一队清煤工，20170220）

其次就是黄话，即荤话。在煤矿，黄话是粗话的孪生兄弟，大家无论是在井下还是井上都喜欢讲荤话。学者们对工厂中的涉性话题也有研究。保罗·威利斯在《学做工》一书中认为，"找乐子"是非正式群体特有的工具，它是战胜无聊和恐惧的一种方式，是缓解生活苦难和冷酷的一种方式，是可以解决几乎所有问题的法子（威利斯，2013：38—39）。潘毅在《中国女工》一书中提到，"性与爱的话题所引发的闲谈、玩笑以及阵阵笑声就像'糖水'一样，给枯燥而艰苦的工厂生活增加了几分色彩，闲谈和笑声展示出女工们嘲弄父权制和资本主义秩序的力量，尽管这种力量依然很微弱，很显然'开玩笑'是对抗劳动异化和资本侵蚀的武器。"（潘毅，2010：157）可见，黄话不仅是活跃气氛的工具，还有抗争性表达的作用（何明洁，2009：115）。煤矿环境艰苦枯燥，讲荤话也算是一种苦中取乐。由于长时间高强度的工作让工人们疲惫不堪，外加上井下又不能抽烟、玩手机，因此工人们在井下休息之余最大的爱好，就是互相开着满足嘴瘾的荤话玩笑，这极大地缓解了紧张疲惫的心情，帮助工人们暂时战胜无处不在的风险所带来的恐惧，让他们得到片刻的欢愉。下班回到井上也是一段超级无聊的时光，由于煤矿一般处于偏僻地区，缺乏娱乐和消遣的场所，而且女性很少，所以讲黄话、荤段子也能帮助工人们战胜无聊，活跃气氛。

> 你问我下井休息的时候干啥呀，那无非就是谈谈女人了，说说最近见到的女人，或者矿上哪个漂亮的女孩子，反正就是拿着女人瞎开玩笑了吧，我刚来还不适应，后来也开始说。我们班有一个老师傅可会讲这个荤段子了，逗得我们不行。（LM，综掘三队运输工，20170414）
>
> WGX：你看看那个打扫卫生的女的，后边还可以看，前面不能看。（工人们平时在宿舍没事喜欢坐在床上看外面走过去的女的）
>
> CMX：哈哈，你还没有看上。矿上监控上有几个长得挺漂亮，都过来看看，快看她们要去吃饭了，就是不认识，跟她们说不上话。
>
> FZL：监控上有几个长得漂亮的，要是把她们放在灯房就好了，天天能看一看。女的长得好看，一个身材好，一个会打扮，就好看。
>
> （LM，综采队支架工；WGX，综采队班长；CMX，综采队班长；FZL，综采队采煤机司机，20170425）

第三种个体表达比较特殊和极端，它不属于言语表达，而是一种行动的表达，即喝酒和吸毒。"甩开膀子干活，放开嗓子喝酒"是煤矿工人的显著特点。酒能解乏、祛寒、去痛、打发时间，高强度作业之后，工人们疲惫至极，升井之后泡个热水澡，然后再来两瓶小酒，几份小菜，几个工友坐在一起神侃一番，不仅能够把心中的疲惫释放干净，还能暂时麻痹身上的痛楚（李遥，2012：42）。在调研中，笔者经常在食堂、饭馆或宿舍，看到三三两两的工人时不时地在喝酒，喝酒也成为工人们对抗劳动异化的武器。

> 煤矿工人基本上都喝酒，底下寒气大，出来你也要解乏，白酒啤酒都喝。（JWL，综掘三队支护工，20160907）
>
> LWL：主要是井下潮湿祛寒了，大部分煤矿工人都喝酒，少喝点酒血液循环快。再一个累，喝点酒解乏，我一喝酒了睡觉睡得特别香，要是不喝点酒我睡觉睡不着。
>
> GWX：我第一次去煤矿打工，睡不着觉，失眠，连续三天睡不着，怎么也睡不着觉，最后没办法就喝点酒，一会儿就睡着了。（群体访谈：LWL，综掘三队跟班队长；GWX，综掘三队支护工，20170415）

**图 5–1 包工队工人宿舍一角堆放的酒瓶**

注：图片由笔者摄。

除了喝酒，有的工人还吸毒，这可能在重体力活行业是比较常见的一个现象。在南矿当地，把毒品统称为"面儿"，但是种类很多，价格从低到高都有，工人们常吸叫"黄粉"和"白粉"的两种面儿，其实就是咖啡因类毒品。这类毒品价格便宜，经济上负担得起，而且很容易得到，吸食之后能够使人产生兴奋感，特别提神，十分符合像矿工这种重体力劳动者的需求。"面儿"一方面确实能够提神，帮助工人们集中精力对抗井下风险和高强度工作，另一方面也能让工人们暂时摆脱职业病带来的各种痛楚，获得一时的安宁。笔者在调研初期问到这个话题时，工人们对此遮遮掩掩并不多说，熟悉之后，便开始谈这个话题。调查发现，确实有不少工队工人吸食"面儿"，有本地工人，也有外地工人，而且他们根据经济状况的不同，吸食的品质也不同。一般本地工人由于是辅助工，挣钱相对较少，吸得多为"黄粉"之类的便宜货，外地工人由于挣钱较多，吸得多为"白粉"，甚至更好的一点货。这种毒品吸食简单，一根蜡烛，一个空矿泉水瓶，一张烟盒纸就可以操作，当问及工人们原因时，回答最多的就是，"这不是什么毒品，吸的人可多了，跟人家真的比起来差远了""乏了、困了、累了，吸一口还挺带劲""有时候上班回来感觉腰酸背痛时，吸几口感觉就好多了"。可见，大部分工人们并不把吸"面儿"当作吸毒，只是觉得它是一种解乏、去痛、提神的工具。其实这类毒品危害很大，长期使用不仅会上瘾，还会慢性中毒，严重的会导致癫痫发作、痉挛、呼吸循环衰竭，甚至死亡。虽然每年也会通过尿检来检测工人们是否吸毒，公安部门也会突击检查，但是吸毒一直存在并在煤矿工人们中不断传播。

### （三）包工头的应对

面对工人的不满，为了能够不使他们采取激烈的形式爆发出来，包工头也采取一些措施来缓解工人的不满。首先，包工头会时不时与工人们交流，联络一下感情。这种方式有很多，一是时不时会请工人们去吃饭喝酒，跟工人们称兄道弟，打成一片，在此期间也顺便了解一下工人们的动态，诉说一下自己的困境，以获得工人们的理解；二是经常去工人们宿舍与工人们一起打牌或者打麻将，由于工人们打牌或打麻将一般都会耍钱，包工头往往会故意输钱给工人们，以博得工人们的开心，工人们也特别喜欢与包工头耍牌；三是在短期放假期间，包工头也会组织一些活动，让工人们放松放松，如主动出钱带全体工人去本省一些知名景点旅游，或开车带工人们去周边水库钓鱼等等。

> 只要在矿上，除了去跟矿上处理一些大事情外，我一般都会去工人那里看一看，坐一坐，跟工人领导抽一抽烟，请他们吃个饭喝个酒，培养培养感情。（小曾，综掘一队包工头，20160831）
>
> 我一个月在矿上就待几天，来了转转也没啥事，没事就跟工人们喝喝酒，打打牌。主要是斗地主这类，瞎跟他们耍了哇，经常输钱给工人们，让他们也开心开心。（老钱，综掘三队包工头，20170412）
>
> 前段时间不是煤矿又放了两天，我们也没回家，回家太远了，大老板正好也在，他出钱让我们出去旅游了一下，包的旅游车，出去了一天，老板还不错。（PQK，综采队支架工，20170425）

其次，及时给工人们发放工资，不拖欠工人们工资。南矿包工队虽然工资不是特别高，但有一个好处就是能够及时发放，特别是在煤炭行业不景气时，大部分煤矿都在拖欠工人工资时，包工头们仍然能够及时给工人们发放工资，这也是许多工人虽然有不满但仍愿意留下的最重要原因。包工头们对此也看得很清楚，要留住工人，钱是最重要的手段。

> 不管矿方给我们月月结算工资不，我们自己肯定是月月按

时给工人们发工资，现在用人也不都是沾亲带故的，大部分是外边的人，没有钱谁给你干呢？　（FCZ，综掘三队经理，2016090）

俺们老板不拖欠工人工资，你是不知道我去了好多煤矿，可有老板拖欠了，可有烂老板了，跟一个好老板可不容易。（LWC，综采队清煤工，20170419）

最后，包工头也会关心工人及其家庭，一定程度会对工人进行庇护。当工人家里遇到困难时，包工头也会给予帮助，如提前预支工人工资，或者借钱给工人让其先解决问题。通过关心工人及其家庭，包工头一定程度在包工队内部树立了其较好的声誉。

上次我老娘生急病时，我刚从家里来到矿上准备上班了，家里打电话说老娘心脏病犯了，我去向领导请假，那时候老板也在那里。老板就马上批准了我的假，还派他的司机把我抓紧时间送回去，把我娘送到了医院，还跟我说钱不够了打电话，我还挺感动的，感觉老板这个人其实还不错哈。（GJJ，综掘一队皮带工，20160910）

包工头虽然通过这些措施在一定程度上增加了与工人们的感情，缓解了不满，维持了一部分工人的稳定，但当工人们不满超过一定的限度时，这些措施便会失效，工人们也会采取别的抗争方式。

## 三　用脚投票与包工头的应对

赫希曼（Hirschman）区分了人们面对组织绩效衰减时的两种回应——呼吁（voice）和退出（exit），前者指成员向管理者抱怨或投诉，以表达自己的不满情绪但不退出，后者指成员退出组织等行为

（赫希曼，2001；史普原，2010）。上节主要分析了工人不退出的表达，本节则要分析工人在非常不满时采取的行动——退出。按照工人数量，本书把退出划分为个体行为和集体行为，下文将具体分析这两种行为，以及包工头的应对。

### （一）个体用脚投票

在调研中，笔者发现采取个体退出的多为年轻包工队工人，即为新生代农民工。既有研究对新生代农民工研究颇多，他们认为与老一代农民工相比较，新生代农民工在受教育程度、行为方式、生产体验、信息技术使用能力、身份认同、发展期望等方面存在巨大的差异。同时，他们相对优越的成长环境，也使得他们对异化的劳动过程、专制的管理方式、残缺的社区生活、发展机会的缺失、糟糕的打工体验和歧视性的二等公民身份怀有更强的抵触情绪，因此往往会产生不满，从而形成"短工化"现象（郭于华等，2011；李培林、田丰，2011；汪建华、孟泉，2013）。既有调查数据表明，老一代农民工平均每份工作的持续时间为 6.2 年，大约是新生代农民工每份工作时间（2.1 年）的 3 倍（清华大学社会学系"新生代农民工研究"课题组，2013：64）。相对于老一代农民工，新生代农民工对于劳动现场的忍受能力更差，更容易以不停地换工行为来调适其在工作现场的困境，即采用"用脚投票"这种相对消极的反抗方式来表达不满（黄斌欢，2014；郭于华、黄斌欢，2014）。在南矿包工队，30 岁以下的年轻人仅有十人左右，在 2013 年前煤炭形势比较好的时候年轻人还稍微多点，现在煤炭形势比较差的情况下，大部分年轻人都离开了。来工队工作的年轻人基本上为外地人，他们跟随亲朋好友来到煤矿工作，但是大部分工人不超过一年便纷纷离开煤矿，去别的行业工作，这主要是因为煤矿工作环境恶劣，危险性高，付出与回报不成比例，社会地位低，而且几乎没有什么职业发展前景。

　　工队现在年轻人特别少，年轻人都不愿来干，前几年还多，现在不行说白了干这个也不挣钱，而且环境还特差，人家宁愿在大城市挣个两三千，也不愿意来矿上挣这四五千，在城市生活多好了，在这个煤矿山沟沟里能干啥。前几年我们招了一批年轻人，基本上干了没超过半年就走得差不多了，这些没走的是实在没有什么好地方去，要是有地方去肯定也要走，在这里连媳妇都找不到。（ZXY，综掘一队后勤经理，20170520）

　　我家有两个儿子，老大结婚了，老二还没有，我都把他们带来矿上干活。我是老板的姐夫，老板让我们过来打帮，老大现在还在干，老二已经走了。老二今年23岁，来干了两三个月就走了，他说他不想干了，受不了这个环境，去苏州电子厂工作了，他说就是在外面挣得再少，也不回来矿上上班了，太辛苦了，现在年轻人跟我们那一代不一样。（XYP，综掘三队运输工，20170521）

　　从上面的案例可以看出，年轻人离开主要是难以忍受井下采掘一线的工作条件。即使暂时留在煤矿工作的年轻工人也流露出不想继续在煤矿工作的心态。

　　我们队年轻人很少，没人来干，太累，挣得也不多，不愿意来。我们同学们都结婚了，都在外面干活呢，外面好找对象，我初中没毕业就出来打工了，我们初中同学就我一个在煤矿下井了，都在外面挣大钱呢。今年过年都说不来这里了，在家待了十来天没有找到合适工作，就先来这里干着吧，有合适的再说，能在家附近找个工作最好了，现在工作不好找，消费还挺大，不挣钱没法活。（LM，综掘三队运输工，20170414）

　　可见，相对于老一代农民工，新一代农民工对工作环境差、低薪酬待遇、缺乏保障和无发展前景的工作忍耐程度更低，更容易以不停地换工行为来调适其在工作现场的困境（清华大学社会学系课题组，2013：40）。

### （二）集体用脚投票

与个体退出相比较，包工队工人更多采取集体退出，这可能也是煤炭业包工制不同于其他行业的重要特征。在本书的第三章提及包工队是一个相互之间有着亲戚、老乡和朋友关系的熟人群体，而且在具体的班组当中有来源地集聚现象，即每个班内部基本上来自同一个地方，因此，这就决定了整体上看包工队是一个熟人群体，但是具体到班组内部还有分层，每个班组内部大部分成员才是一个真正的熟人群体，班与班之间成员关系反而关系不大，但每个班确实都与包工头有着某种关系。每个班的班长其实是各个班的灵魂人物，他是负责给班内成员找活儿的关键人物，大家也愿意跟着他干活。这就决定了来自同一个地方的班组其实为一个整体，是一个同进同退的整体，也是通过这样团结的方式来抵御和减少外出务工遇到的各种不确定的风险。笔者在调研期间发现，采用集体退出方式的工人多为与包工头关系较远的群体，他们退出的主要原因是觉得薪酬较低，没有达到预期的目标，特别是当煤矿生产不正常经常放假的时候，工人们便会集体退出。对于他们而言，既然选择了包工队这种非正式的组织，他们也不再追求什么权利，因为去哪里都是这种无权的状况，在无法改变这种权利缺失的情况下，他们最大目标就是希望能够多挣钱，当这种目标无法实现时，他们便通过换工来改变这种状况。

LWL：老温他们班要走了，没上几个班，挣不上钱（说话中带着一种无奈的心情和语气，因为常放假，挣不上钱）。来了三个月才上了一个月班，哎，不挣钱，哎，好几个都不干了。哎，又要放假了啊，我们在别的地方很少放假了，这里一直放假。

　　CJC：就是，在这里挣不了钱，不走咋整呀，不能一直在这里干耗着呀。

　　LWL：他们一起来的，肯定是一起走。谁走总要联系一个下家呀，他们已经联系好了下家了，下个月去了直接干，准备去贵州了，那里工资给得高，我们这些人出来这么多年了，肯定认识不少煤矿的老板，有不少去的地方，平时都联系着呢。（群体访谈：LWL，综掘三队跟班队长；CJC，综掘三队综掘机司机，20170424）

　　在笔者访谈不到半个月之后，综掘三队一个班由于嫌工资太低全部离职，去了工资更高的贵州一个煤矿。整个三四月，由于受全国"两会"和环保督查组的影响，南矿停停开开，工人们总共加起来上班不超过20天。4月底，综采队大半个淮北班的人员也因经常放假挣不上钱而集体离职。

　　哎，2月份到4月份就没上几个班，根本没挣几个钱，像我们背井离乡大老远地跑过来，不就是为了能够多挣几个钱吗？我们一个月要是最少5000块都挣不上，我们肯定不愿意干了，你说是不是，老婆孩子都等着花钱呢。我们自己在外面也要花不少钱，哪能耗得起？今天停，明天上，后天停，这怎么能行？少于5000块我们肯定不干。我们班长都跟老板说好了，我们月底就走，班长已经给我们找好去的地方了，我们跟他过去就行。（DCG，综采队支护工，20170425）

　　可见，集体用脚投票是包工队工人特有的集体抗争方式，当工人们无法改变现状时，用脚投票就是他们唯一的选择，也是他们可能获得更高收益的方式。

### （三）包工头的应对

面对工人因不满而引发的退出，包工头并没有通过改善劳动条件和薪酬待遇来留住工人，反而采取了工人替换的方式来保证队伍的稳定性，包工头针对不同的退出人群采取了不同的方式。

针对年轻人经常性的个体退出，包工头开始调整招工策略，基本上不再招收 30 岁以下的年轻人，开始全部招收 35 岁以上、50 岁以下已婚的工人。包工头认为这个年龄段的工人最可靠，他们处于上有老下有小的中年阶段，养家糊口的压力很大，因此，他们会相对稳定，不像年轻人一样干几天就走。为了进一步保持队伍的稳定，零星招募工人时也多从南矿本地或者包工头家乡所在地招募。

> 从今年开始，我们工队很少招年轻人了，年轻人来了根本留不住，干几天就跑了，现在的年轻人谁还能吃得起这样的苦呀？哪像我们呀，只要挣钱，我们什么苦都能吃，朱总理都讲我们温州人是既能睡地板，又能当老板。我们这代人都差不多，都是能吃苦的一代，不吃苦也没办法，上有老下有小，生活所迫，哪像年轻人一人吃饱全家不饿的。（ZXY，综掘一队后勤经理，20170520）

与个体退出相比较，集体退出对于包工队正常生产影响是很大的，由于每个煤矿的工作环境不同，新来的队伍都需要一定的适应时间，在这段时间内生产进度相对来说是比较慢的，如果经常换队伍，对于包工头来说损失是很大的。因此，对于集体退出包工头十分重视，为了防止经常性的集体退出，包工头采取了相应的策略。包工头发现在所有的采掘班组工人群体中，有两类工人是相对比较稳定的，一是和自己关系特别近的工人群体，二是南矿邻县的工人群体。第一个群体由于与包工头关系较近，包工头给予他们的待遇比较好，他们愿意跟着包工头。第二个群体，他们虽然与包工头关系较远，但是离家相对较近，能够兼顾家庭和工作，在煤炭形势较差，各地煤矿拖欠工资严重的情况下，至少在南矿还能按时拿到工资，有稳定的收入预期，相比较而言，南矿的风险还是很小。因此，包工头开始在招工时，集中在这两种群体招收工人，以保证工人的稳定性。

今年形势太差了，一直放假，搞得人心惶惶，好多工人都跑了，也没办法，人家出来挣钱的，要走也没办法，上个月我们队走了一个班，综采队也走了好多人。月初，我又在我们当地招募了一个班，这个班大部分工人跟我都很熟，班长还是我的一个亲戚，我们那里除了煤矿就是铁矿，大家都是干这行的，人比较多，我倒是不怕招不到人，就是怕稳不住，形势越差越不稳定，这个是大环境，我们也没有办法，自己人的话相对好点，觉得差不多就不会走。（老钱，综掘三队包工头，20170519）

既有研究认为，资方为防止工人团结常常会采取割裂工人的社会纽带来分化工人的策略，如把来自同一地域的工人安排在不同的工作区域上班，把工人们安排在不同的宿舍并把工作时间相互错开（任焰、潘毅，2006；郭于华等，2011）。当笔者问及包工头，既然工人们常常集体退出，为什么招工的时候不从不同的地方来招募，这样至少退出也只是零星地退出，不会集体退出吗？包工头讲道：

这个问题不是我们没有想到，只是这样做的代价较大。集体招工相对比较简单，你给班长们打电话，他自然就带来一个班，马上就可以作业，但是你要是分开招工，那可就麻烦了，你要给好多人打电话不说，你还不能保证工人技术到底行不行，这样成本就大了。再一个就是井下本来就是高危，作业需要协调作业的，讲究工人之间的配合和信任，你要知道有时候一个人乱操作会引发事故，把整个班陷入危险中的，你敢把这个安全托付给一个陌生人吗？况且不熟悉人之间语言可能都不通，谈何配合呀？可能光训练配合就得好久，你包工要的是效益你哪能等得起？要是来自一个地方的班组就不存在这个问题，他们毕竟在一起工作了好久，相互之间很有默契呀，这样干活才有效率。相比较而言，还是招一个班划算，这个经济账还是要算的。（老钱，综掘三队包工头，20170519）

可见，基于成本—收益的考量，包工头还是倾向于直接招募来自一个地方的班组。通过工人替换一定程度上保证了工队人员的稳定性，但当煤矿形势很差，待遇远低于工人预期时，个体和集体的退出仍是不可避免的，不从根本上提高工人待遇，只通过工人替换并不能消解工人的不满。

## 四　依法抗争与企业和包工头的应对

除上文所讲述的那些消极抗争方式之外，当工人们非常不满时也会采取其他积极的抗争方式，如通过法律途径或者上访等手段，这主要涉及工人工伤赔付和拖欠工资待遇问题时采取的方式。但是这种方式非常少见，笔者在调研期间发现，在2010—2017年这7年的时间内，南矿包工队仅有一起工人为工伤赔付问题上诉和一起工人集体讨薪上访的事件。依法抗争是由李连江、欧博文（1997）最先提出的一个分析性概念，它指的是农民积极运用国家法律和中央政策维护其政治权利和经济利益不受地方政府和地方官员侵害的政治活动。这两次抗争行为属于典型的依法抗争案例。

### （一）个体依法抗争与企业和包工头的应对

下文讲述的案例时间长达 4 年之久，在南矿是非常出名的一起工人依法上诉案例，由于案例时间较为久远，工人也早已离开煤矿，笔者只能根据档案记载和南矿经手的当事人来进行大致还原。2012年 6 月，综掘一队支护工 DJJ 在井下作业时，发生片帮，左腿被砸伤，事发后矿方将其送往市人民医院接受治疗。2013 年 1 月转入省第二医院接受治疗，并于 2 月康复出院，住院累计 267 天。2012 年7 月，市人力资源和社会保障局认定为工伤，2013 年 6 月，市劳动能力鉴定委员会鉴定其伤残等级为八级，生活自理障碍程度和医疗依赖程度均为无。工人 DJJ 不服初次鉴定结论，认为认定等级太低，于 2013 年 7 月向省劳动能力鉴定委员会申请复查鉴定。2013 年 8月，省劳动能力鉴定委员会鉴定其伤残等级为八级，生活自理障碍程度和医疗依赖程度均为无。南矿收到再次鉴定结论通知书后，根据伤残等级与《工伤保险条例》及市工伤保险缴费赔付标准，精确计算出赔付标准，赔付金额为 177285.3 元。

随后 DJJ 寻找了一位以律师身份冒充家属的女性和南矿协商了解赔付情况，之后他们对南矿计算的工伤保险待遇基数及金额提出异议，DJJ 认为南矿没有按照《工伤保险条例》第六十四条规定，即本条例所称本人工资，是指工伤职工因工作遭受事故伤害或者患职业病前 12 个月平均月缴费工资。本人工资高于统筹地区职工平均工资 300% 的，按照统筹地区职工平均工资的 300% 计算；本人工资低于统筹地区职工平均工资 60% 的，按照统筹地区职工平均工资的60% 计算。① 按照实际情况，DJJ 前 12 个月实发平均工资为 6000 元左右，而南矿只以上年度省月平均工资 2795 元计发，因此赔偿金额远低于实际赔付额，认为应该按照实发工资为计算标准，这样计算下来大约为 32 万元，差不多是南矿计算的 2 倍，因此，双方没有达

---

① 具体参见《工伤保险条例》第六十四条。

成协议，DJJ 便离开南矿没有再和南矿协商，赔付事宜也不了了之。DJJ 对此非常不满，于是向 W 县劳动仲裁委员会提出仲裁申请，申诉南矿在工伤一事不予赔偿及全额支付其医疗费用一事。不久，县劳动争议仲裁委员会做出裁决，裁决结果与南矿计算的赔偿金额相符，仍为 177285.3 元。

DJJ 对于仲裁结果非常不满意，于是把南矿告上了法院，2014 年 3 月，县人民法院开庭审理，DJJ 胜诉，法院按照工人的实发工资为基础，判决工伤赔偿金额为 323090.82 元。对于这个判决，南矿和包工头都不满意，同年 5 月，南矿就县人民法院判决的结果上诉至市中级法院，请求二审法院撤销县人民法院的错误判决，依法裁定不予受理或驳回被上诉人起诉。

## 上 诉 状

上诉人：南矿

法定代表人：×××，职务：矿长

被上诉人：DJJ

上诉请求：

请求二审法院撤销错误的县人民法院第 X 号判决，依法裁定不予受理或驳回被上诉人起诉。

事实与理由：

一、被上诉人系参加工伤保险的参保职工，其工伤后工伤保险待遇由工伤保险基金支付，被上诉人对计发基数及金额有争议不属于人民法院受理的劳动争议范围，本案程序严重违法。

……

二、一审法院以月平均工资 6478 元确定参保企业工伤职工计发工伤保险遇的基数不仅超越审判权限，而且认定数额也明显违背工伤保险条例及省市相关规定。

……

综上所述，一审法院由于对工伤保险政策的把握不准，将本不属于人民法院受理的劳动争议案件超越权限做出实体判决，此案的错误处理严重影响到我市参加工伤保险的煤矿、非煤矿山、建筑企业工伤被上诉人起诉。

此致
市中级人民法院

上诉人：南矿

二〇一四年五月×日

此次审理南矿胜诉，二审依法裁定不予受理并驳回被上诉人起诉，仍裁定金额为 177285.3 元。南矿之所以胜诉，主要是依靠其手中的劳动合同，前文介绍过，南矿与包工队工人的劳动合同其实为霸王合同，在工人工资一栏只填写月工资为 2000 元，如果按照合同规定，当工人月工资低于上年度省职工月平均工资，则按照上年度省职工月平均工资计算，如果按照这个标准南矿计算的赔偿标准是符合法律规定的。而在 2012 年，南矿在联合试运行时，为了能够顺利通过，确实与工队一部分工人签订了劳动合同，只是让工人签字时，只签字并没有填写具体内容，南矿拿出的合同确实有 DJJ 的亲笔签名，在形式上是合法的合同，因此，DJJ 败诉，南矿取得胜诉。这次审判之后，DJJ 也开始心灰意冷，从工伤到现在差不多已过去两年，所消耗时间和成本实在巨大，如果继续打下去也看不到多大希望，还不知道要花费多少成本，在权衡之下接受了二审判决。南矿才开始正式给 DJJ 申请赔偿，直到 2014 年年底才申报成功，南矿才与 DJJ 开始正式处理工伤事宜，南矿赔偿其法定金额并与其解除劳动合同。

**工伤处理协议书**

甲方：南矿

乙方：DJJ

2012 年 6 月，综掘一队支护工 DJJ 在井下工作面作业时，发生片帮，不慎将其左腿砸伤。事发后送往市人民医院救治。经过 267 天治疗，于 2013 年 2 月康复出院。

2012 年 7 月，市人力资源和社会保障局认定为工伤，2013年 6 月，市劳鉴委鉴定其伤残等级为八级，生活自理障碍程度和医疗依赖程度均为无。经 DJJ 本人再次申请，2013 年 8 月，再次鉴定其伤残等级仍为八级，生活自理障碍程度和医疗依赖程度均为无。

2014 年 12 月，经乙方申请，解除劳动关系，退出工作岗位，为此，经甲乙双方协商一致，共同达成如下协议：

一、双方一致完全同意依据市中级人民法院民事判决书决定第一条，维持县人民法院民事判决书的第一项，即终止原告DJJ 与被告南矿的劳动关系。

二、工伤资金赔付：95280.00 元，其中：

1. 一次性伤残补助金：30745.00 元；

2. 一次性工伤医疗补助金：58695.00 元；

3. 伙食补助：5840.00 元。

三、用人单位赔付 85973.30 元，由综掘一队全额支付，其中：

1. 一次性伤残就业补助金：33540.00 元；

2. 陪侍费：14925.30 元；

3. 停工留薪工资：33540.00 元；

4. 交通费：1000.00 元；

5. 医疗费：2968.00 元。

以上两项费用共计：181253.30 元。

……

六、本协议书为一次性终结处理，乙方后续治疗以及工伤所引发的后遗症，均由乙方自行负担，甲方概不负责。

七、甲、乙双方签订本协议后，任何时间、任何情况下，乙方均无权就本工伤一事再向南矿提出任何经济赔偿。乙方自愿放弃就工伤赔偿所享有调解、仲裁、诉讼的权利。

八、本协议书一式四份，甲方执三份，存档一份，财务一份，劳资备案一份，乙方执一份，经甲乙双方签字盖章后生效，永不反悔。

甲方（盖章）：南矿　　　　　　　　乙方（签字）：DJJ

二〇一四年十二月××日

可见，虽然工人采取依法抗争的方式，但是仍以失败而告终，并没有得到自己法定的工伤赔偿金，而在应对工人的上诉时，包工头和南矿结成一个利益共同体，因为不管赔偿金额多少，该由南矿支付的赔偿金都会转嫁给包工头支付，因此包工头自然便站到了南矿这边，共同应对工人的抗争。DJJ 长达 2 年之久的工伤赔偿也反映了工人维权之艰辛，更为严重的是，DJJ 的上诉失败也一定程度上打击了工队工人的依法维权积极性，虽然他之后包工队仍有很多工伤事件，但没有一个工人出来抗争，全都接受了南矿和包工头的计算标准。

### （二）集体依法抗争与企业和包工头的应对

笔者在南矿调研期间发现，包工队工人很少有集体行动，除了集体退出之外，在调研的几年时间内，没有发生过一起其他集体行动，通过查阅档案和访谈发现，在 2010 年至今的时间内只有一起因欠薪而引发的集体上访行动。笔者查阅了当年的档案资料，并访谈了南矿当年处理该事的负责人以及参与上访的工人来还原该事件。

这起集体行动发生在 2013 年的 1 月，南矿试运转前夕，上访的工人是喷浆队的大部分工人，原因是包工头拖欠工人工资长达 2 个月，而且南矿整个喷浆工程基本上已经结束，喷浆队即将解散撤走。笔者访谈了一个全程参与上访的工人，他描述了这次上访的原因：

这件事过了好几年了，其实俺们也不想去上访，要不是欠俺们工资，谁愿意了？老板拖欠了俺们2个月工资，煤矿一般过了腊月十八就放假了，俺们就是在腊月初几上去的。俺们是这样想的，一是喷浆工程基本上已经结束了，老板跟俺们也说了，放假之后喷浆队就解散了，各自去找工作哇；二是马上要过年了，你说过年前还不给俺们发工资，怎么过年了？再说了工程都结束了还不发工资，工队都要解散了，俺们去哪里要钱去了？于是俺们在的人都相跟上去找老板要钱，老板说他现在没钱，矿上欠的工程款没有给他，能不能缓缓，等矿上一给了就给你们发。俺们说那怎么行，马上就放假了，工队也要解散了，到时候去哪里要钱，不行，一定要给俺们发钱。老板说，你们不信就去找矿上要吧，不是我不给你们发，真是矿上欠的没给。没有办法，俺们就决定干脆去找矿上要钱，去了矿上劳资科，劳资科说这个工资不归他们管，要俺们回去找老板要，他们没有这个权力管工队的事情……（ZSP，原喷浆队工人，现已离职，20170220）

笔者通过访谈劳资科长后，证实了喷浆队老板的话，确实是南矿一直拖欠着喷浆队工程款没有发放。

矿上确实拖欠喷浆队工程款好几个月了，矿上现在资金短缺得厉害，马上快试运转了，现在矿上投资有点大，只要开始试运转就能产煤了，情况就会好点。矿上不光欠喷浆队的工资，所有工队的工程款都欠着了，人家其他几个包工头就不缺钱，能自己发放了，喷浆队就没有这本事吗？可能他觉得工程要结束了，想以这个办法来要回欠款哇。之前开会跟这些老板说好了，矿上形势一好就给他们钱，现在他们工人来找矿上要钱了，矿上跟工人没有关系，他们工资该老板发。（LLP，劳资科科长，20170225）

南矿没有理会工人的要求，觉得包工头背后支持工人们故意来要欠款，于是让他们回去找他们老板，而且跟工人们说清楚，他们的工资不归矿上管理，是由包工头自己发放，有什么事情还是回去找包工头。工人们感觉受了欺骗，认为包工头和矿方都在推诿，于是一气之下决定去县劳动局告状。

> 矿上不管俺们，俺们就决定去县劳动局，欠债还钱天经地义，干了活就得给钱，咱有理咱怕啥，于是十几个人去了劳动局。去了劳动局，接待俺们的都很热情，让俺们说说什么情况，俺们派了几个代表，跟他们说了一下情况，劳动局的人就给矿上打电话，让矿上解决这个事情。他们跟俺们说，已经跟矿上说好了，让俺们回去等着解决。我们几个商量了一下，觉得怕回去也解决不了，就跟劳动局的人说就在这里解决，回去要是不跟俺们解决怎么办，劳动局说都跟矿上说好了，回去肯定解决，在这里怎么解决？还跟俺们说，矿上已经派车来接俺们回矿上。俺们说要是不在这里解决俺们就去市信访局上访，俺们就准备走了，这下劳动局人就着急了，跟俺们说你们不要着急，都说给你们解决去市里干啥，现在就让你们老板和矿上领导来劳动局哈。（ZSP，原喷浆队工人，20170220）

劳动局给矿上打电话说工人要去市里上访，让他们抓紧过来把事情解决了，劳动局先把工人们给安抚住。矿上接到电话，抓紧时间把这件事上报给矿长，由于南矿正处于试运转前夕，如果这件事闹到市里，可能会影响试运转。矿长对这件事非常重视，马上带着几个领导和包工头，开了几辆车就来了县劳动局。

> 劳动局领导、矿上领导和俺们老板都在劳动局，矿上和俺们老板说了一下自己的困难，说是今天肯定不可能一下子把钱拿出来，就是凑也得时间了不是。俺们让他们承诺个时间，矿

上和老板说三天之内一定把工资给俺们发了，劳动局的领导也在场，他们作证，如果兑现不了，就跟俺们去市里上访。都说到这个份儿上了，俺们就觉得可以，矿上开车把俺们拉回了煤矿。（ZSP，原喷浆队工人，20170220）

回到矿上，南矿筹资给喷浆队结算了一半的工程款，剩下的工资款让包工头自己筹集。到第三日，包工头开始给大家正式发放工资，但工资只发了90%，剩下的工资包工头跟工人们讲实在是短时间内筹集不到，让工人们也谅解一下，承诺一有钱马上就给工人们发放，工人们碍于熟人关系也就没有继续闹下去。

第三天，老板通知俺们说发工资，俺们都去领工资，但是每个人只领到90%，还有一小部分没有发。老板说短时间内确实凑不到钱，不是不给发，请工人们谅解一下，要是不信给你们写张欠条，好多人觉得只是最后一点钱没发就算了，毕竟跟老板也干了一年了，不能因为一点钱撕破脸皮，就相信了他。我跟你说，俺们是好心了，那个老板还真是黑，到现在也没有给俺们发剩下的工资，他自己早不知道跑哪里去了，现在也没有音信，你也不可能因为那点钱再去找呀。你就没有一个喊冤的地方，你该挣几个钱了，给你几个钱算几个，就不是你说了算，可难了，要不就说，咱没有认个字恓惶的，要不了就下窑了，不是下什么窑了，可得让孩子们念书了。（ZSP，原喷浆队工人，20170220）

虽然经过集体维权，工人们拿到了大部分工资，但仍有小部分工资没有拿到手，而且矿上还要求包工队以后不能再招收上访过的工人。可见，在劳资双方力量极不平衡的情况下，即使进行抗争，也很难维护自己的合法权益。但是这次抗争也在一定程度上为后来的工队工人按时发放工资奠定了基础，南矿作为市里重点监管煤矿，为了能顺利实现生产，不因工人工资等问题影响生产，在以后的包工队选择中，南矿选择了一些资本雄厚的包工头，并让他们缴纳了一笔抵押金，以备包工头欠薪时，用来给工人发放工资。

# 小　结

本章主要从南矿包工队工人的权利状况、工人的行动表达及其包工头和南矿的应对等方面来探讨包工制下的工人生存及其困境。研究发现包工队工人基本上处于"权利贫困"的状况，他们的各项权利几乎得不到保障（王雨林，2004）。既有研究认为煤矿工人是反抗最激烈、最主动的群体，然而在南矿几乎看不到这种现象。不同的工人有不同的政治，面对侵权，不同群体的工人有不同的行动表达（裴宜理，2001：328）。首先，在日常表达上，与包工头关系比较近的工人由于薪酬待遇比较好而选择了服从，而边缘工人由于退出成本较大选择了消极服从，本地工人则常常通过抱怨来表达不满。除此之外，大部分工人通过讲粗话、黄话、喝酒，甚至吸毒来间接表达对于当前境遇的不满。其次，除了日常表达外，工人们在无法忍受时，也会选择"用脚投票"这种消极反抗形式。其中，年轻工人由于煤矿工作环境、薪酬待遇、职业发展、社会地位等原因而常常会采取个体退出的方式，而更为普遍的是来自同一地域的班组常常因薪酬待遇不高而选择集体退出。最后，工人们也会因工伤赔付和欠薪等问题采取积极的依法抗争手段，虽然这种情况非常少见。

对于工人们采取的不同行动表达，包工头和矿方也采取了相应的对策。首先，面对工人们的日常表达，包工头会通过与工人日常情感交流、及时发放工资和给工人提供一定的庇护来消除工人的不满。其次，面对频发的工人退出情况，包工头采取了工人替换的策略。一方面，不再新招年轻人，选择中年人替代；另一方面，开始大量招募与自己关系较近的班组或者南矿邻县的班组来保持工队的稳定性。最后，面对工人的依法抗争，南矿和包工头一方面通过霸王合同中对自己有利的形式来取得胜诉，另一方面通过说好话、打感情牌来消解工人行动，并通过不再录用抗争工人、招募经济雄厚的包工头来预防工人的集体行动。工人们虽然采取了不同的抗争方式，但在南矿和包工头的联合应对下，并没有赢得自己的合法权利，仍处于一种权利缺失的状态中。

# 第 六 章

## 包工制下的安全监管及其困境

上一章分析了包工制的权力利益上收和责任风险下移的运作机制带来的工人权利困境，本章将在工人权利缺失的基础上，继续分析包工制运作机制带来的另一个问题，即包工制下安全生产困境。在产量包干制的强激励刺激下，包工队被赋予了生产过程的具体组织实施权和激励权，这一方面极大地调动了各工队的生产积极性，提高了劳动产量，满足了矿方的要求，另一方面也带来了外包常见的质量问题，在煤炭行业，质量问题主要指安全质量。煤炭行业涉及两个非常重要的要素：生产与安全，如何处理生产与安全的关系对大部分煤矿是一个难题。哈特等人在研究监狱管理是采用内部供给还是合同外包时，从不完全契约理论出发，认为质量要求和成本压力决定了公共服务是政府内部提供还是外部发包的核心因素，当质量要求较高时，选择政府内部提供，反之选择外部发包（Hart et al. , 1997）。学者们通常认为合同外包会带来逆向选择和道德风险问题，即在不完全契约的情况下，外包虽然能够低成本供给，但会有更大的动机去降低质量（Tirole, 1994）。因此，本章将探讨包工制下的安全问题，主要分析南矿安全监管的制度安排、煤矿安全生产的状况和安全生产事故的发生与治理。

# 一　南矿安全监管的制度安排

煤矿开采本身是非常危险的，煤矿安全反映了一个国家的监管能力，有效的监管可以显著降低风险（王绍光，2004）。中国煤矿安全监管体制大致经历了"全能主义""放任主义"和"监管主义"三个阶段（颜烨，2012：118）。在"全能主义"时期（1949—1978年），安全监管与煤矿生产合一，但大部分情况下是安全监管附属于煤矿生产，即"生产挂帅"优先于安全监管，因此重大安全事故频发不止，死亡人数居高不下。这一时期煤矿安全监管体制基本上是政企不分、生产职能与安全监管职能不分、安全监察与安全管理不分，政府部门既管生产抓经济效益又管安全，体现出一种"全能主义"的治理模式（颜烨，2009）。在"放任主义"时期（1978—1999年），安全监管还处于探索阶段，虽然这一时期比上一时期安全监管工作有所进步、有所重视，但由于煤矿监管体制反复变革、时紧时松，导致安全监察的任务变得更加复杂，安全事故仍然频发不断，这一阶段还出现了 1949 年以来的三次死亡高峰（颜烨，2012：121—124）。直到"监管主义"时期（1999 年至今），安全监管才获得正式独立，安全形势开始好转，百万吨死亡率逐年下降。这一时期，国家开始不断加强监管力度，一方面，制定并颁布了大量法律法规。2001 年颁布了《职业病防治法》，2002 年颁布了《安全生产法》，并在 2014 年重新进行了修订，加大了处罚力度，此外还制定了一系列相关安全制度。① 另一方面，安全监管机构开始独立，地位不断上升。2000 年成立了国家煤矿安全监察局，专门负责全国煤矿安全；2001 年组建了国家安全生产监督管理局，与国家煤矿安全监察局一个机构两块牌子，由国家经贸委实行部门管理，并

① 如安全质量标准化建设、煤矿领导带班下井制度、事故补偿金标准等。

建构了垂直管理的国家、省、地区三级煤炭安全监察体系；2003年成立了国务院安全生产委员会办公室，同时国家安全生产监督管理局成为国务院直属机构（副部级）；2005年为了加强安全监管，国务院把国家安全生产监督管理局升格为正部级的国家安全生产监督管理总局，同时，国家煤矿安全监察局成为总局管理的国家局（副部级）（Wang，2006；聂辉华，2015）。这一时期，我国实行"企业负责、行业管理、国家监察、群众监督"的安全生产管理体制，其中，政府为"安全监管责任主体"，企业为"安全生产责任主体"（王钦，2006）。在具体实施上，各级政府实行安全生产目标责任制，每年由国安委制定全年的安全目标，然后由各省、市、县安委会层层分解，最后分配到各个企业，并根据目标完成程度对各级机构进行考核。

在"企业负责、行业管理、国家监察、群众监督"的安全生产管理体制下，由于中国煤矿众多，监管人员相对较少，全面监管的成本极高，所以政府一般多采用不定时的抽查为主，由于信息不对称等因素常常导致抽查流于形式，由此，抽查带来的震慑意义往往大于其实质意义。由此可见，在整个国家的安全生产管理体制中，企业内部的安全生产管理体制发挥着至关重要的作用，因为企业不仅是安全生产活动的从事者，也是安全生产情况的知情者（王钦，2006）。下文将介绍南矿安全生产监管的制度安排，主要从安全生产管理机构和安全生产管理制度两方面进行论述。

### （一）南矿安全生产管理制度

南矿的安全生产管理机构随着国家相关政策要求的变化而不断发展和完善，当前南矿最高安全管理机构为矿安全生产委员会①，该机

---

① 自2003年国务院成立了安全生产委员会办公室，各省、市、县也相继成立了安全生产委员会，为贯彻"安全第一，预防为主，综合治理"的安全生产方针，认真落实国家、省、市、县政府和各级主管部门有关安全生产的方针、政策、法律、法规、规章制度和标准，各大煤企也纷纷成立了安全生产委员会负责本矿的安全生产工作。

构负责全矿安全生产工作的决策、部署和领导，研究制定安全管理
计划、方案和措施。安委会主任由矿长兼任，对全矿安全生产全面
负责，是第一责任人；常务副主任由安全矿长兼任，其他副主任分
别由总工、生产矿长、机电矿长、后勤矿长、工会主席、通风助理
和矿长助理担任；成员由各专业副总、助理、各生产科队负责人组
成。安委会下设办公室，办公室设在安全科，主任由安全矿长兼任，
副主任由安全科长和常务副科长兼任。安委会办公室下设两大机构
分别负责煤矿安全生产工作，一个为日常安全检查机构，另一个为
专项安全检查机构。日常安全检查机构负责煤矿的日常安全工作，
其管理层级结构为安全矿长—安全科—安检队—安全员；专项安全
检查机构由生产系统安管人员组成，进行定期和不定期的安全专项
检查。这些检查工作由安全科具体负责安排，安全科是煤矿管理安
全工作最重要的管理机构。可见，南矿的安全生产管理是在矿安委
会统一领导下，主要由安全科负责具体实施，其他职能科室安管人
员参与管理下进行的。

　　南矿的安全生产管理制度也随着国家相关法律法规政策的要求
在不断完善，到目前为止，南矿安全管理制度多达 30 项，这些制度
大致可以划分为三类：第一类是安全监管方面的制度，主要有《安
全目标管理制度》《安全生产责任制度》《安全办公会议制度》《安
全督查检查制度》《事故隐患排查整改制度》《领导带班下井和值班
制度》《井下交接班制度》等；第二类为安全质量方面的制度，主
要有《安全质量标准化制度》《安全技术审批制度》《安全投入保
障制度》等；第三类为安全文化方面的制度，主要有《劳动用工管
理制度》《变招工为招生制度》《安全教育与培训制度》等。这些制
度覆盖了安全生产的方方面面。

　　以上是南矿安全生产管理机构和相关制度的论述，那么南矿这
些机构和制度到底是围绕什么开展的呢？中国煤矿实行的是"安全
第一，预防为主，综合治理"的安全生产方针，为贯彻落实这个方
针，南矿也实行安全生产目标责任制。矿安委会每年根据全矿安全

生产实际和上级下达的年度安全考核目标，制定全矿年度安全目标。安全科根据全矿年度安全目标，逐级分解到全矿各部门、各单位，然后由各部门、各单位根据全矿年度安全目标分解情况，结合各自工作实际情况，制定本部门、本单位的年度及季度安全目标和保证措施。安全目标管理坚持"目标分解横向到边，纵向到底，逐级传递压力，实行挂钩考核"的原则。由各考核部门制定具体考核办法，逐月对全矿各部门、各单位进行考核。年初矿与各部门、各单位，队组与各班组，班组与每位职工，自上而下层层签订安全目标责任书。季末年终根据安全目标完成情况、安全有关文件和季度安全活动文件规定，对有关单位和个人进行奖惩兑现。

## 综采队队长安全生产目标责任书

为强化管理，确保所管辖范围内的安全生产，确保全矿安全生产任务顺利完成，调度室与综采队队长签订安全生产目标责任书。

一、安全生产目标：

1. 确保队内全年安全生产无事故。

2. 确保队内各项任务顺利完成。

二、时间：

2017 年 1 月 1 日至 2017 年 12 月 31 日。

三、安全生产目标责任：

1. 管理好综采队的安全生产工作，及时安排解决安全与生产存在的问题，及时落实矿调度室安排的各项工作。

2. 组织制订综采队的月度计划和考核机制，提高生产与安全质量标准化水平。

3. 主持召开班队长会议，落实矿的方针、政策，各项安排的工作要落实到实处。

4. 坚持深入现场进行检查，对安全存在的问题及隐患，及时采取措施进行处理，并落实到个人。

5. 监督、落实班队长的各项工作任务，安全第一，质量标准化第二的内部方针。

四、奖惩：

完成全年安全生产等各项任务，未发生重大安全生产事故或伤亡事故，严格按照矿安全生产奖惩办法兑现。

本责任书一式三份（签字人各一份，存档一份），双方签字后生效。

生产矿长：×××　　　　　　　综采队队长：×××

2017 年 1 月 1 日

## 掘进班组长安全生产目标责任书

为强化管理，确保所管辖范围内的安全生产，确保矿井全年安全生产任务顺利完成，掘进队队长与掘进班组长签订安全生产目标责任书。

一、安全生产目标：

1. 确保掘进组全年安全生产无事故。

2. 协调好安全生产关系，确保生产任务的完成。

二、时间：

2017 年 1 月 1 日至 2017 年 12 月 31 日。

三、安全生产目标责任：

1. 全年杜绝轻伤以上安全事故发生。

2. "三违"人数全月控制不超过 3 起。

3. 全年工程优良率达到 40%，合格率 100%。

4. 机电优良率达到 50%，合格率 100%，失爆率 0%，完成率 95%。

5. 全员培训达标率 100% 合格。

6. 保证安全的基础上，确保全年生产计划任务完成。

四、奖惩：

完成全年安全生产各项任务，未发生重大安全生产事故或伤亡事故，严格按照矿安全生产奖惩办法兑现。

本责任书一式三份（签字人各一份，存档一份），双方签字后生效。

掘进队队长：×××　　　　　　　掘进班组长：×××

2017 年 1 月 1 日

### （二）南矿与包工队的安全分工

在安全目标责任制下，南矿与各包工队对采掘工作面的安全工作实行共管制，并根据工作面实际情况进行相应分工。由于煤矿安全生产目标责任主要是防范重大事故发生及死亡人数超标，因此，矿方把主要精力都集中于防范重大安全事故，对于容易造成一般事故的隐患，则将其纳入日常安全管理。在中国煤矿事故分类中，顶板与瓦斯事故占第一，其次是水害与运输事故。其中，顶板事故发生频次最高，但在事故等级中被视作一般事故；瓦斯事故是导致重特大事故的最大元凶，透水事故也容易造成重大伤亡（袁显平等，2014）。因此，矿方往往把主要精力放在井下钻探监控和瓦斯监测，具体而言，在采掘工作面的安全工作中，矿方主要负责井下钻探和瓦斯监测工作。井下钻探是为保证掘进巷道安全正常施工，避免工作期间水灾发生，消除水患威胁，矿井探放水坚持"有疑必探，先探后掘"的原则，这个工作主要由煤矿地测科探放水队负责，只有在矿上探水之后，工队才能开展工作。

GXB：探水是由矿上负责了，要是不好好探，这个可危险了，不敢交给工队。主要是矿上现在采区地下情况很复杂，以前的小煤矿一大堆，现在下面的采空区老窑和废弃井口可多了，怕里面有水了，以前那个图纸也画得不准确，好多都是假的，所以要好好探水了。要是采到老空区就可怕了，水瞬间威力可大了。这里以前探水就探到另一个煤矿的采空区，出水了，拿上水泵抽水，巷道里都是水，抽了好几天了。

WSM：现在探水技术设备很先进，过去探杆探不住，现在能探一百多米。俺们探水要遵守规定，探一百米，掘七十米，留三十米安全距离，还有三十米的时候就继续探，只要遵守这个规定一般不会出现透水事故。就怕矿上不执行这个探水制度，这个探水又花时间又花钱的，因为不知道哪里有水，要打好几个孔，上面、中间、正前方、仰角处，都要多探探了，反正最少是3个，瓦斯大还要打释放孔了。一般矿上为了省事情，不好好执行这个制度。（群体访谈：GXB，地测科技术员；WSM，探放水队队长，20170526）

瓦斯监测也由矿上负责，南矿属于高瓦斯矿井，现被列为市重点监控煤矿，由此，矿上十分重视瓦斯治理与监测，专门建立瓦斯监测监控系统，在采掘工作面装有甲烷传感器，专门负责瓦斯监测，当瓦斯浓度达到警戒线，会发出报警信号。这种系统与县市相关部门的监控系统相连接，能够实时上传数据，以便县市相关部门进行实时监督。采掘工作面瓦斯监测工作主要由煤矿通风科负责，通风科在各个工队的工作面每班安排一名瓦斯员，瓦斯员实行三班24小时循环跟班工作。他们主要负责工作面瓦斯等有害气体的检测工作，每班至少检测3次，当瓦斯和有害气体超限报警或者浓度达到《安全规程》有关规定时，他有权下令各工队停止作业，撤出作业人员，并向上级汇报情况。

LYJ：煤矿瓦斯可大了，所有专家来治理高瓦斯都治理不了，淮南最能治理高瓦斯，来了都难住了。这个瓦斯都在煤层里，生产就有瓦斯，不生产就没有瓦斯，煤炭拿出来放三天还有瓦斯，尽量抽了，不好治理，非常难。

WQQ：工队工作面有四个专职瓦斯员，一个工作面一个，进行现场监管，检查瓦斯，不准瓦斯超限作业了。瓦斯员去采掘面先测了瓦斯看看这个数值，安全了才叫他们开工干了。他们每个人都带着瓦斯检测器，国家规定瓦斯浓度不能超过1%，超过了就得停产，这里是高瓦斯，规定是不能超过0.8%，超过了瓦斯员有权立即让工人们撤出来。

LXN：说是有权了，但是从来没有行使过，超了都是往上报，听领导安排了，实际上煤矿只有矿上大领导才有权停止生产了，煤矿安全规程是忽悠人了。

LSF：工队有时候也是瞎弄了哇，以前有个采区，那里瓦斯大，经常报警。工队有时候为了能够多生产，怕瓦斯超了报警，趁瓦斯员不注意的时候，就把那个瓦斯传感器用塑料口袋把探头罩住，还有更绝的，有时候就直接放在风筒中，工队人们可有办法了。（群体访谈：LYJ，通风科副科长；LXN，通风科副科长；WQQ，通风科技术员；LSF，通风科技术员，20170426）

除了井下钻探和瓦斯监控这两项重要工作由煤矿自己管理之外，采掘工作面不容易造成重大安全事故的日常安全工作，矿方全部发包给各包工队自己进行管理，矿方只负责对其工作进行监督。工队的每个工作面都有矿上安全科派遣的跟班安全员24小时循环监督，除此之外，矿上安管人员也会对采掘工作面进行定期和不定期的检查，这些监督已经在前文有详细的介绍，这里将不再重复讲述。采掘面日常安全工作由包工队自己负责，包工队是安全生产的责任主体，矿方是安全监管的责任主体。在包工队内部，班队长是负责当班安全工作的责任人，负责监督当班工人是否按照"三大规程"作业，履行各岗位安全生产责任制，工队技术员以上领导负责对各班安全工作进行监督，工队工人要受到双重的监督，既要受到来自矿方的监督，又要受到工队内部的监督。

工作面安全这个叫共管，现在矿上就是叫双管齐下，我们自己管自己的工作面，他们也管。（小曾，综掘一队包工头，

20160831）

　　我们自身安全我们自己管，我们自己有班组长，班组长负责整班的安全嘛。安全员负责监督我们工作，比如干这个活你是不是按照规程干的，在安全的前提下干的，如果不是，他可以制止你，不让你这样干，你再不听，就会汇报，可以在现场停你，处罚你，他们有这个权力。（TYL，综采队经理，20160901）

　　在这样的安全分工之下，包工队的安全状况到底如何呢？经典的委托代理理论认为，在信息不对称的情况下，外包容易导致代理方的逆向选择和道德风险，从而带来质量问题，那么包工制会不会带来安全问题呢？下文我们将分析包工制下南矿的安全生产状况。

## 二　安全风险的层层转移

　　南矿生产系统组织结构在纵向上分四层，从上到下依次为矿方、包工队、班组和工人，在这些组织结构中存在着两组关系。一是作为生产任务和安全责任双重发包方的矿方与作为生产任务和安全责任双重承包方的各个包工队的关系；二是包工队与相关工作班组和工人在生产任务与安全责任上的关系。由于以下将要提及的生产的责、权、利在各个层级的非均衡分布，这些关系在实质上表现为：随着生产任务自上而下的发包和层层加码，安全责任和风险也同时自上而下地转移（吴毅、王勇，2017）。

### （一）从矿方到包工队：安全风险的初次转移

　　矿方属发包方，它根据专业技术、价格、信用度等因素来选择包工队，与之签订承包协议，一般是一面一签①，是否续签，取决于

---

① 指一个工作面签订一次协议。

包工队的业绩。从理论上讲，发包与承包双方是一种平等的市场雇佣关系，但实际上，由于矿方掌握煤炭资源，煤矿项目少而包工队多，激烈的市场竞争，加上转型社会并不健全的市场与社会因素，使发包方相对于承包方实际上处于强势地位，因此，雇佣中其实又内含双方并不平等的权力关系（苏熠慧，2011；吴毅、王勇，2017）。这种由市场等多种因素决定的权力强弱，最终体现为双方责任和利益分配上的非均衡，以及任务配置中安全风险由强势方向弱势方的转移（亓昕，2011；吴毅、王勇，2017）。这体现在对煤炭生产中安全责任管理的职责分配上，矿方把本应该由其负责的一般日常安全管理职责，一并随生产任务"发包"给包工队，这具体体现在招工、安全培训和生产过程等一系列环节，在这些工作上矿方只负责监督，那么实际效果如何呢？

　　从招工环节来看，矿方把组织实施权下放给包工头之后，相应地把本应由自己负责的招工权也一并转交给包工头，这容易导致工人素质的下降。根据《煤矿从业人员准入和用工管理规定》，煤矿企业用工必须遵守"五个统一"的劳动用工管理制度，负责招工和工人培训，并严格执行井下从业人员准入制度。[①] 但在实际操作中，矿方基于管理成本考虑，往往把招工和工人管理权交由包工头负责。而包工头出于管理方便和减少用工成本，选择工人多在亲友和熟人圈子中进行，这容易降低工人的准入条件，将不合格者招入。矿方既然将招工权交给包工头，它所要做的就只是在形式上对所招收人员进行例行的审查与备案，做到形式正确。如政策规定井下从业人员必须年满 18 周岁且不超过国家法定退休年龄，必须身体健康、无职业禁忌病，必须具有初中及以上文化程度等。[②] 但这些条件只要有形式上的证明即可，至于真实性如何，矿方由于人员精力十分有限，

---

[①] 统一发布劳动用工信息、组织报名和资格审查，统一培训，统一签订劳动合同和煤矿劳动用工备案，统一参加社会保险和派遣，统一管理。

[②] 2014 年以后南矿所在省要求井下所招工人须具有煤炭相关专业中专及以上文化程度。

并不细究。

> 我们科室只有两个人，就俺两个人管理整个矿上千把号人的事情，大部分时候根本忙不过来，工队人员那么多，流动性那么大，不可能去一一核实他们的信息。再说他们交过来的学历、体检报告到底真假，俺们又不是专业人员，谁知道真假了，反正只要盖有红章就行，其他的咱也不管，这也是领导交代的，反正提供假证出了事情由工队自己负责。（LLP，劳资科科长，20150719）

包工头对所招工人也持同样的态度。

> 最近几年招的人都是四十多岁的，年轻人越来越不愿意下井干活。我们招的大部分人是上学不多的农村人，读过高中在我们这里就算文化很高，但凡有点文化的农村人都不来，更不要说城里人。再说就是有高学历的人来，我们也用不起，给的工资低了也留不住。所以，只要身体没什么大问题，愿意来干，我们基本上就收。（TYL，综采队经理，20141123）

结果，调查中笔者发现工人的体检报告和学历证书均有造假的情况，存在不符合标准的人进入生产一线的情况，这也一定程度上造成了包工队人员素质参差不齐，文化程度较低，不利于安全生产。

在安全培训上，矿方把本应自己负责的安全培训责任也下放给了包工头。按规定，新工人要进行安全培训，内容包括岗前培训、日常培训和特殊培训。[①] 但特殊培训在市里进行，其他培训矿方都交

---

① 岗前培训指对新工人进行的上岗培训。日常培训规定每周一和周五进行，每次 3 小时，内容为安全生产相关知识。特殊培训是由市组织对特种作业人员进行的培训，每 3 年一次，考核合格者由市里统一颁发特种作业操作证。

给了包工头组织，矿方只是进行例行检查。

> 包工队经验比我们丰富，毕竟干这行多年了，他们培训应
> 该比我们有用，我们培训还存在语言不通的问题。培训科是
> 2012 年才设立的，主要培训矿方自己的工人，我们只负责给包
> 工队制订培训计划。（LX，培训科副科长，20141210）

培训科负责对各包工队的安全培训情况进行检查，这种检查主
要针对各工队学习培训出勤情况，而对于具体的学习内容和学习效
果却不太关心。这往往促使包工头为节约人力和时间成本，让培训
流于形式。"培训新工人没多大用处，浪费时间和钱，还不如早早下
井跟着老师傅学习来得快。"（小曾，综掘一队包工头，20141120）
调查发现，南矿新工人的培训期都比较短，且多为纸上谈兵，缺乏
实践，结业考核更是把关不严，不管学得如何，都能通过。对于为
什么考核不严，培训科副科长也很无奈：

> 不是俺们想放水了，不放水不行，煤炭局有规定，凡是下
> 井人员，考核成绩必须在80分以上才算合格，煤炭局才给发放
> 上岗证，要是达不到就必须重新补考，啥时候达到了啥时候算。
> 这个规定好是好，就是不符合实际情况，你看看下井的都是些
> 啥人，咱说不好听话了，都是没文化的人才下井了，有的自己
> 名字还不会写了，你还让他考80分，就是给了他答案让他抄，
> 好多人还不会抄了，还得让人帮忙才能考过了，都是一群受苦
> 的，你还能指望他拿笔杆的了？所以也只能放水了，不然煤矿
> 没法正常工作。（CJP，培训科副科长，20170225）

在特殊培训方面，按规定井下一线特殊工种工人必须持特种作
业证件上岗，但由于工人的流动性较高，实际上存在着人证不对应
的情况。矿方为节约成本和时间，甚至会选派自己的正式工去考取

一批特殊工种证件，以备应对检查和因工人流动所造成的不时之需。对此，培训科科长谈道：

> 这也是实在没有办法的办法，要是按人家规定哇，你就必须有证件，没有证件不能上岗。但实际情况是工队工人流动性比较大，今天来了明天走了，你这儿还没有拿上证了，那里已经走了，你根本弄不成。培训一个证得花好几千了，虽然说是工队出钱了哇，但不得花时间，你一个证书拿下来最少得去学习半个多月，还得通过人家考试，要是通不过你又得花钱，所以一个证拿下来可麻烦了，代价可大了。这不没办法，矿上和工队就一起想了这个办法，矿上也省事，包工队也省钱，反正应付了检查就行。（GYG，培训科科长，20170520）

综上所述，包工头为节省时间和成本，没有认真履行安全培训职责，而矿方同样为节省时间和成本放松了对包工队安全培训的监管，从而导致工人安全培训的不足，增加了工人因培训不足在生产过程中的安全风险。

生产环节的安全管理职责也转移给了包工头。按规定，由矿方全面负责一线的安全管理，但实际上，矿方派安全员和安管人员下井进行监管，日常生产中的安全成了包工头的事情，包工头需要自己管理工作面的安全工作，这就使矿方对具体的生产和安全状况缺乏全面了解。虽然煤炭生产实现了机械化，并有统一的操作规程，但是由于采矿还有很大的不确定性，从而使得工人在实际生产中仍拥有相当程度的自主权和控制权，采矿的物理性质使其不能像在其他行业那样使用监督和控制类型（Curtin & Shields，1988）。正如工人所言："虽然在生产中我们是协作进行生产，但是我们并不是集中在一个地方，工作面有200多米长，我们十几个人就分布在这200米上不同地方作业，大部分时间都是各自干好各自的工作就行，班队长们一般就是过来看一下没什么情况就去下一个岗位了，矿上安全员也是，都是过来看看就走，不可能在一个地方待很久的。"
（PQK，综采队支架工，20170425）工人生产的自主性越大，对于安全监管的要求越高，这样无疑需要更多的监管人员和更高的监督成本，但由于矿上财务紧缺，一个工作面最多只能安排一个跟班安全员。由于精力有限，安全员不可能一直在工作面进行全面监督，即使安全员十分敬业，他也只能在工作面各个岗位之间来回巡视。此外，由于矿方的安全人员平时理论培训多，实践培训较少，业务能力参差不齐，面对井下工作面多，矿情复杂，这些人的素质往往达不到要求，这些都导致了对包工队的监管不到位。因此，在大部分时间中，如何进行生产，是否遵循操作规程实际上主要靠工人自身来决定。

> 矿上这些安全员可不好管理了，经常在井下睡觉，不好好的干。主要是矿上给的钱少，安全员才挣 3000 来块钱，他们是特殊工种和特殊待遇，还必须要有中专毕业证，这就是等于你有文凭有证的挣得工资不高，还没有人家杂工挣得多了，所以好多安全员就不好好干。我给你说说安全员常说的几句话哈，你就知道安全员是什么情况了。"都是挣上百把块钱还给他球动担了，下球来哇还赖了""一个劳力养活上老婆孩的，养活上爹娘，挣上百把块钱，矿长们挣上好几十万还不管了，我管球他了，瞎熬哇。"（WXF，安全副科长，20170424）

可见，不对等的市场关系，决定了矿方在将生产任务发包给包工队时，也将本应由自己承担的安全管理职责一并转移给了包工队，这实际上也就意味着包工队在承受生产任务时，也承受了各种可能的安全风险（吴毅、王勇，2017）。

**（二）从包工队到工人：安全风险的再次转移**
在包工制结构中，矿方属于委托方，包工头属于代理方，包工头处于矿方和工人的中间地位，其权力地位主要由职业位置和关系网络位置所决定。一方面，包工头向矿方承包生产任务，招募和组织工人进行生产，处于生产组织与管理的中介位置，是生产过程的实际组织和管理者，拥有实际的权威（沈原，2007：237—241）；另一方面，包工头处于包工队熟人社会网络的中心节点，因向工人提供就业和一定的社会庇护而获得了在包工队内的人际关系权威（贾文娟，2006）。因此，包工头不仅拥有对工人的劳动雇佣权，也获得对工人较大的行为影响与支配权。生产过程中，这两种权力的交互作用实际上让工人很难拒绝包工头的指令，包括一些违背安全规程的指令。由此，当包工头将从矿方承包的生产任务分派到工人身上时，实际上也就将矿方推给包工队的安全风险摊派到工人身上。

包工队实行独立核算，产量包干制，包工头的收益＝收入（产量×矿方吨煤开采价格＋超额奖励）－成本（承包费＋人工费＋管理费＋材料费＋处罚费＋工伤补偿金）。[①] 在这种强激励核算体制下，收益最大化和成本最小化自然成为包工头的理性选择。霍尔姆斯特姆和米尔格拉姆认为，在一个完备的合同外包框架中，向代理人提供强的激励使他追求一项目标，将导致他忽视其他的目标（Holmstrom & Milgrom，1994）。因此，在生产过程中，以各种手段驱使工人完成和超额完成任务，成为管理的重心，而与之伴随的另一逻辑结果——随之增加的安全风险，也在客观上甩给了生产一线的工人。

按煤矿的制度设计，生产和监管分属两条线，井下一线的安全监管由相对独立的一方行使，但是，既然矿方在发包生产任务时实际上也一并将日常安全监管下转，包工头便一身二任，既成为生产的组织者，又成了安全的监管者。这种制度安排，显然不利于安全措施的真正落实，调查发现，在完成或超额完成生产任务、争取收

---

①　这是综采队的收益算法，其他包工队也类似，综掘队是按照掘进1米的价格来计算。

益最大化和节省管理成本的理性权衡中，包工头难免不将关注重心移往生产一头，从而可能有意无意地放松安全监管（Wang，2006）。

> 我的工作是每天下去检查，质量不过关的该扣就扣，但差不多能看过去就算了，大家都是熟人。再说了，真按规定来，就不用生产了，肯定有许多不达标。有争议的时候，还得听工头的。比如刚放完炮，按规定需要多长时间才能作业，我说时间还不到，工头说没啥事都去干活吧，那还得听工头的。人家给发工资，当然要听了。（ZG，综掘一队监管，20141110）

工头将收益看得重，当其凭经验觉得不会有事时，监管人员就无法坚守本分。虽然经验在诸多时候也起作用，但经常性的侥幸，就难免不将一些未被及时查知的风险转移给工人。

包工头会通过经济激励和时间控制来激励工人生产。包工队内部也实行强经济激励，增加工作时间是常有的事。经济激励和延长工时确保甚至加速了生产的进度，却也增加了安全风险。一方面，计件工资下的多劳多得会刺激工人多干活，如综掘三队一个班掘进一米可以挣650元，掘进米数越多挣的就越多，一般情况下，主要工种的工人一天最少能挣240元左右，最多时能挣到300多元。

> 650元其实工资也不低呀，你走上3米，8个人也是二百五六，你像是去年4点班和0点班能干四五米了。去年那个司机五六个人也能干4排了，一个司机，一个带班的，连打帮打顶的打锚网的。工人们也是有个毛病，越人少了越干得劲大，这个人就是越挣得多越劲大。（ZZG，综掘三队综掘机司机，20170412）

另一方面，赶工和延长工时，易导致工人体力疲惫、精力不集中，从而可能诱发操作失误或对意外情况处理失措。对于加班，工人们未必都情愿，但碍于包工头情面①，更担心不听指令被罚款，实际上只能选择接受。有时工人从晚上 9 点一直要干到第二天上午 9 点多，长时间的持续劳作，的确增加了出事的概率。

为了增加生产，包工头有时不惜让工人违规作业。违规作业必然会增加安全风险，甚至引发事故。但是，因为微小事故的赔偿相对于收益不高，这就无形中增加了包工头对小事故的心理承受度。即便发生死亡事故，只要能上报社保中心，对死者的绝大部分赔偿也由工伤保险中心赔付。当然，如果私了，一个死者包工头得赔付100 万元左右，这看起来很高，但只要在生产，这笔钱就能赚回来，而且在产量包干价格中本身就包含了安全风险的费用，所以包工头损失并不大。得失收益的比较、侥幸心理和"常在河边走，哪能不湿鞋"的心理适应，往往让包工头铤而走险，逼迫工人违规作业（吴毅、王勇，2017）。

> 现在井下安全多了，大事故很少发生，都是些小事故。发生事故，不外乎天灾人祸，天灾没法防，井下地质结构复杂，谁也拿不准，所以要尽量做到探测。一般事故几乎都是工人不操心造成的，井下就是个要操心的工作，得眼观六路，耳听八方，一不小心就会出现事故。搞煤矿哪有不死人，你看哪个煤矿不死人，只要不出现大事故就可以，小事故是免不了的。（TYL，综采队经理，20141123）

此外，包工队生产班组之间也存在着竞争，包工头在包工队内部实行强激励，这种激励不仅包括经济激励，还有非经济激励，如得到包工头的信任和职位的升迁等。在这双重激励下，生产班组之

---

①　包工头平日里比较注意维持与工人的关系，如帮助工人解决生活困难，按时发放工资等，在这种人情关系下，要工人违背包工头的指令其实很难。

间存在着较大的竞争。一般情况下一个包工队内部的跟班队长都是来自不同的地方，领导着各自的队伍，跟班队长为了获得包工头的奖励和提拔，往往会动员本班人员超能力生产，这就不可避免地要违规作业，从而增加生产中的安全风险。为了防止因违规作业而被安全员罚款或者停工，跟班队长们每月还会给予安全员们一定的"交际费"，从而使安全员们睁一只眼闭一只眼，不干扰他们作业。

> 原来那个队长调皮捣蛋的，不好好干，就换了不用他了。今年这个队长是从下面跟班队长提起来的，这个队长干得不错，很灵活。他在当跟班队长时，总有办法能比别的班干得多，别人一个班进3米，他们就能进4米，挺不错的，我看好他，他是我手下得力干将呀。当队长肯定比当跟班队长挣钱多了。（QJT，综掘三队包工头，20170412）

> 搞掘进的班长每个月都要给安全员一定的交际费，你和安全员搞好关系，一个月给安全员千把块钱，买通他，让他去吃饭喝酒买点烟，他能睁一只眼闭一只眼，就睁一只眼闭一只眼，不要查得太严了，差不多能干过去就行。就是不要找事，不是你专门违章，基本不违章就没法干活，有时候他睁一只眼闭一只眼就行，不要出了事就行，尤其那个炮掘事更多。放炮以前要求70米拐弯就能放，现在要求300米才能放，你说跑上去再跑下来，来回跑一个小时就过去了，一般就是七八十米就放了，要是人家安全员就在那里看着呢，你必须跑300米，这就需要一点交际费。（LB，综掘二队大队长，20170425）

为了消解矿方频繁地监督导致生产速度的降低，包工队跟班队长们还主动给矿上安管人员提供一些明显的和轻微的安全隐患，而故意隐瞒一些不明显和较大的安全隐患。煤矿为了加强安全监督，规定每个安管人员每月必须查处一定数量的安全隐患，如果完成不了少一条罚款50元。为了能够完成每月的指标，安管人员必须在跟班入井期间认真巡查才能发现隐患。因工作面煤尘很大，当安管人员进入工作面时，当班工人需要停止作业以接受检查，多次检查就会降低生产速度，在这种情况下，跟班队长为了能够连续不停止作业，往往会主动给安管人员提供需要的安全隐患。有的时候安管人员也会主动让工队提供安全隐患，工队也乐于自己提供，这对双方都是双赢。一方面，安管人员可以轻松地完成任务，不需要在危险系数很高的工作面长时间停留；另一方面，跟班队长也能保证生产的进度，甚至可以通过提供较为明显、轻微的隐患来掩盖严重的隐患，从而达到减少惩罚，提高效率的目的。但这样的做法也让生产过程增加了安全风险。

包工头的行为由特定的组织结构环境所形塑，紧迫的生产任务、矿方日常安全监督机制的实际缺失、生产高收益与事故低赔付的比较效益，都是这一环境的基本构成元素。如此的微观组织环境，显然更容易导致包工头追逐效益而忽视安全的生产过程管理。由此，不顾安全规章，以生产指令、经济激励甚至人情权威，迫使工人超时间、高强度的工作，便成了包工制下生产过程的常态。当这种常态被视作煤炭生产的"正常状态"时，工人们便很难摆脱，更多时候只能不惜自身安全，被迫参与到这一追逐利益的"合谋"之中。由此，工人实际上就被推到了潜在安全风险的风口浪尖，其安全几乎只能维系于生产者本人在遭遇意外时的临场处置和运气（吴毅、王勇，2017）。

# 三　安全生产事故的发生

近年来，煤矿安全事故的频繁发生让矿难治理成为最受关注的公共问题之一（聂辉华、蒋敏杰，2011），其不仅涉及煤炭行业的安全生产，更涉及从业工人的生命权维护。在此情况下，国家加大了对煤炭安全生产的整治，一系列事关安全生产的法律法规陆续出台。由此，从2002年到2016年，中国的煤炭百万吨死亡率由4.94下降到 0.156，煤矿事故的数量从 4434 起减少到 240 起，死亡人数也从 6995 人减少到 528 人。① 然而，治理虽有成效，总体安全形势依然严峻，与国外主要采煤大国（美、澳、南非等国）相比较，中国的煤炭百万吨死亡率仍处于较高水平（聂辉华等，2017）。频发不断的一般事故所导致的死亡人数仍占总死亡人数的最大比例，且安全事故处理中存在的瞒报现象，也使我们对当前矿难问题的真实情况难以准确把握。② 这些情况表明，虽然近年来国家公布的相关事故数据在下降，但事故治理的实际绩效还远不能令人乐观。

与全国平均水平相比较，南矿安全生产状况如何呢？笔者在调查中收集到南矿 2011—2016 年这六年间发生的安全事故。③ 南矿在 2011—2016 年间共发生 30 起安全事故，伤亡 30 人④，2011—2014 年间远高于全国煤矿百万吨死亡率，也高于本县的煤矿死亡控制指标。⑤ 事故中 16 人是因顶板和片帮⑥垮塌造成的伤亡，8 人是因运输

---

① 根据国家安全生产管理监督总局网站和国家统计局网站历年公布数据及相关文献整理计算所得。还可参见《2016 全国煤矿百万吨死亡率 0.156》，中国煤炭网，2017 年 1 月 17 日，http://www.cctd.com.cn/show-176 - 157960 - 1.html，访问时间：2018 年 1 月 2 日；国家统计局《2016 年国民经济和社会发展统计公报》，2017 年 2 月 28 日，http://www.stats.gov.cn/tjsj/zxfb/201702/t20170228 _ 1467424.html，访问时间：2018 年 1 月 2 日。

② 通过整理国家安全生产管理监督总局网站公布的数据发现，仅 2014 年国务院安全生产委员会就查处了 13 起煤矿较大以上安全事故瞒报，其中 2014 年瞒报 8 起较大安全事故，2013 年瞒报 4 起较大安全事故和 1 起重大安全事故。而对于一般安全事故的瞒报则缺乏统计，有可能更多。

③ 2011 年前，由于南矿处于扩建中，那时候正规电子办公档案还没有建立，缺乏专门的档案管理人员，平时由办公室人员兼职，在数次来回搬家的过程中，许多原始的纸质数据遗失，导致 2011 年以前的安全事故档案资料十分零散，因此，本书选取了 2011 年以后的数据。这里的安全事故包括工伤和死亡事故。

④ 事故绝大部分为工伤事故，属于一般事故或一般事故以下的小事故，基本上每次事故受伤或死亡 1 人。

⑤ 死亡事故有的没有公开处理，数据是笔者经过调研获取的，W 县每年的死亡控制指标为 1 个。

⑥ 顶板指的是煤矿巷道的顶部，由伪顶、直接顶和老顶构成。片帮指的是巷道的左侧壁或右侧壁。

系统造成的工伤，6 人被支护器材砸伤。当笔者问及事故的原因时，大部分受访者都归咎于不小心或运气差。"出事故这个不好讲，有时候还是自己不操心、不注意造成。哎，反正是出事不由人，你就赶那里了，就该你了哇。"（LJF，综采队清煤工，20170420）但是经过调研，笔者发现这些事故都直接导因于工人违规作业。

工人们为什么要违规作业呢？笔者根据工人们违规作业的原因概括了以下三种类型。

### （一）培训不足下的违规作业

前文已提及矿方和包工头为节约时间和成本在安全培训上的懈怠，主要表现有：第一，包工头为节约时间和成本，消极对待培训，缩短培训时间；第二，矿方为节约时间和成本，选派自己的正式工考取特殊工种证件备用，导致井下一些特殊工种的人证不对应，一些实际作业的工人缺乏专门的培训；第三，由于工人文化程度相对较低，对学习培训缺乏积极性，常消极对待学习培训，对此矿方和包工头也熟视无睹；第四，矿方对包工队工人学习培训考核不严，工人都能轻易通过考核。这些情况都导致新进工人的安全知识缺乏，他们往往是边干边学，极易造成无意识违规作业。

> GGF，综掘一队支护工，新工人。搬运绞车方法不当，导致绞车压伤左脚，工伤十级。（LP，调度室副主任，20150201）
>
> WP，综采队采煤工。在井下做绞车绳头，架钢丝绳时，没有带防护用具，钢丝绳溅起碎屑，把他左眼弄伤了，工伤八级。这个娃娃可惜了，还不到 30 岁了，跟着他爹一起来矿上干活，本来是过来挣钱娶媳妇，总共来了还不到半年。他爹说的还是给他找个辅助工干干，不要让他进一线，谁知道干辅助也出事情，小孩子把眼睛毁了，影响视力了，去年回来处理事情时，缠着一只眼睛，看着让人还心疼了，他爹现在还在这里上班了，他去别的地方干活了。（LJF，综采队清煤工，20170603）

8 起事故都是典型的违规作业案例，原因是工人对相关技能和安全防护缺乏常识，究其原因，又在于矿方和包工头没有按照规程对新工人进行严格的安全培训。矿方为了工队能够顺利通过考试，培训科工作人员甚至都直接帮考试成绩很差的工人修改试卷或重新填写答案。

> 俺们每周学习两次，都是下班上来学习了，你说俺们学习甚了，一个受苦学那做甚了，就是没学习才来受苦呀，学那有啥用？上班一天都累死了，上来就想睡觉，谁还想学那了？要不是不学习罚款了，谁来学了？你看哇，哪个认真听了，他念他的，咱听咱的，这个耳朵进，那个耳朵出，检查的来问学了没有，咱就说学了，就是记不住，哈哈。都是瞎应付了哇，一来学习都是拿上手机来要要就走了。（SXD，综采队支护工，20170419）

可见，无论是矿方，还是包工头，抑或是工人本身都对安全培训不重视，在这种情况下，培训不足自然是很正常的事情，工人违规也就在所难免了。

### （二）强制命令下的违规作业

怀特（Wright，2000）认为工人阶级的力量可分为"结社性力量"和"结构性力量"。前者指基于工人集体组织的形成而产生的各种形式的力量，其中最重要的是工会和政党；后者指由工人在经济系统中所处的位置而形成的力量。"结构性力量"包括"市场谈判力量"和"工作场所谈判力量"（西尔弗，2012：16）。南矿有工会组织，但其管辖范围不包括包工队，包工队工人也不可能成立自己的组织，不具备任何结社性力量。包工队工人的文化程度低（初中文化程度以下者占总数的 88.8%），缺乏见识与人际关系资本，市场谈判与工作场所谈判能力也同样很低，结构性力量也极弱。既无谈判能力，又无维权能力的工人，在生产过程中只能听命于工头驱使。而包工头和工人之间所存在的亲缘、乡缘和谊缘关系，更让工人陷入无时无处不在的人际软约束，即使有所不满，也难以公开不服从。包工头对工人的这种双重控制，在生产中主要通过一线班组长，即一般工头体现出来（吴毅、王勇，2017）。工头们即班队长们为了能够完成或超额完成生产任务，常常违章指挥，工人们也不得不违规作业。

> GSQ，综采队清煤工。本不能进入一线，当天一线工不够，被工头临时派到一线顶替，由于不懂工作，操作失误导致顶板塌方，造成死亡。（WQF，安全技术科科长，20141124）
>
> DJJ，综掘一队支护工。工作面还未经过"敲帮问顶"①，工头指令干活，片帮支护时，片帮垮塌砸伤左腿，工伤八级。（LP，调度室副主任，20150201）
>
> FHY，综采队采煤工。班长违章指挥，在顶板情况不明情况下让工人作业，在工作面上隅角处打单体柱时，顶板掉下矸石，将其头部砸伤，工伤八级。（GXL，安全科技术员，20141115）

13 起事故均因工头违规指令工人作业所造成。在包工制的权力结构与社会关系支配模式下，面对此类违规指令，服从几乎是工人唯一的选择，由此也就注定了工人们几乎无法躲避由此带来的安全风险（Wright，2004）。正如工人所言：

> LJF：在井下干活都是领导说了算，叫干就干，不让干就不

---

① 敲帮问顶是井下生产作业开始前，用撬棍、钢钎或镐等敲击井巷、工作面顶板及侧帮，根据发出的声响发现浮石、剥层的方法，这是井下预防顶板事故最常用的方法。

让干。哎，领导就是不对人家也是对，反正一般就是这回事，你就靠人家领导了，他说的不对了，你不服从他，就是不服从领导，就要罚款了。

　　LWC：前几年我们干活，领导在机器上，瓦斯超限了，领导让小工上去把探头摘下来，继续干。以前都是那样，瞎干了，出事了。哎，出了事情都是我们的事，是不是？说的不好听，他大不了就是出个钱，倒霉的还是我们自己，你就是出了工伤了，在医院躺的了，他再找几个人继续干，继续挣钱了，倒霉的还是自己。（群体访谈：LJF，综采队清煤工；LWC，综采队皮带工，20170420）

### （三）经济激励下的违规作业

一线采掘危险性高，报酬也高，经济利益也会驱使一些工人置安全规定于不顾而冒险生产。南矿有包工队工人249人，其中90%的工人来自农村，且大多数来自贫困山村。此外，还有一部分职业挖煤人，他们视挖煤为能挣钱的职业，而无论前者还是后者，都是为了挣钱而下井的。正如综采队生产队长所说："来下井的都是家里负担比较重，又没有多少文化，下井就相对来钱快点。我们没办法，年龄在这里搁着呢，让我年轻20年，你叫来干我也不来干，挣多少钱我也不干。男的要养家糊口呀，你家里老婆孩子都要钱，都指望你挣钱给这些人花呀。就我来说，都是为了孩子，孩子上学、结婚、买房子、买车，我刚给孩子在合肥买了一套房子。我家里有三个孩子，两个在上大学，一个马上高考，负担挺重的，我这不是想着供他们读完书，成家立业了，我就不下井了，还得再给他们干几年了。"（YSX，综采队生产队长，20170425）所以，不要说面对着实实在在的生产指标、劳动控制与关系威迫，就算没有这些压力，工人也自愿想要多干。因为在强激励下是多劳多得。因此，包工头"加班加点"与冒险生产的指令，对于工人而言，未必一定就是"阶级剥削与压迫"的认识，更多时候倒更可能是工人自己基于利益计算的"认同"所做出的"主动配合"。其实，作为常态，在包工制的雇主与雇员之间，对上述"劳动过程"是有着某种"共识"与"同意"的（布若威，2008：99），基于这种"共识"与"同意"，许多时候，工人们会主动要求"赶工"。为了更多的钱出更多的力冒更多的险，似乎也天经地义。因此，如果说的确存在着矿方和包工头对工人的市场与关系强制，但工人也的确是或被动或主动地迎合这种强制的。这无疑也埋下了疲劳与违规作业的种子，将"自愿配合"的工人陷于安全困境之中（吴毅、王勇，2017）。

> CYX，综掘一队锚杆工。为了加快打眼速度，违规作业，导致被脱落的顶板矸石砸中而死亡。（SY，综掘一队班长，20151110）
>
> YLX，综采队跟班副队长。为了赶进度生产，在工作面回撤液压支架时，违规作业，被卸下的单体砸伤，工伤九级。（WXF，安全科副科长，20160824）
>
> ZYN，综掘三队掘进工。只顾生产而没有及时检查安全，在工作面下端头作业时，由于高压管破裂，将其嘴部与下颌骨击伤，工伤九级。（WXF，安全科副科长，20160824）

上述事故在内的 9 起事故都是工人为了经济利益而主动违规作业造成的。在包工头经济强激励和工人对经济的强烈需求下，外加上监督的缺失，工人的主动违规作业便不可避免。更为严重的是，在包工头和工头"不违规没法作业"的宣传灌输下，工人们也确实认为违规作业是很正常的事情。如有工人谈道：

> GWX：有些活必须违章，有些活不用违章，规章制度也是多少年积累下来的，你按那个规章制度干活你肯定百分之八九十出不了工伤。
>
> LWL：就说那个综掘机，它挑东西就违章，人够不着，就

必须用综掘机挑了，挑它就违章，该违章就得违章。

GWX：这么高，人够着了使不上劲，用不上劲咋干呢？

LWL：一个人够着了，还得两个人了，还得固定了，两边人一扶一固定。规程上说的是支平台，但是支平台你半天支不起来，自己想得省力办法，省力的办法就违章，你还想快点，你干不上活你挣不上钱。

GWX：对，还得顾挣钱。虽然知道违规有掉下来的危险，但是你知道掉下来危险你也得这么干，总感觉是没事，通常出事都是这样，觉得没事。（GWX，综掘三队支护工；LWL，综掘三队跟班队长，20170415）

# 四　安全生产事故的治理

事故发生后，南矿是如何治理的呢？调查发现，事故处理方式在很大程度上要受政府的安全生产控制指标和矿方、包工头及工人三方在包工制契约关系中的权力地位制约，由矿方掌握最终决定权，具体处置权则由包工头负责（吴毅、王勇，2017）。安全事故分为工伤事故和死亡事故，这两种事故的处理方式在南矿是不同的。

## （一）工伤事故的治理

上文所呈现的工伤事故都是按正规程序，经包工头上报矿方后处理的。政府给煤矿下达的安全生产目标责任状中没有工伤指标控制，矿方没有这方面的压力，且矿方已给井下工人缴纳过工伤保险，事故处理是可以走正常的工伤鉴定和补偿程序的。按规定，当工伤等级在十级以内时，补偿金大部分由工伤保险基金支付，矿方只需出少部分钱；当工伤为等外级时，补偿金则由矿方支付。但是，无论等级内还是等级外，矿方最终都会在与包工头结算工资时，将这笔钱扣除，这等于利用自己的市场强势，以承包的理由将全部工伤赔偿费用转移给包工头。而且，矿方还要根据工伤的轻重对包工头进行处罚。①

面对如此强势的矿方，遭遇事故的包工头是否将事故上报矿方，如何上报，就要有所考虑了。一般而言，工伤在等级之内，包工头会选择上报，因为此时走正规程序所花的费用还是低于工人所要求的赔付——基于自我权利维护及对所需医疗费用预期的不确定，工人在受伤后多会提出一个较高的医疗及赔付数额；但是工伤为等级之外时，包工头则多会私了。因为此时如走正规程序，包工头所要付出的成本一般会高于私了费用。这时，包工头会主动给工人支付医疗费用，并请求其不要声张。因伤势不重，费用又合理，工人便多半会选择配合，与包工头私了完事，事故也就由此被按了下来。笔者在调查中就发现有好几位工人曾经受过轻伤，却选择了私了。

> 我上个月就把脚砸伤了，但是不严重，肿得厉害，老板派人把我送医院，给我拍了一个片子，检查一下，只是轻微地伤到骨头，影响不大，医生说休息一段时间就好了。老板给我放了半个月假，还把医药费帮我出了，他也没有上报煤矿，要是上报了还要处罚工队，可能我自己也要受处罚了，肯定说我是违规造成的，我在家休息了多半个月，好了就又来上班了。（XWB，综掘一队运输工，20170604）

对于工人而言，事情不大，也没必要为难包工头，谁让你吃了挖煤这碗饭？这之中，既有经济的算计，又有人情的顾虑，充分反映了地位等差下各方对规则的选择性利用。但是也正是因为这种地位等差下的规则选择性运用，包工头也就不把工伤看作大事，事故

---

① 矿方订有工伤事故处罚标准，轻伤事故：①罚事故单位5000元；②罚单位负责人1000元；③罚主要责任人500元。重伤事故：①罚事故单位20000—30000元；②罚单位负责人2000元；③罚主要责任人1000元。

之后，也很少去分析原因，改进安全措施。最后，只要是工伤十级以内的，矿方和包工头都会与受伤工人解除劳动合同，以避免之后的一系列麻烦。矿方、包工队与工人的解除协议如下：

## 工伤处理协议书

甲方：南矿

乙方：WP

2015 年 6 月，综采队采煤工 WP，在井下回风顺槽与回撤通道交叉处做绞车绳头，架钢丝绳时，钢丝绳溅起碎屑，将其左眼击伤。事发后，矿部将其送往市人民医院接受救治。经过 6 天治疗后康复出院。

2015 年 8 月，经市人力资源和社会保障局认定为工伤，2016 年 6 月，经市劳鉴委鉴定其伤残等级为八级。2016 年 6 月 23 日，经乙方申请，解除劳动关系，退出工作岗位，为此，经甲乙双方协商一致，共同达成如下协议：

一、甲方同意乙方提请公司解除劳动关系的申请，并在签订本协议之日起，正式解除甲乙双方的劳动关系，双方的权利义务随之终止。

二、工伤资金赔付 141734.37 元，其中：

1. 一次性伤残补助金：44880 元；

2. 一次性工伤医疗补助金：85680 元；

3. 伙食补助：120 元；

4. 鉴定费：400 元；

5. 医疗费：10654.37 元。

三、用人单位赔付 82600 元，由综采队全额支付，其中：

1. 一次性伤残就业补助金 48960 元；

2. 停工留薪工资：32640 元；

3. 陪侍费：1000 元。

四、以上两项费用共计：224334.37 元。扣除综采队提前支付的陪侍费、生活费、医疗费 34254.37 元后，实际支付乙方 190080 元。

五、本协议书为一次性终结处理，乙方后续治疗以及工伤所引发的后遗症，均由乙方自行负担，甲方概不负责。

六、甲、乙双方签订本协议后，任何时间、任何情况下，乙方均无权就本工伤一事向矿方提出经济赔偿。乙方自愿放弃就工伤赔偿所享有调解、仲裁、诉讼、重新鉴定的权利。

七、本协议书一式四份，甲方执三份，存档一份，财务一份，劳资备案一份，乙方执一份，经甲乙双方签字盖章后生效，永不反悔。

甲方（盖章）：南矿

乙方（签字）：WP

2016 年 11 月 × × 日

### （二）死亡事故的治理

死亡事故的处理，则更充分反映了矿方、包工头和工人（这里指其家属）基于各自地位对赔偿规则的运用。是否走正常程序，要视各方面的情况而定，这包括死亡事故的等级、死亡控制指标、事故处理成本和事故成因等。死亡事故分为一般死亡事故（1—2 人）、较大死亡事故（3—9 人）、重大死亡事故（10—29 人）和特别重大死亡事故（30 人以上）。较大的事故谁都不敢隐瞒，会按正常程序上报及处理，由不可抗因素引发的死亡事故也会走程序。但如果死亡人数少，且属于责任事故，那么，矿方就有可能选择瞒报和私了，尤其当他们觉得有可能以私了摆平事故时。调查发现，除了 2 起按照正规程序上报之外，剩下的并未上报，而是矿方授意包工头与死者家属私下协商解决的。

上报的 2 起死亡事故也是原因特殊才上报，这两次安全事故都是工人当场并未死亡而是重伤，在医院抢救治疗十几天之后，医院才下发病危通知。矿方和包工头明知道结果肯定是抢救不过来，还转到省里最好的医院继续抢救，目的是只要能够让他们呼吸维持一个月即可。《生产安全事故报告和调查处理条例》规定，自事故发生之日起 30 日内，事故造成的伤亡人数发生变化的，应当及时补报。这条规定常常被煤矿等企业拿来利用，它规定 30 日以内伤亡人数没有变化就不需要再上报，30 日这个期限便成为一个很重要的时间期限，如果工伤在 30 日之内死亡的，按照规定就是死亡事故，但是工伤只要超过 30 日之后死亡的，便不属于死亡事故，只能算作工伤事故（刘恋，2014：61）。如果认定为工伤事故，那么责任便不大，可以直接走工伤事故的处理程序，即可以上报，这样包工头只需要出一部分补偿金即可，大部分补偿金由工伤保险基金发放。因此，虽然明知道工人不可能有希望，矿方和包工头也会不惜代价保证拖过一个月。这种做法在煤矿是十分普遍的现象，南矿负责申报工伤保险的劳资科副科长谈道：

> 在煤矿这些行业，出事故之后，只要不是当场死亡的，去医院抢救的，只要是能拖过一个月，煤矿肯定都会让拖一个月，多花点钱也没关系，只要让人靠着机器吊着一口气就行，过了一个月就好。过了一个月死了的，就不是死亡事故，可以算是工伤事故了，这样煤矿也不会有什么责任了。工伤事故按照正常渠道申报就行，花的那些高额医疗费也可以报销，煤矿也不需要停业整顿，对矿上这是最好的选择。这就跟平时常听说那个死亡人数一样，比如都是死了 9 个，或者 29 个，只要一超过这个数字，性质就不一样了，责任就很大了。这种事情在煤矿很常见了，好多医院也懂行，他们也不问，反正你愿意花钱，他们也无所谓。（MJQ，劳资科副科长，20170220）

剩下的死亡事故每次导致 1 人死亡，但属于责任事故，如果上报，矿方和包工头都会受到处罚，相关责任人甚至可能面临行政和法律处分，这些相关责任人包括煤矿、县、市等相关安全包矿人员，见表 6-1。近年来，南矿所在县每年的煤矿事故死亡控制指标不得突破 1 人，矿方与政府签订的安全生产目标责任状则承诺不发生死亡事故，死亡一旦发生，煤矿的工作会被一票否决，煤矿也得停业整顿，其为此所支付的成本，将远高于死亡赔偿费用。所以，只要瞒得住，矿工和包工头便会产生一定的"共谋"，矿方会要求包工头尽可能私了。显然，站在矿方和包工头的角度，私了有利于降低事故处理成本，尤其有利于降低政治风险（王有勇，2011）。面对这种要求，包工头即使明知私了在经济上对自己未必划算，也只能选择配合，摆平事故的所有花费，包括支付死者的赔偿，都将由包工头承担。"要是我们不出，矿上也能变着法从我们工资里扣。"（CJT，综掘二队跟班队长，20141120）在矿方和包工队之间，并不是对等的市场雇佣关系，而是由矿方单方面的市场强势所支撑起来的需求对供给的不平等依赖，这种不平等依赖，不仅渗透到生产的责、权、利划分中，也同样影响到工伤死亡事故的处理。

表 6 - 1　　　　　　　　　**南矿安全生产挂牌责任制公示牌**

| 煤矿企业名称 | 南矿 |
| --- | --- |
| 矿井瓦斯等级 | 高瓦斯 |
| 煤矿企业负责人 | 法人矿长 |
| 市政府包矿领导 | 市长助理 |
| 县政府包矿领导 | 工业副县长 |
| 集团包矿领导 | 安全副总工程师 |
| 市煤炭局包矿领导 | 市煤炭局副局长 |
| | 市煤炭局瓦斯科科长 |
| 县煤炭局包矿领导 | 县煤炭局总工程师 |
| | 县煤炭局安监站长 |

挂牌责任人工作职责：

排除安全隐患，确保安全生产和运行；

指导督促企业落实安全生产工作的规章制度，搞好安全生产工作；

定期检查挂牌单位安全生产情况，防止发生安全生产事故。

注：此表为笔者根据南矿在主斜井口悬挂的安全生产挂牌责任制公示牌整理所得。

　　于是，包工头只能遵照矿方的要求，以"花钱买平安"的方式去摆平事故。为避免走漏消息，他们会选择在邻县找一个地点来与死者的家属谈判，如果死者为外地人，矿方多不出面，全部事宜交由包工头负责。包工头得以高额补偿金，并让介绍死者来干活的工人做中间人，说服家属私了。初时，遭遇亲人亡故，家属都会不依不饶，大吵大闹，但人死不能复生，经历了最初的情感冲击后，最终还得面对现实。且家属一般来自社会底层，除了坐下来谈，也几无其他选择。所以，经过多次谈判，只要赔偿金额合适，家属也就接受了私了。谈判中，包工头会根据工人家庭的情况酌情增加赔偿额，但不会太多，一般在 80 万元左右封顶①，但这已远高于正常赔偿的标准，所以，如无特殊情况，家属最终多会接受。如果死者为本地人，处理难度则会更大，钱也要赔得更多。因为怕家属熟悉情况，把事情闹大，更怕家属以赔偿金额低为由，经常来矿上找事，因此，矿方也要求包工头提高赔偿金，且矿方还会主动给家属提供一个来矿工作的机会。而如果谈判陷入僵持，矿方则可能一方面给家属以冷面孔，另一方面又压包工头再提高赔偿金。所以，对本地工人的死亡赔偿有时会在 120 万元左右。一旦谈妥，包工头即与家属签订协议书，协议书会写明家属同意一次性解决，永不反悔。②之后，包工头便让家属领钱，又出钱火化遗体，让家属领取骨灰。由此，死亡事故便被消解在煤矿内部。

　　显然，这种安全治理机制可能导致相当数量的安全事故被隐瞒，也因此，本应作为警示的事故也起不到警示作用。当安全事故特别是死亡事故不进入官方统计，事故责任人未受追究和处罚时（钟开斌，2005），作为责任方的矿方和包工头在事故后的本能反应就不是

---

　　①　这是 2014 年的价格，这个赔偿价格每年会随着正规工伤事故补偿金价格的上涨而上涨，下文介绍的价格均为 2014 年的价格。

　　②　尽管事实往往并不如此，有的家属事后还会反复来矿上找事，要求提高赔偿或再增加工作名额。

去寻找原因，吸取教训，改进保障，杜绝后患，而是继续心存侥幸，凭借着对工人的市场和关系威势去"钻研"隐瞒和化解事故之道。既然能够花钱买平安，谁又会认真采取措施改进安全？结果，原来的低成本安保设施并未因为事故的发生而整改，煤矿安全生产始终处于一种低保障的循环。在这一循环中，矿方以低安全成本获得高生产收益，包工头以能承受的成本维持利润，唯独工人获得的是低报酬，承担的却是高风险，这便是包工制下的安全事故治理逻辑（吴毅、王勇，2017）。此外，包工制下企业"花钱买平安"的治理逻辑还揭示出一个比张永宏和李静君提出的政府"花钱买稳定"导致公民法定权利商品化更为严重的问题，即劳工最为根本的生命权被商品化（张永宏、李静君，2012；Lee & Zhang，2013）。

## 小　结

本章主要从南矿安全监管的制度安排、煤矿安全生产的状况和安全生产事故的发生与治理等方面来探讨包工制下的安全监管及其困境。研究发现，矿方、包工头和工人三方各自的行动逻辑取决于他们在当下中国煤矿特定的生产体制中的结构性地位与力量。矿方处在权力结构的顶端，居主导地位，包工头处于权力结构的中间，相对矿方呈弱势，相对工人又呈强势，工人的地位最低，他们既无"结社性力量"，又无"结构性力量"，甚至在多数时候还缺乏维权意识。因此，在矿方—包工头—工人的互动链条中，有关生产的收益呈不断上收趋势，最终在矿方和包工头之间形成虽不均等，却能让双方满意的优势配置；而有关生产的安全风险却呈不断下移的趋势，并最终由处于结构底部的工人承担。面对层层下压的生产和安全风险，几无谈判能力的工人在理论上似乎可以"用脚投票"，选择离开或者不离开，但是，在中国次级劳动力市场人力资源丰富的大环境下，更为普遍的情况是只能选择承受，即不仅承受高付出，也承受高风险。

可见，包工制不仅是一种生产管理模式，更是一种强者对弱者的安全风险转移机制。从矿方到包工队，实现了安全风险的初次转移，从包工头到工人，实现了安全风险的再次转移，结果，一线工人成为生产任务和安全风险的双重承载者。生产过程中，接受安全培训不足的工人在任务进度控制和经济激励下违规作业，导致安全事故频发。因此，煤矿安全事故频发的表面原因看似工人违规作业，深层原因却是包工制权力结构下安全风险的向下转移机制，其在"确保"安全风险向底层弱者转移的同时，也"确保"了安全事故的内部消化，当然，也就因此为新事故埋下了再生的种子（吴毅、王勇，2017），由此，安全生产陷入了恶性循环之中，安全困境也就无法解决。

# 第 七 章

## 结论与讨论

煤炭业包工制是伴随着国企改革而重新出现的，众多煤矿利用包工制来降低成本，提高效益，规避风险，由此包工制开始在中国众多煤矿中盛行。国企改革的目标是建立适应市场经济要求的产权明晰、责任明确、政企分开、管理科学的现代企业制度，在管理上要实现科学化和理性化，但是包工制的盛行却与国企改革的理念背道而驰。包工制是一种比较落后的生产组织和管理方式，按理说，包工制是与现代企业制度相悖的，在企业生产管理方式发展的三大阶段中（工场手工业、工厂制度和科学管理），包工制是介于第二和第三阶段之间，科学管理制度兴起之后，标准化、科学化的生产管理方式已经迅速取代了此前的包工制，包工制也逐渐消失（马学军，2016）。但吊诡的是，随着现代企业制度和科学管理制度的不断完善，被科学管理制度取代的包工制不仅重新出现，而且还迅速发展，呈现出科学管理制度和包工制并行发展的态势，更为奇特的是，这两种制度共处于同一企业之中，实现了两者的结合，而没有出现科学管理制度对包工制的取代。因此，如何理解这种现象，这种现象将会带来什么样的影响就成为一个值得探讨的问题。

在前面几章，笔者对南矿包工制的不同切面进行了展示。本书不仅分析了包工制的形成及其组织运行机制，还揭示了包工制运作产生的功能、权利困境以及安全困境。其中，包工制的功能是有目共睹的，其确实降低了企业的用工成本，提高了生产效率，转移了安全责任风险，实现资本利润最大化，风险最小化，但其问题和困境也是显而易见的，甚至是触目惊心的，屡受侵犯的工人权利，频发的安全事故，这些都表明该制度绩效和问题是共存于一身的，好比一个硬币的正反两面。由此如何揭示这一现象，从中为国企改革，甚至社会转型面临的困境提供启示，便是本章的题中之意。

# 一　煤炭业包工制形成与发展的原因

本书的第二章虽然介绍了南矿包工制的形成与发展，但对其原因却没有进行过深入的分析，包工制是如何嵌入南矿，并一步步发展壮大，换而言之，一个前资本主义的生产组织方式是如何在一个社会主义国企改革中盛行呢？或者说是一个落后的生产组织方式是如何适应现代化的企业制度环境呢？本节将要揭示这个重要的问题。

组织研究中的权变理论认为不同环境对组织有不同的要求，组织方式依赖于组织环境的特质，一旦组织的内在特征与其环境要求达到最佳匹配，那么组织就能更好地适应环境（武立东等，2012；斯科特、戴维斯，2015：117）。组织面对两种不同的环境：技术环境和制度环境，这两种环境对组织的要求不同。技术环境要求组织有效率，组织要遵循效率逻辑，制度环境要求组织服从"合法性"机制，组织正是在不同环境条件的多重压力下发展变迁的（周雪光，2012：72—73）。合法性逻辑和效率逻辑同样也共同影响着南矿包工制的发展与变迁。

首先，合法性逻辑是包工制出现的前提条件。南矿包工制的出现要归功于煤炭基建制度和企业用工制度的改革，正是在这样的制度环境下，包工制才得以出现。在社会主义计划经济时期，国企实行的是高度集中统一的管理模式，在劳动用工方面，实行劳动计划编制，对劳动力进行定额定员管理，国家劳动部门有计划地为煤矿企业安排劳动力，由此实行了固定工制度。在固定工制度下，实行有计划、有组织的招收和分配，既不能随意招收，也不允许任意解雇，固定工享受终身就业的权利（吴迪儆等，1988：597）。而且在国家制度限制下，农民是不能自由迁徙的，国企用工一般也只招收拥有城市户口的工人，因此在这种严格的用工管理制度下，包工制这种以农民工为主的用工形式没有生存空间。也正是由于这种高度集中统一的管理模式导致了国企的效率低下，负担沉重，为了能够减轻国企负担，提高企业的效益，国企开始了一系列的改革。其中用工制度的改革至关重要，固定工制度不仅造成工人效率低下，而且为工人提供从摇篮到坟墓的福利也成为企业的负担。为此，国家放松对用工制度的管理，允许企业自主招工，并且能够招收农民工，正是在这种制度环境下，包工制开始重新出现。

其次，包工制的发展则是基于效率逻辑的支配。包工制在南矿出现之后，只是用于井下巷道工程，但是整个八九十年代南矿的效益仍然不见起色，特别是亚洲金融危机时期，煤炭销售跌入了低谷，南矿陷入困境。南矿没有别的更好的途径，只能实行"减员增效"，通过身份置换来降低用工成本，压缩正式工，扩大外包工，并借助包工头的资金勉强维持企业的再生产。在这种环境下，南矿包工制开始扩展到掘进工作面。虽然这一时期，在劳动用工方面国家已经要求实行合同制，但在"效率优先"的话语下，政府部门对南矿这样的国企实行的非法用工行为并不追究，南矿能够维持自身发展并按时上缴利税才是政府关心的头等大事。

再次，包工制的再次发展则是基于合法性逻辑和效率逻辑的共同支配。2004年南矿开始扩建，按照相关制度规定，南矿井下扩建工程必须实行投标招标制，由具有资质的施工企业承包工程。在此情况下，为了能够顺利地承包工程，符合国家相关制度的要求，在合法性逻辑的支配下，南矿的包工队纷纷通过挂靠有资质的公司来进行投标。由于煤矿扩建所需资金数额巨大，一般会高达几亿元甚至十几亿元，南矿又资金短缺，在这种情况下，只能选择价格比较低廉的公司来承接工程，而正式基建公司一般竞标价格较高，相对而言，那些通过挂靠公司的包工队则报价较低。在效率逻辑的支配下南矿默许认可了这些包工队来承包工程，由此包工制开始遍布南矿采掘一线。在这段时期内，包工队内部也发生了很大的变化，这与承包工程的复杂程度和对技术要求有很大关系，井下扩建工程是一个比较复杂的技术工程，而且南矿的扩建是由一个小型且机械化水平较低的煤矿发展成为一个大型机械化矿井，这样的工程本身需要大量的熟练技术工人才能完成。在这种要求下，中标的包工队都是一些经验丰富的队伍，包工头招收的大部分技术工人都有着国有大矿的工作经历，对机械化操作比较精通。由于业务的需要和拓展，包工队这时已经不是当初出现时的简单组织，也开始逐渐走向专业化和制度化的道路，已经成为一种介于科层组织和市场之间的中间性合约模式和准企业的组织形式（威廉姆森，2002：305—306），它们不仅拥有较为完整的企业组织形态，也有一定的固定资产，如一些机器设备，固定职工，有的甚至还有享受分红的成员等（郭宇宽，2011）。

最后，包工制的继续存在也是基于合法性逻辑和效率逻辑的共同支配。2013 年南矿投产后，按照国家相关法律规定生产矿井井下作业禁止使用包工队，对于是自己组建采掘队伍，还是继续使用包工制成为南矿迫切需要解决的问题。自己组建采掘队伍需要花费时间和成本进行培训，而且还需要较高的用工费用，而使用原来的包工制，则可以直接进行生产，无须进行培训。此外使用包工制也可以降低用工成本，更为重要的是南矿需要解决日益加重的安全困境。为了应对严峻的安全生产形势，国家开始实行安全生产目标责任制，并加大了对发生安全事故的煤企及其负责人的处罚力度，要降低安全风险，最直接可靠的办法就是加大安全投入，提高安全防护。但安全投入的成本是相当高的，对于南矿这种资金不足，负债较多的煤企来说是十分困难的，如何既能减少投入，又能转移安全风险便成为南矿的重要选择，而包工制下的"安全风险包干制"非常符合煤矿的要求。由此，在效率逻辑的支配下，南矿选择继续使用包工制，但为了能够应付上级检查，从形式上符合国家相关规定，基于合法性逻辑，南矿解散项目部，改变包工队名称，对外统称南矿采掘队，并在形式上与包工队工人签订劳动合同，纳入南矿的管理中，但是在实际中，仍由包工队自己管理工人，与煤矿自己的工人实行两种不同的管理方式。这一时期包工制内部也在不断发展，包工制的各种管理方式也开始逐步制度化和规范化，如建立了薪酬制度、考核制度、生产制度等，逐步淘汰那些落后的、简单粗暴的管理方式。

可见，包工制的发展与变迁是受到组织环境形塑的，不同的组织环境对组织方式有不同的要求，组织的内在特征也随着组织环境的要求而不断发展变化（斯科特、戴维斯，2015：117）。这些组织环境包括，激烈的市场竞争、企业的弹性生产、行政的经常性干预，以及较大的安全压力，这就要求煤矿组织既能降低成本，又能实现灵活生产，还能转移安全风险，而包工制正好能够满足煤企所面临的组织环境要求，因此它虽然不合法但却能够在煤炭行业中不断发展。

## 二　煤炭业包工制的运作逻辑

在前文中笔者已经对包工制的运作逻辑进行了较为详细的介绍，在此将对包工制的运作逻辑进行提炼概括，并与不同时期的包工制进行比较分析，特别是中国近代煤炭业的包工制。

在矿方和包工头的委托代理关系下，南矿包工制的第一层运作逻辑可以概括为"双重包干"，即生产包干和安全包干。生产包干包括生产任务包干和生产价格包干两部分。生产任务包干指矿方负责生产目标的制定并下发给各包工队具体执行，并根据任务完成的情况进行奖惩。生产价格包干指矿方和包工头主要通过产量来进行工程结算，即通过吨煤包干和进尺包干，这种结算直接简单，是一种非常强的经济激励手段。通过生产包干，矿方要借助于强激励约束来保证生产任务的完成。安全包干由安全工作包干和安全风险包干组成。安全工作包干指包工队内部的日常安全工作由包工队自己负责，矿方只进行监管，并通过其结果来进行考核。安全风险包干是指一旦出现安全事故由包工队自己负责，并承担相应的赔偿费用，与矿方没有关系。通过安全包干，矿方一方面要减少安全事故，另一方面要摆脱面临的安全困境，特别是因安全事故发生所面临的政治、经济和法律上的风险。

在包工队内部，包工制的第二层运作逻辑可以概括为生产任务的不断加码，安全风险的向下转移。一方面，在矿方的强经济激励下，包工头及其下属为了能够完成或超额完成矿方下发的生产任务，开始把生产任务向下不断加码，为了能够调动工人的生产积极性，他们也采取了经济激励，即与产量直接挂钩的薪酬体系来进行激励；另一方面，为了获得更大收益，包工头及其下属不惜让工人违规作业来加速生产，这也引发安全风险不断出现，这些风险所带来的后果对于包工头来说只不过是一点经济损失，但对于一般工人来说则是生命安全受到极大威胁。

包工制的运作逻辑是建立在包工制内部矿方、包工头和工人权力结构不平等的基础之上，其运作逻辑实质就是一个生产任务不断向下转移并层层加码的过程，同时也是一个安全风险不断向下转嫁并不断增加的过程。在这个过程中，收益与风险呈现出反向配置，收益呈不断上收趋势，风险却呈不断下移趋势，最终矿方获得了最大收益却承担风险最小，包工头获得中等收益也承担中等风险，工人则成为生产任务和安全风险的双重承载者，获得收益最小但承担风险最高。

笔者对南矿包工制运作逻辑的揭示不仅适用于当前煤炭业包工制的解释，对中国近代煤炭业包工制同样也有解释力，近代包工制的运作机制也体现为利益上收和责任风险下移。对比当前包工制和近代包工制，笔者发现它们存在以下异同点：第一，从包工制组织结构来看，无论前者还是后者都是结构完整、层级分明、分工明确，包工头在组织内部具有绝对权力，拥有对工人的雇佣、开除、奖惩和收入的支配权，从这一点来看，两者基本是相同的。第二，从包工制管理方式来看，近代包工制一般都采用专制粗暴的管理方式，随意惩罚工人，而且还利用帮会、行会等秘密社会和同乡、宗亲、戚谊等各种社会关系来束缚和控制工人（余明侠，1994；吴小沛，2011；莫晟，2012），而当前包工制在管理方式上则有所改进，虽然也存在简单粗暴的管理方式，但开始主要采取正式的制度化管理方式，亲戚、老乡和朋友等社会关系还会用来有效控制工人，但不再利用帮会、行业等秘密社会。第三，从包工制内部人员组成来看，二者主要是由文化程度较低、家庭比较贫困的中青年男性农民组成，不同的是近代包工制内部的工人主要是由煤矿本地工人组成，而当前包工制的工人主要是由外地工人组成，而且还拥有一部分职业矿工（赖特，1991：216—221）。第四，从包工头与工人的关系来看，近代包工制中包工头和工人之间存在坚固的依附庇护关系（马学军，2016），而在当前包工制中包工头和工人之间虽然还存在着依附庇护关系，但随着劳动力市场的发展，这种关系已经相当弱小，更多情况下，包工头和工人是正常的劳资关系，许多工人也已经不再长期依附于一个包工头，他们开始了频繁的自由流动。第五，从包工制适用的环境条件来看，既有对近代包工制的研究认为，包工制主要适用于机械化水平较低、生产技术落后、需要手工生产的行业（南开大学经济研究所经济史研究室，1983：156—158；王处辉，1999），而当前包工制则表明包工制不仅适用于机械化水平较低的场所，对于那些机械化水平较高的煤矿行业，包工制也同样适用，并且能够快速发展。

从上面的比较可以看出，当前包工制和近代包工制有很多的异同点，可以说当前包工制继承了近代包工制的诸多特点，摒弃了近代包工制许多缺点，并融合了当前环境的诸多要求，它是在向制度化、理性化不断发展的一种新的包工制。

# 三　煤炭业包工制的制度困境及其出路

本书在第五章和第六章分别介绍了包工制存在的困境，但分析仅限于微观，在此笔者将简要回溯一下包工制存在的困境，并从国家制度、包工制面临的组织环境等中观、宏观方面分析其原因，从而进一步探讨包工制的可能出路。

包工制虽然绩效非常明显，确实符合南矿利润最大化的要求，在本书的分析中可以十分清晰发现这个逻辑，但是同时也带来了大量的问题和困境。第一个问题是包工制下的工人权利困境，工人的合法权利屡受侵犯，工人基本上处于无权的状态。第二个问题是包工制下的安全困境，即安全事故频繁发生，工伤和死亡事故不断，工人们的生命安全受到极大威胁。这是包工制带来绩效的同时不可避免的两大困境。为什么包工制会带来诸多问题，我们还需跳出南矿本身，去南矿所处的组织环境，甚至国家制度等方面去找寻答案。

煤企改革的方向是要推进现代化矿井建设，实现煤矿生产规模化、装备现代化、管理科学化、队伍专业化，简言之，就是要达到现代、高效、正规和安全的目标。然而当一部分超大型煤矿在向这个方向迈进的同时，许多中小型煤矿却出现了另一种现象，包工制这种被禁止的非正式制度在这些煤矿快速发展，这明显背离了组织所要求的合法性逻辑。组织环境对组织结构、形式、运作有着重要的影响，因此，我们不得不考察包工制所面临的组织环境，从而来揭示包工制的困境。

包工制是在特定的"市场政治"环境下不断发展的。这些环境在本书第四章曾有分析。市场环境方面，一是煤炭生产随市场行情季节性波动很大，对弹性生产要求高；二是煤炭市场竞争非常激烈，特别是进入萧条时期，这也导致煤炭生产的不稳定。政治环境方面，一是煤炭生产受行政性干预很大，每年因各种行政治理而停产停工时期较长，严重影响煤炭的正常生产，从而进一步加剧了生产的不稳定；二是国家对安全生产的重视而实施的一系列治理方式导致煤炭安全生产压力巨大。这些市场政治环境导致煤炭生产具有两大特点：一是生产的高度不稳定性，二是生产的巨大安全压力。生产的不稳定一方面带来用工的不稳定和成本的增加，另一方面，在生产任务的压力下，要求企业能够在正常生产期间赶工生产。而安全压力则要求企业加大安全投入，保证安全生产。这些因素对于企业的经济实力要求很高，因而经济实力较强的大型煤企往往会在合法性逻辑的要求下遵守国家的规定，使用大量正式工人和加大安全投入，而更多像南矿这样的煤矿，在经济条件的约束下，不得不另辟蹊径来满足煤炭生产的需求，为降低成本、提高效率并在安全投入不足的情况下规避安全风险，众多煤企不得不选择包工制来实现企业利润最大化，风险最小化的目的。这就是煤炭业包工制所面临的市场政治环境。

在这样的市场政治环境下，矿方在效率逻辑的支配下，为降低成本，不惜侵犯工人的合法权利，而之所以能够侵犯工人权利，主要原因在于国家对农民工权利保护上干预过少。虽然国家颁布了《劳动法》《劳动合同法》等一系列保护工人权利的法律，并把劳动合同签订率纳入了目标责任管理，但这也只是在形式上和数据上提高了劳动合同签订率，在实际中，工人特别是农民工的合法权利仍然得不到应有的保障，工人遭侵权的现象比比皆是。各级政府在GDP和税收的压力下，往往站在资方一边，对广泛存在的违法现象往往采取消极的态度，即工人不申诉，政府不管理的状态。在这种情况下，工人权利的保障程度依赖于资方的各自选择，在利润最大化的逻辑下，以及违法成本较低的情况下，工人的权利自然得不到有效保障。对于现状的不满，工人们要么忍受，要么退出，但是无论是忍受还是退出，对于资方和政府的不信任已经开始蔓延，而且正如既有研究所揭示那样，许多工人对当前生活境况和权利的解释往往与更宏大的社会主义意识形态相联系，把当前的不满归因于"资本主义矛盾"在当下社会的体现，他们开始强烈地表现出对传统计划经济时代的怀念（佟新，2006）。不仅国企工人如此，有国企工作经历的农民工也会如此，而且这种观念也在向一般的农民工中蔓延。吊诡的是，当国家开始采用市场经济时代的意识形态来处理与工人的关系时，工人却仍会借助延续的社会主义文化传统来把自己与国家紧紧联系在一起，期待国家的"父爱主义"和无限责任。这种观念的时空错位是国家坚持"父爱主义"以及在工人权利实际保护上消极对待的意外结果，但其效应的复杂性则有待进一步的研究。

上述的市场政治环境也导致煤企的短视行为。既有研究认为，煤矿安全事故频发的原因在于煤矿产权不清，从而引发资方短视行为，不重视安全投入造成的（谭满益、唐小我，2004）。随着煤炭行业的改革，大部分煤企已经完成了产权改革，拥有了现代企业的组织框架，在产权比较明晰的情况下，许多像南矿这样比较大的煤矿仍然存在着短视行为，更遑论那些小型煤矿。煤炭行业受国家行政干预极其严重，国家调控过于频繁，政策执行波动很大，煤矿领导对于煤企的未来发展缺乏信心和固定预期，"还不知道哪天煤矿就要关闭或者被兼并，干一天算一天"，这样的想法比比皆是。在这种情况下，煤企的短视行为便出现了，像南矿这种的煤矿即使有资金也不愿意加大安全投入，更遑论资金还短缺。为转嫁安全风险，众多煤企使用包工制，并把安全风险转移给包工队来承担。只要生产正常矿方自然便会多下达生产计划，也会为生产保驾护航，安全监管自然就会走向形式化，在工人们权利缺失的情况下，安全风险不断向下转移，一线工人最终成为生产任务和安全风险的双重承载者，接受安全培训不足的工人在任务进度控制和经济激励下违规作业，导致安全事故频发。而包工制特殊的事故治理方式也让安全事故内部消化，由此也就为新事故埋下了再生的种子，安全生产陷入了恶性循环之中，安全困境也就无法解决。

那么如何解决包工制带来的这些困境，能否通过其本身的制度化、理性化来化解呢？虽然包工制在逐渐制度化和理性化，但这也只是在组织形式和结构上的改变，其在管理、用工方式等内在方面则从根本上却是无法改变。包工制之所以能够深受煤企的欢迎并不断发展，正是基于其管理直接、用工灵活等方式带来的灵活性、低成本和去福利化的特点，能够契合资本对于弹性生产积累的最大化，风险最小化的要求（任焰、贾文娟，2010）。而包工制的制度化和理性化发展反而会降低灵活性，增加成本，导致其竞争优势下降，那么其生存的空间也将会不断减少直至消亡。此外，煤炭行业的相关法律也不允许包工制的合法化。由此可见，包工制是不可能实现制度化和理性化的，在当前的组织环境下，包工制的困境也是无解的。国企改革的目的本是要通过建立科学理性的现代企业制度来增强企业的竞争力，从而提高企业的效益，但在其具体的实践中却发展出另一种方式，在合法性逻辑下，企业仍在形式上向现代企业制度转型（李路路、朱斌，2014），但在效率逻辑的支配下，则通过劳动力置换和企业生产模式转变即通过使用包工制进行生产也能轻易地实现企业效益的提高（贾文娟，2015），而且这种方式成本更低，更为简单。由此，我们可以看到许多国企改革实际上已经处于停滞状态，继续向前走需要从根本上实现制度化和理性化，这就意味企业成本的增加，往原来计划体制退，成本既高，效率又低，而当前这种选择则是效益最佳的状态。这也说明为什么在一个现代企业制度中存在着包工制这种相对落后、非制度化的生产管理方式，这是企业在特殊的市场政治环境作用下演变出的新趋势，这种趋势不符合西方科学化、理性化的生产管理标准，也显然不同于韦伯的命题——科学化、理性化是实现现代化的源动力（单世联，2004；马学军，2016）。包工制的绩效其实是"低人力成本优势"造成的（秦晖，2008），是资本与权力结盟下的产物，而包工制的困境自然也是这种方式所带来的副作用，在这种方式下，其结果必定是资本与权力双赢，而劳工则满盘皆输（郭于华、黄斌欢，2014）。

　　可见，包工制的困境是组织内外部环境共同作用导致的。组织外部的市场政治环境要求生产组织具有灵活性、低成本和去风险的特点，组织内部环境中矿方、包工头和工人三者之间存在着极不平等的权力地位关系，矿方权力最大地位最高，包工头次之，工人权力最少地位最低，组织的内外部环境共同形塑了包工制这种权力利益上收与责任风险下移的运作机制，并由此导致了工人的权利困境和安全困境。要想解决包工制的困境，简单取缔包工制是不可行的，屡禁不止正说明了这个问题，只要诱使包工制产生组织环境不变，那么包工制也将长期存在。要想解决这个问题，还需从其面临的市场政治环境和内部权力关系入手，规范资本和权力的责任与义务，充分发挥国家在这一过程中的重要作用。一方面，国家要继续深化改革，在煤炭行业治理中要遵守市场规律，减少经常性的行政干预，充分发挥市场这只看不见的手的作用；另一方面，规范企业用工形式，切实保护劳工的合法权益，建构劳资双方的平等博弈机制。只有这样煤炭行业才能继续走向科学化、理性化的现代化之路，从而化解其存在的权利和安全困境。

总体而言，本书对当前煤炭业包工制的运行及其制度困境进行了详细的剖析，但由于研究对象的复杂性以及其他一些因素导致本书存在一些缺陷和不足。如本研究中仅涉及矿方、包工头和工人这三类主体的关系和行为逻辑，缺乏考察基层政府这类主体对于包工制的具体影响。弥补这些缺陷和不足将是今后进一步研究的方向。

# 附录1　访谈对象基本情况

| 编号 | 访谈对象 | 性别 | 年龄① | 婚姻状况 | 文化程度 | 户籍 | 籍贯 | 单位工种 |
|---|---|---|---|---|---|---|---|---|
| 1 | ZSY | 男 | 70 | 已婚 | 中专 | 非农 | 本县人 | 原南矿矿长 |
| 2 | HGQ | 男 | 49 | 已婚 | 大专 | 非农 | 本县人 | 南矿总经理 |
| 3 | WHY | 男 | 53 | 已婚 | 大专 | 非农 | 本市外县人 | 南矿矿长 |
| 4 | XXN | 男 | 47 | 已婚 | 本科 | 非农 | 本县人 | 南矿总工程师 |
| 5 | LXN | 男 | 62 | 已婚 | 初中 | 非农 | 本县人 | 原南矿生产矿长，已退休 |
| 6 | ZGH | 男 | 53 | 已婚 | 大专 | 非农 | 本县人 | 南矿安全副总经理 |
| 7 | FJB | 男 | 50 | 已婚 | 中专 | 非农 | 本县人 | 南矿安全矿长 |
| 8 | YSR | 男 | 54 | 已婚 | 高中 | 非农 | 本县人 | 后勤矿长，原调度室主任 |
| 9 | WQF | 男 | 52 | 已婚 | 初中 | 农业 | 本县人 | 原安全科长 |
| 10 | LTZ | 男 | 57 | 已婚 | 初中 | 农业 | 本县人 | 安全科长 |
| 11 | WXF | 男 | 31 | 已婚 | 中专 | 非农 | 本县人 | 安全副科长 |
| 12 | GXL | 男 | 26 | 未婚 | 中专 | 农业 | 本县人 | 安全科技术员 |
| 13 | ZH | 男 | 49 | 已婚 | 初中 | 农业 | 本县人 | 安全员 |
| 14 | LYB | 男 | 51 | 丧偶 | 高中 | 农业 | 本市外县人 | 安全员 |
| 15 | WJ | 男 | 40 | 已婚 | 初中 | 非农 | 本县人 | 安全员 |
| 16 | LP | 男 | 49 | 已婚 | 初中 | 农业 | 本县人 | 调度室副主任 |
| 17 | SZS | 男 | 29 | 已婚 | 中专 | 非农 | 本县人 | 调度室副主任 |
| 18 | LLP | 女 | 44 | 已婚 | 初中 | 非农 | 本县人 | 劳资科长 |

① 这里的年龄指的是最后一次调查受访者的年龄，由于笔者调研时间横跨2013—2017年，有许多访谈对象都有多次被访记录，因此，这里使用受访者最后一次接受访谈时间的年龄。

续表

| 编号 | 访谈对象 | 性别 | 年龄 | 婚姻状况 | 文化程度 | 户籍 | 籍贯 | 单位工种 |
|---|---|---|---|---|---|---|---|---|
| 19 | MJQ | 男 | 37 | 已婚 | 初中 | 非农 | 本市外县人 | 劳资副科长 |
| 20 | GYG | 男 | 39 | 已婚 | 大学 | 非农 | 本市外县人 | 培训科长 |
| 21 | LX | 女 | 27 | 已婚 | 中专 | 非农 | 本县人 | 培训副科长 |
| 22 | CJP | 男 | 53 | 已婚 | 初中 | 非农 | 本县人 | 培训副科长 |
| 23 | LXN | 男 | 32 | 已婚 | 大学 | 农业 | 本县人 | 通风副科长 |
| 24 | LYJ | 男 | 30 | 已婚 | 中专 | 农业 | 本县人 | 通风副科长 |
| 25 | WQQ | 男 | 28 | 已婚 | 中专 | 非农 | 本省外市人 | 通风技术员 |
| 26 | LSF | 男 | 24 | 未婚 | 大专 | 农业 | 本县人 | 通风技术员 |
| 27 | GXB | 男 | 31 | 未婚 | 中专 | 非农 | 本县人 | 地测技术员 |
| 28 | WSM | 男 | 47 | 已婚 | 初中 | 农业 | 本县人 | 探放水队长 |
| 29 | HWP | 男 | 48 | 已婚 | 初中 | 非农 | 本县人 | 机电队长 |
| 30 | WZQ | 男 | 50 | 已婚 | 初中 | 非农 | 本县人 | 主提升司机班班长 |
| 31 | LYM | 男 | 41 | 已婚 | 初中 | 农业 | 本县人 | 机电队充灯工 |
| 32 | TYL | 男 | 41 | 已婚 | 中专 | 非农 | 安徽淮南 | 综采队经理 |
| 33 | GZS | 男 | 46 | 已婚 | 中专 | 非农 | 河南始固 | 综采队大队长，原淮南新集煤矿采煤队队长 |
| 34 | YSX | 男 | 45 | 已婚 | 中专 | 农业 | 安徽淮南 | 综采队生产队长，原淮南新集煤矿综采队跟班队长 |
| 35 | WGX | 男 | 49 | 已婚 | 初中 | 农业 | 安徽蚌埠 | 综采班班长，原淮南新集煤矿综采队班工人 |
| 36 | FZL | 男 | 46 | 已婚 | 初中 | 农业 | 安徽淮南 | 综采队采煤司机 |
| 37 | PQK | 男 | 49 | 已婚 | 初中 | 农业 | 安徽淮南 | 综采队支架工 |
| 38 | CY | 男 | 49 | 已婚 | 中专 | 农业 | 安徽淮北 | 综采队支护工 |
| 39 | CF | 男 | 27 | 已婚 | 中专 | 农业 | 安徽亳州 | 综采队电工 |
| 40 | DCG | 男 | 46 | 已婚 | 初中 | 农业 | 安徽淮北 | 综采队支护工 |
| 41 | SXD | 男 | 45 | 已婚 | 初中 | 农业 | 本县人 | 综采队支护工 |
| 42 | SJB | 男 | 45 | 已婚 | 初中 | 农业 | 本县人 | 综采队支护工 |
| 43 | LRF | 男 | 37 | 已婚 | 初中 | 农业 | 本身外市人 | 综采队支护工 |
| 44 | LJF | 男 | 46 | 已婚 | 初中 | 农业 | 本市外县人 | 综采队清煤工 |

| 编号 | 访谈对象 | 性别 | 年龄 | 婚姻状况 | 文化程度 | 户籍 | 籍贯 | 单位工种 |
|---|---|---|---|---|---|---|---|---|
| 45 | WQH | 男 | 49 | 已婚 | 初中 | 农业 | 本县人 | 综采队清煤工 |
| 46 | LWC | 男 | 47 | 已婚 | 初中 | 农业 | 本市外县人 | 综采队清煤工 |
| 47 | ZJW | 男 | 56 | 已婚 | 初中 | 农业 | 本县人 | 综采队清煤工 |
| 48 | CZQ | 男 | 43 | 已婚 | 初中 | 农业 | 本市外县人 | 综采队转载机司机 |
| 49 | SY | 女 | 60 | 已婚 | 小学 | 农业 | 安徽淮南 | 综采队做饭阿姨 |
| 50 | 小曾 | 男 | 51 | 已婚 | 高中 | 非农 | 浙江温州 | 综掘一队包工头 |
| 51 | ZXY | 男 | 48 | 已婚 | 高中 | 非农 | 浙江温州 | 综掘一队后勤经理包工头弟弟 |
| 52 | ZG | 男 | 51 | 已婚 | 高中 | 农业 | 本省外市人 | 综掘一队监管 |
| 53 | SY | 男 | 53 | 已婚 | 初中 | 农业 | 本省外市人 | 综掘一队班长 |
| 54 | SJX | 男 | 52 | 已婚 | 初中 | 农业 | 本县人 | 综掘一队支护工 |
| 55 | WZX | 男 | 47 | 已婚 | 初中 | 农业 | 本县人 | 综掘一队皮带工 |
| 56 | XWB | 男 | 41 | 已婚 | 初中 | 农业 | 本县人 | 综掘一队运输工南矿总工亲戚 |
| 57 | HJF | 男 | 49 | 已婚 | 小学 | 农业 | 本县人 | 综掘一队清煤工 |
| 58 | YGW | 男 | 47 | 已婚 | 初中 | 农业 | 本县人 | 综掘一队皮带工 |
| 59 | LXQ | 男 | 43 | 已婚 | 初中 | 农业 | 本县人 | 综掘一队清煤工 |
| 60 | GJJ | 男 | 32 | 已婚 | 初中 | 农业 | 本县人 | 综掘一队皮带工南矿环保科长亲戚 |
| 61 | 老杨 | 男 | 45 | 已婚 | 中专 | 非农 | 安徽淮南 | 综掘二队包工头，原淮南新集煤矿综掘队大队长 |
| 62 | LB | 男 | 41 | 已婚 | 中专 | 农业 | 安徽淮南 | 综掘二队大队长，原淮南新集煤矿综掘队队长 |
| 63 | ZQC | 男 | 41 | 已婚 | 中专 | 非农 | 安徽淮南 | 综掘二队后勤经理（包工头堂弟） |
| 64 | CJT | 男 | 50 | 已婚 | 初中 | 农业 | 安徽淮北 | 综掘二队跟班队长 |
| 65 | WXD | 男 | 51 | 已婚 | 初中 | 农业 | 安徽淮北 | 综掘二队支护工 |
| 66 | LYH | 男 | 48 | 已婚 | 初中 | 非农 | 本县人 | 综掘二队运输班长 |
| 67 | LZ | 男 | 37 | 已婚 | 初中 | 农业 | 本省外市人 | 综掘二队支护工 |

| 编号 | 访谈对象 | 性别 | 年龄 | 婚姻状况 | 文化程度 | 户籍 | 籍贯 | 单位工种 |
|---|---|---|---|---|---|---|---|---|
| 68 | 老钱 | 男 | 48 | 已婚 | 中专 | 非农 | 河北武安 | 综掘三队包工头（原峰峰煤矿综掘大队长） |
| 69 | FCZ | 男 | 33 | 已婚 | 中专 | 农业 | 河北武安 | 综掘三队经理包工头外甥 |
| 70 | LWL | 男 | 49 | 已婚 | 初中 | 农业 | 河北邯郸 | 综掘三队跟班队长 |
| 71 | ZZG | 男 | 40 | 已婚 | 初中 | 农业 | 本市外县人 | 综掘三队综掘机司机（哥哥为综掘机维修工） |
| 72 | CJC | 男 | 35 | 已婚 | 初中 | 非农 | 河北峰峰 | 综掘三队综掘机司机（原峰峰煤矿综掘机司机） |
| 73 | WCS | 男 | 52 | 已婚 | 初中 | 农业 | 河北涉县 | 综掘三队综掘机司机 |
| 74 | DYM | 男 | 45 | 已婚 | 初中 | 农业 | 河北大名 | 综掘三队支护工 |
| 75 | LDM | 男 | 51 | 已婚 | 初中 | 农业 | 河北大名 | 综掘三队支护工 |
| 76 | FHB | 男 | 50 | 已婚 | 初中 | 农业 | 河北武安 | 综掘三队支护工 |
| 77 | GWX | 男 | 48 | 已婚 | 高中 | 非农 | 河北峰峰 | 综掘三队支护工 |
| 78 | ZYJ | 男 | 47 | 已婚 | 初中 | 农业 | 河北邯郸 | 综掘三队支护工 |
| 79 | JWL | 男 | 52 | 已婚 | 初中 | 农业 | 本省外市人 | 综掘三队支护工 |
| 80 | LWJ | 男 | 39 | 已婚 | 初中 | 农业 | 河北武安 | 综掘三队记工员 |
| 81 | LYB | 男 | 45 | 已婚 | 初中 | 农业 | 本县人 | 综掘三队皮带工 |
| 82 | LM | 男 | 27 | 未婚 | 初中 | 农业 | 河北武安 | 综掘三队运输工 |
| 83 | XYP | 男 | 50 | 已婚 | 初中 | 农业 | 河北武安 | 综掘三队运输工（包工头姐夫） |
| 84 | ZSP | 男 | 31 | 已婚 | 初中 | 农业 | 本县人 | 原喷浆队工人（现已离开南矿） |

# 附录2  与调查相关的资料

## 包工队工人访谈提纲①

### 一  基本情况

姓名、年龄、所属队组、文化程度、婚姻状况、户籍、籍贯、家庭情况、子女数量等。

### 二  工作经历

1. 您来煤矿前从事过哪些职业？

2. 煤矿是您的第几份工作？

3. 您来煤矿上班的原因是什么？

4. 您来煤矿工队上班的渠道（找工作的渠道）。

### 三  工作状况（关于煤矿工作的相关情况）

1. 您所在工队井下的工作环境（如顶板、瓦斯、煤尘、噪声、温度、湿度等）。

2. 井下采煤（掘进）的机械化程度如何？

---

① 这里列出的包工队工人访谈提纲是笔者在访谈时大致的一个依据，在具体访谈中还有更加细致的问题，本书不在这里一一列出。

3. 您具体负责什么工作，劳动强度如何，对技能的要求如何，一个班能产煤（或者进尺）多少等。

4. 您能否详细介绍一下每天的工作流程，从入井前的班前会开始直到下班回到宿舍这个流程。

5. 您每个班工作多长时间，工作面实际工作时间，上下班花费时间。

6. 您多长时间倒班一次？

7. 您所在班组的构成和分工（一个班多少人，都来自哪里，有哪些工种，有几个领导，都具体负责什么工作，你们之间关系如何）。

8. 工作中跟班队长、班长是如何管理你们的？

9. 队里有无奖惩制度，具体有哪些？

10. 您一个月工资多少（工资怎么计算，是计价还是计时工资，谁负责计算等）？

## 四　工作安全状况

1. 井下危险程度如何？

2. 针对安全，矿上和工队有哪些管理制度？

3. 您所在工队对于安全是否重视，如何管理？

4. 在工作中"三违"现象（工人们会不会违规作业，班队长会不会违章指挥等）。

5. 与安全员、瓦斯员的关系如何，他们在一线如何管理安全，效果如何？

6. 对于每周进行的安全培训有何看法，效果如何？

7. 在井下有没有遇到过危险，工队近年来有无安全事故，您觉得出现安全事故主要是什么原因造成的？

## 五　工人权利状况以及与煤矿、包工头关系

1. 您是否签订劳动合同？

2. 有没有休息休假权利？

3. 会不会拖欠工资，有没有加班工资？

4. 矿上或者老板是否提供劳保用品（安全帽、口罩、防护镜等），有没有职业病？

5. 您有没有社会保险（五险一金），矿上或者包工队是否提供福利？

6. 有没有参加工会？

7. 您对相关劳动法律是否了解？

8. 矿上或包工头有没有侵犯你们权利，如果有，你们会怎么办？

9. 谁是您的雇主，矿上还是包工头？

10. 您与包工头的关系，对他的评价。

### 六　日常生活状况

1. 您在下班后主要干什么（玩手机、打牌、看电视、睡觉、逛街等）？

2. 您的月开支情况（伙食、烟、酒等）。

3. 喜不喜欢喝酒？

4. 多长时间回家一次，多长时间和家人联系一次，怎么联系？

5. 平时在矿上遇到困难会找谁帮忙？

6. 您认为煤矿工人的社会地位如何？

7. 您对这份工作的评价。

# 煤矿工人情况调查表①

说明：请在每一个选题的答案中选择一个打"√"，或者直接在＿＿中填写。

---

① 该调查问卷是笔者为收集包工队工人的基本情况和工作情况时所专门设计的。

## 一  基本情况                     姓名：

1. 您的性别：

A. 男        B. 女

2. 您的年龄：____岁

3. 您的户籍：

A. 农村      B. 城市

4. 来源地：____（外地人写省市即可，本地人可写到乡镇）

5. 您的文化程度：

A. 小学及以下      B. 初中      C. 中专      D. 高中

E. 大专              F. 本科      G. 研究生

6. 您的婚姻状况：

A. 未婚      B. 已婚      C. 离婚      D. 丧偶

E. 其他

7. 您父母的文化程度（请填写选项）：父亲（    ）母亲（    ）

A. 未上学    B. 小学      C. 初中      D. 中专

E. 高中      F. 大专      G. 本科      H. 研究生

8. 您父母的职业：父亲（    ）        母亲（    ）

A. 企业人员      B. 国家公职人员      C. 在家务农

D. 个体工商户    E. 其他

9. 您妻子的文化程度：

A. 未上学      B. 小学      C. 初中      D. 中专

E. 高中        F. 大专及以上

10. 您妻子的职业：

A. 企业人员      B. 国家公职人员      C. 在家务农

D. 个体工商户    E. 其他

11. 您有几个孩子：

A. 没有      B. 1 个      C. 2 个      D. 3 个及以上

12. 您的孩子现在是（假如有 2 个孩子及以上为多选）：

A. 上小学　　　　B. 上初中　　　C. 上高中

D. 大学以上　　　E. 已工作

13. 您家 2016 年总收入为：

A. 1 万元以下　　　B. 1 万—2 万元　　　C. 2 万—3 万元

D. 3 万—4 万元　　E. 4 万—5 万元　　　F. 5 万—6 万元

G. 6 万—7 万元　　H. 7 万—8 万元　　　I. 8 万元以上

14. 您家的经济收入来源（多选题）：

A. 务农　　B. 工资　　C. 经商　　D. 其他

15. 您家的主要经济收入来源（单选）：

A. 务农　　　B. 工资　　　C. 经商　　　D. 其他

## 二　工作情况

1. 您是否从事过煤炭行业的工作：

A. 从事过＿＿年　　　B. 没有从事过

2. 您是否下过井：

A. 是＿＿年　　　　　B. 没有

3. 您为什么选择来煤矿上班（可多选）：

A. 子女上学需要　　B. 孩子结婚需要　　C. 家里盖房需要

D. 家人生病需要　　E. 家里负债　　　　F. 煤矿挣钱多

G. 工作要求低　　　H. 离家近可照顾家

I. 没有特殊技能、学历，不好找工作

J. 亲戚朋友一起来的，有朋友介绍

K. 以前干过，有经验　L. 喜欢煤矿工作

M. 其他

4. 您来煤矿工作是：

A. 自己选择的　　　B. 家里人让来的

5. 您在找工作时碰到的困难是（可多选）：

A. 学历低　　　　B. 年龄偏大　　　C. 健康问题

D. 没有技术　　E. 没有适合自己的岗位

F. 受雇主歧视　　G. 其他

6. 您觉得煤矿井下危险程度:

A. 不危险　　B. 一般　　C. 危险　　D. 非常危险

7. 您来本矿之前的工作:

A. 上学　　B. 务农　　C. 煤矿工作　　D. 外出打工

E. 其他

8. 您是从哪种渠道得知本矿招工信息的(可多选):

A. 电视上看到　　B. 煤矿上有亲戚告诉的

C. 煤矿上有朋友告诉的　　D. 其他关系人告知

F. 其他渠道

9. 您觉得煤矿井下工作的社会地位:

A. 上等　　B. 中上等　　C. 中等　　D. 中下等

E. 下等

10. 您觉得您自己在社会上的地位:

A. 上等　　B. 中上等　　C. 中等　　D. 中下等

E. 下等

11. 您计划在煤矿工作多久:

A. 长期干下去　　B. 短期之计,有合适的工作就走

C. 学到技术就走　　D. 看情况　　E. 其他

12. 您对煤矿工作熟悉程度:

A. 非常熟悉　　B. 比较熟悉　　C. 一般

D. 不熟悉　　E. 非常不熟悉

13. 如果有别的工作选择,您会选择来煤矿工作吗:

A. 会　　B. 不会　　C. 不清楚

14. 您觉得煤矿井下工作:

A. 需要较高技术　　B. 不需要多少技术,是苦力活

15. 您有无煤矿专业技能方面的证书:

A. 有　　B. 没有

16. 您觉得下井工作会受到别人歧视吗：

A. 会　　B. 不会　　C. 不清楚

17. 您会让您的孩子从事煤矿井下工作吗：

A. 会　　B. 不会　　C. 不清楚

18. 您来到本矿工作后住哪里：

A. 宿舍　　B. 回家　　C. 到附近租房子住

19. 您的期望月薪为：

A. 3000—4000 元　B. 4000—5000 元　C. 5000—6000 元

D. 6000—7000 元　E. 7000 元以上

20. 您的月收入为：＿＿元

21. 您觉得工人培训有无用处：

A. 肯定有用　　B. 有点用处　　C. 效果一般，用处不大

D. 没有什么用处，不如到井下直接学习

22. 您对本矿的初步综合评价：

A. 还不错　　B. 一般　　C. 不好

23. 您对本矿有什么建议（哪方面都可以）

24. 您遇到什么困难没？

25. 您的愿望。

# 参考文献

一　中文文献

毕俊杰：《煤炭短期价格波动的原因分析与应对措施》，《中国物价》
　　2017 年第 2 期。

蔡禾、贾文娟：《路桥建设业中包工头工资发放的"逆差序格局"：
　　"关系"降低了谁的市场风险》，《社会》2009 年第 5 期。

蔡禾、李晚莲：《国有企业职工代表大会制度实践研究——一个案例
　　厂的六十年变迁》，《开放时代》2014 年第 5 期。

蔡禾、吴小平：《社会变迁与职业的性别不平等》，《管理世界》
　　2002 年第 9 期。

蔡继荣：《企业组织演化及其机理分析》，《经济问题》2007 年第
　　9 期。

曹海霞：《煤炭价格市场化改革历程及发展趋势研究》，《经济问题》
　　2008 年第 9 期。

曹正汉、冯国强：《地方分权层级与产权保护程度——一项"产权的
　　社会视角"的考察》，《社会学研究》2016 年第 5 期。

常凯：《论劳动合同法的立法依据和法律定位》，《法学论坛》2008
　　年第 2 期。

常凯、邱婕：《中国劳动关系转型与劳动法治重点——从〈劳动合同
　　法〉实施三周年谈起》，《探索与争鸣》2011 年第 10 期。

陈峰：《国家、制度与工人阶级的形成——西方文献及其对中国劳工
　　问题研究的意义》，《社会学研究》2009 年第 5 期。

陈家建、张琼文：《政策执行波动与基层治理问题》，《社会学研究》
　　2015 年第 3 期。

陈能诵：《"自营" or "外包"？矿山开采整体外包及设备管理趋势
　　之辩》，《建设机械技术与管理》2010 年第 6 期。

陈奇：《2015 年煤炭行业经济运行及煤矿安全生产情况报告》，《煤
　　矿支护》2016 年第 2 期。

陈庆刚：《合同采矿理论与技术研究》，硕士学位论文，中南大学，
　　2012 年。

陈剩勇、曾秋荷：《国有企业"双轨制"用工制度改革：目标与策
　　略》，《学术界》2012 年第 1 期。

陈硕颖：《当代资本主义新型生产组织形式——模块化生产网络研
　　究》，《当代经济研究》2011 年第 4 期。

陈文灿：《马克思恩格斯关于"生产方式"概念的含义》，《复旦学
　　报》（社会科学版）1982 年第 4 期。

陈向明：《质的研究方法与社会科学研究》，教育科学出版社 2000
　　年版。

陈旭、李慧民、张健：《建筑业资质"挂靠"的寻租经济学解释及
　　对策》，《建筑经济》2009 年第 2 期。

陈雪萍：《我国民营企业治理结构的现状和创新》，《社会科学》
　　2004 年第 8 期。

程军等：《论我国煤炭开采的地质结构影响》，《煤炭技术》2011 年
　　第 10 期。

程秀英：《消散式遏制：中国劳工政治的比较个案研究》，《社会》
　　2012 年第 5 期。

单世联：《韦伯命题与中国现代性》，《开放时代》2004 年第 1 期。

道格拉斯·诺斯：《经济史上的结构与变革》，商务印书馆 1992
　　年版。

邓希泉：《青年年龄与青年政策年龄研究——以〈中长期青年发展规
　　划（2016—2025 年）〉的青年年龄界定为对象》，《青年学报》

2017 年第 4 期。

狄金华：《被困的治理：河镇的复合治理与农户策略（1980—2009）》，生活·读书·新知三联书店 2015 年版。

冯雨、谢守祥：《我国煤炭价格周期波动特征研究》，《价格理论与实践》2014 年第 1 期。

傅春晖：《包买制：历史沿革及其理论意义》，《社会学研究》2014 年第 2 期。

高峰、郭金山：《关于煤炭生产专业化托管运营的探讨》，《煤炭工程》2014 年第 12 期。

郭继强：《中国城市次级劳动力市场中民工劳动供给分析——兼论向右下方倾斜的劳动供给曲线》，《中国社会科学》2005 年第 3 期。

郭丽卿：《企业激励机制的创新研究》，《中国行政管理》2006 年第 8 期。

郭于华等：《当代农民工的抗争与中国劳资关系转型》，《二十一世纪》（香港）2011 年总第 124 期。

郭于华、黄斌欢：《世界工厂的"中国特色"——新时期工人状况的社会学鸟瞰》，《社会》2014 年第 4 期。

郭于华：《"弱者的武器"与"隐藏的文本"——研究农民反抗的底层视角》，《读书》2002 年第 7 期。

郭宇宽：《"包工队"模式再认识：合约性质、制度约束及其利益相关者》，《开放时代》2011 年第 6 期。

国家煤矿安全监察室：《中国煤炭工业年鉴 2013》，中国煤炭工业出版社 2014 年版。

国家统计局人口和就业司、人力资源和社会保障部规划财务司：《中国劳动统计年鉴 2016》，中国统计出版社 2017 年版。

国家统计局人口和就业司、人力资源和社会保障部规划财务司：《中国劳动统计年鉴 2001》，中国统计出版社 2001 年版。

国家统计局社会统计司、劳动部综合计划司：《中国劳动工资统计年鉴 1989》，劳动人事出版社 1989 年版。

国家统计局：《中国统计年鉴2001》，中国统计出版社2001年版。

何国家、徐伟伟：《我国煤矿职业病现状及防治对策》，《中国煤炭》2014年第10期。

何明洁：《劳动与姐妹分化：中国女性农民工个案研究》，四川大学出版社2009年版。

贺灵童：《从游戏规则到入场券——国内外承包商资质管理模式比较》，《施工企业管理》2011年第1期。

胡文国：《煤炭资源产权与开发外部性关系及我国资源产权改革研究》，博士学位论文，清华大学，2009年。

华尔德：《共产党社会的新传统主义：中国工业中的工作环境和权力结构》，龚小夏译，香港：牛津大学出版社1996年版。

黄斌欢：《双重脱嵌与新生代农民工的阶级形成》，《社会学研究》2014年第2期。

黄再胜：《公共部门组织激励理论探析》，《外国经济与管理》2005年第1期。

黄志坚：《谁是青年？——关于青年年龄界定的研究报告》，《中国青年研究》2003年第11期。

贾文娟：《"工头"：权力来源及其对劳资关系的影响——一种历史比较的视角》，《社会》2006年第5期。

贾文娟：《入厂包工：国企新型用工方式及其对劳资关系的影响》，《中国工人》2014年第10期。

贾文娟：《双重大转型下的国有工业企业生产模式变迁——以A市南厂"入厂包工"模式兴起过程为例（2001—2013）》，《开放时代》2015年第3期。

贾文娟：《选择性放任：车间政治与国有企业劳动治理逻辑的形成》，中国社会科学出版社2016年版。

建设部政策研究中心课题组：《包工头制度的历史成因及制度取向》，《中国建设信息》2007年第2期。

孔令标、刘振江：《煤矿专业承包开采运营模式初探》，《中国煤炭》

2010 年第 9 期。

李春玲：《中国职业性别隔离的现状及变化趋势》，《江苏社会科学》
　　2009 年第 3 期。

李汉林等：《组织和制度变迁的社会过程——一种拟议的综合分析》，
　　《中国社会科学》2005 年第 1 期。

李锦峰：《国企改制过程中的国家与工人阶级：结构变迁及其文献述
　　评》，《社会》2013 年第 3 期。

李黎明：《制度变迁、劳动性别分工与职业性别隔离》，《市场周刊》
　　（理论研究）2012 年第 12 期。

李利宏：《煤矿产权结构与资源型村庄治理》，中国社会科学出版社
　　2016 年版。

李连江、欧博文：《当代中国农民的依法抗争》，吴国光主编《九七效
　　应》，香港：太平洋世纪研究所 1997 年版。

李路路、朱斌：《效率逻辑还是合法性逻辑？——现代企业制度在中
　　国私营企业中扩散的社会学解释》，《社会学评论》2014 年第 2 期。

李培林、田丰：《中国新生代农民工：社会态度和行为选择》，《社会》
　　2011 年第 3 期。

李若建：《指标管理的失败："大跃进"与困难时期的官员造假行为》，
　　《开放时代》2009 年第 3 期。

李双才、赵云锋：《复杂形势下煤矿青年人才培养方式探讨与实践》，
　　《中国煤炭工业》2017 年第 6 期。

李汪洋、谢宇：《中国职业性别隔离的趋势：1982—2010》，《社会》
　　2015 年第 6 期。

李孝迁：《煤矿企业外包工程安全管控模式研究》，硕士学位论文，中
　　国矿业大学，2014 年。

李遥：《一个矿工的生活世界》，硕士学位论文，安徽大学，2012 年。

廖飞、冯帆、杨忠：《组织激励与知识员工的信息产出》，《经济管
　　理》2008 年第 1 期。

林海等：《煤矿井下硫化氢气体的快速控制实验研究》，《煤炭学报》

2012 年第 12 期。

林毅夫、蔡昉、李周：《中国的奇迹：发展战略与经济改革》，格致
　　出版社 1999 年版。

林志扬：《从治理结构与组织结构互动的角度看企业的组织变革》，
　　《中国工业经济》2003 年第 2 期 。

林志扬、林泉：《企业组织结构扁平化变革策略探析》，《经济管理》
　　2008 年第 2 期。

刘爱文、王碧英：《资本主义生产组织模式的演进与创新》，《当代
　　经济研究》2015 年第 7 期。

刘爱玉：《国有企业制度变革过程中工人的行动选择——一项关于无
　　集体行动的经验研究》，《社会学研究》2003 年第 6 期。

刘德中、牛变秀：《中国的职业性别隔离与女性就业》，《妇女研究
　　论丛》2000 年第 4 期。

刘刚：《生产组织方式的演变与企业和产业的竞争优势》，《天津行
　　政学院学报》2005 年第 3 期。

刘红霞、杨语佳、宋湛：《弹性用工模式在我国事业单位中的应用研
　　究》，《中国行政管理》2015 年第 4 期。

刘建洲：《传统产业工人阶级的"消解"与"再形成"——一个历
　　史社会学的考察》，《人文杂志》2009 年第 6 期。

刘进军：《影响高产高效矿井建设的地质因素及对策》，《煤炭技术》
　　2007 年第 2 期。

刘奎：《综放工作面硫化氢分布规律及治理技术研究》，《矿业安全
　　与环保》2016 年第 2 期。

刘恋：《私营企业发展中的政企关系研究——以重庆市 G 区 A 煤矿
　　为个案》，硕士学位论文，华中科技大学，2014 年。

刘明逵、唐玉良：《中国工人运动史》第 1 卷，广东人民出版社
　　1998 年版。

刘文岗、富强、罗跃勇：《煤矿生产服务外包模式与煤矿托管应用探
　　讨》，《中国矿业》2015 年第 10 期。

卢晖临、李雪：《如何走出个案——从个案研究到扩展个案研究》，《中国社会科学》2007 年第 1 期。

陆学艺主编：《当代中国社会阶层研究报告》，社会科学文献出版社 2002 年版。

路风：《单位：一种特殊的社会组织形式》，《中国社会科学》1989 年第 1 期。

罗淳：《关于人口年龄组的重新划分及其蕴意》，《人口研究》2017 年第 5 期。

马光秋：《企业生产组织方式的演进分析》，《广州大学学报》（社会科学版）2011 年第 11 期。

马俊：《神华纵向一体化运营模式的现状与未来》，《煤炭经济研究》2016 年第 1 期。

马克思、恩格斯：《资本论》第 1 卷，中共中央编译局译，人民出版社 2004 年版。

马学军：《把头包工制：近代中国工业化中的雇佣和生产方式》，《社会学研究》2016 年第 2 期。

马勇：《劳动用工"双轨制"模式对社会生产率的影响》，《学术交流》2014 年第 9 期。

梅方权：《安源矿工：转型期的变迁研究》，中国社会科学出版社 2006 年版。

莫晟：《试论中国近代把头制度文化因素》，《河南师范大学学报》（哲学社会科学版）2012 年第 1 期。

南开大学经济研究所经济史研究室：《旧中国开滦煤矿的工资制度和包工制度》，天津人民出版社 1983 年版。

年志远、刘斌：《国有企业用工制度改革研究》，《当代经济研究》2013 年第 11 期。

聂辉华：《从管制型国家到治理型国家——以煤矿安全为例》，《教学与研究》2015 年第 7 期。

聂辉华、蒋敏杰：《政企合谋与矿难：来自中国省级面板数据的证据》，《经济研究》2011 年第 6 期。

聂辉华、李琛、吴佳妮：《监管模式、政治体制与矿难——基于跨国数据的证据》，《经济理论与经济管理》2017 年第 9 期。

牛犁、陈彬：《煤炭去产能要发挥好政府和市场"两只手"的作用》，《中国物价》2017 年第 7 期。

潘毅、卢晖临、张慧鹏：《大工地：建筑业农民工的生存图景》，北京大学出版社 2012 年版。

潘毅、卢晖临、张慧鹏：《阶级的形成：建筑工地上的劳动控制与建筑工人的集体抗争》，《开放时代》2010 年第 5 期。

潘毅：《中国女工：新兴打工者主体的形成》，任焰译，九州出版社 2010 年版。

庞春：《一体化、外包与经济演进：超边际—新兴古典一般均衡分析》，《经济研究》2010 年第 3 期。

裴宜理：《安源：发掘中国革命之传统》，阎小骏译，香港大学出版社 2014 年版。

裴宜理：《上海罢工：中国工人政治研究》，刘平译，江苏人民出版社 2001 年版。

彭玉生：《社会科学中的因果分析》，《社会学研究》2011 年第 3 期。

亓昕：《建筑业欠薪机制的形成与再生产分析》，《社会学研究》2011 年第 5 期。

钱颖一：《企业的治理结构改革和融资结构改革》，《经济研究》1995 年第 1 期。

乔顺林：《加强煤矿人才队伍建设，实现煤矿持续健康发展》，《山西煤炭管理干部学院学报》2011 年第 2 期。

秦晖：《"另一个奇迹"：南非经济发展的"低人权成本优势"》，载北京天则经济研究所编《"市场化三十年"论坛论文汇编（第一辑）》，2008 年。

秦旭东：《煤炭企业生产外包运作模式探讨》，《中国煤炭》2006 年第 1 期。

清华大学社会学系课题组：《短工化：农民工就业趋势研究》，载沈原主编《清华社会学评论》（第6辑），社会科学文献出版社2013年版。

清华大学社会学系"新生代农民工研究"课题组：《困境与行动——新生代农民工与"农民工生产体制"的碰撞》，载沈原主编《清华社会学评论》（第6辑），社会科学文献出版社2013年版。

丘海雄、梁倩喻、徐建牛：《国有企业组织结构改革的逻辑——对广州一家国有企业的个案研究》，《中国制度变迁的案例研究》2008年第六集。

丘海雄、许扬先、赵巍：《国有企业组织结构转型的过程、原因及结果》，《社会学研究》1997年第2期。

邱珂：《我国采掘业农民工总体状况分析》，《唐山师范学院学报》2010年第6期。

曲双翼、黄文丽、厉金洪：《煤矿职业病现状研究及对策分析》，《中国煤炭工业医学杂志》2012年第4期。

任焰、贾文娟：《建筑行业包工制：农村劳动力使用与城市空间生产的制度逻辑》，《开放时代》2010年第12期。

任焰、潘毅：《宿舍劳动体制：劳动控制与抗争的另类空间》，《开放时代》2006年第3期。

荣鑫：《资本主义生产机制的现代转型及其社会效应》，《天津社会科学》2013年第1期。

邵帅、范美婷、杨莉莉：《资源产业依赖如何影响经济发展效率？——有条件资源诅咒假说的检验及解释》，《管理世界》2013年第2期。

申喜连：《试论行政组织激励机制向企业组织激励机制的借鉴》，《中国行政管理》2011年第11期。

沈原：《社会转型与工人阶级的再形成》，《社会学研究》2006年第2期。

沈原：《市场、阶级与社会：转型社会学的关键议题》，社会科学文献出版社 2007 年版。

施裕寿、刘心铨：《山东中兴煤矿工人调查》，载李文海《民国时期社会调查丛编：城市（劳动）生活卷》，福建教育出版社 2005 年版。

史普原：《组织衰减的回馈与恢复机制——读赫希曼〈退出、呼吁与忠诚：对企业、组织和国家衰退的回应〉》，《社会学研究》2010 年第 3 期。

苏熠慧：《控制与抵抗：雇主与家政工在家务劳动过程中的博弈》，《社会》2011 年第 6 期。

孙汉玉：《煤矿外包工程安全管控模式的设计与实践》，《中国煤炭》2010 年第 3 期。

孙毅：《略论"管理幅度"》，《管理现代化》1995 年第 1 期。

孙宇：《信息通信技术革命和产业组织的结构演化——走向后钱德勒时代的思考》，《管理世界》2008 年第 6 期。

谭满益、唐小我：《产权扭曲：矿难的深层次思考》，《煤炭学报》2004 年第 6 期。

唐振龙：《生产组织方式变革、制造业成长与竞争优势：从工厂制到温特制》，《世界经济与政治论坛》2006 年第 3 期。

田毅鹏、李珮瑶：《计划时期国企"父爱主义"的再认识——以单位子女就业政策为中心》，《江海学刊》2014 年第 3 期。

佟新：《国有工业企业简单控制型的劳动关系分析》，《开放时代》2008 年第 5 期。

佟新：《延续的社会主义文化传统——一起国有企业工人集体行动的个案分析》，《社会学研究》2006 年第 1 期。

童梅：《社会网络与女性职业性别隔离》，《社会学研究》2012 年第 4 期。

童梅、王宏波：《市场转型与职业性别垂直隔离》，《社会》2013 年第 5 期。

汪建华、孟泉：《新生代农民工的集体抗争模式——从生产政治到生活政治》，《开放时代》2013年第1期。

汪仕凯：《生产政治理论及其争论——企业管理权力与工人权利研究综述》，《开放时代》2010年第5期。

王处辉：《中国近代企业劳动组织中之包工制度新论》，《南开经济研究》1999年第5期。

王处辉：《中国近代企业组织形态的变迁》，天津人民出版社2001年版。

王汉生、刘世定、孙立平等：《"浙江村"：中国农民进入城市的一种独特方式》，《社会学研究》1997年第1期。

王洪涛：《威廉姆森交易费用理论述评》，《经济经纬》2004年第4期。

王克忠、王利民：《论吨煤工资含量包干——现行工资制度的一个重大突破》，《社会科学》1985年第4期。

王立明、刘丽文：《外包的起源、发展及研究现状综述》，《企业管理》2007年第3期。

王洛乾、张磊：《大型煤炭企业外包业务类型分析研究》，《中国集体经济》2015年第4期。

王宁：《代表性还是典型性？——个案的属性与个案研究方法的逻辑基础》，《社会学研究》2002年第5期。

王钦：《我国安全生产监管体制现存的突出问题》，《经济管理》2006年第9期。

王绍光：《煤矿安全生产监管：中国治理模式的转变》，《比较》2004年第13辑。

王霞：《煤矿托管及其法律风险防控研究》，《煤炭经济研究》2017年第2期。

王晓夏、韩赋秋：《山西隐矿难：井下外包队复燃》，《能源》2012年第4期。

王洋：《企业边界理论的研究——基于科斯思想的演变与发展》，博士学位论文，吉林大学，2009 年。

王有勇：《对国内矿难瞒报屡禁不止现象的分析与思考》，《煤炭经济研究》2011 年第 11 期。

王雨林：《对农民工权利贫困问题的研究》，《青年研究》2004 年第 9 期。

魏连彬：《2015 年煤炭市场分析与 2016 年预测》，《煤炭经济研究》2015 年第 12 期。

吴迪徹、蒋洪巽、廖文锦等：《当代中国的煤炭工业》，中国社会科学出版社 1988 年版。

吴清军：《国企改制与传统产业工人转型》，社会科学文献出版社 2010 年版。

吴清军：《国企改制中工人的内部分化及其行动策略》，《社会》2010 年第 6 期。

吴清军：《市场转型时期国企工人的群体认同与阶级意识》，《社会学研究》2008 年第 6 期。

吴小沛：《近代中国封建把头制度研究》，《湖北经济学院学报》（人文社会科学版）2011 年第 8 期。

吴烨宇：《青年年龄界定研究》，《中国青年研究》2002 年第 3 期。

吴毅：《何以个案 为何叙述——对经典农村研究方法质疑的反思》，《探索与争鸣》2007 年第 4 期。

吴毅、王勇：《"市场—关系霸权"下的包工制及其安全困境——对煤矿安全事故频发的一个制度性解释》，《中国社会科学内部文稿》2017 年第 3 期。

吴愈晓、吴晓刚：《1982—2000：我国非农职业的性别隔离研究》，《社会》2008 年第 5 期。

武立东、王凯、黄海昕：《组织外部环境不确定性的研究述评——基于效率机制与合法性机制的双重视角》，《管理学报》2012 年第 11 期。

向明亮：《论近代矿业生产中的包工制度》，《宝鸡文理学院学报》

（社会科学版）2016 年第 5 期。

肖兴志、陈长石、齐鹰飞：《安全规制波动对煤炭生产的非对称影响研究》，《经济研究》2011 年第 9 期。

谢富胜：《马克思主义经济学中生产组织及其变迁理论的演进》，《政治经济学评论》2005 年第 1 辑。

谢富胜：《马克思主义经济学中生产组织理论的发展》，《经济评论》2005 年第 4 期。

许光伟：《资本主义生产组织演变的整体性解读与反思》，《马克思主义研究》2009 年第 6 期。

薛毅：《当代中国煤炭工业发展述论》，《中国矿业大学学报》（社会科学版）2013 年第 4 期。

颜烨：《煤殇——煤矿安全的社会学研究》，社会科学文献出版社2012 年版。

颜烨：《新中国煤矿安全监管体制变迁》，《当代中国史研究》2009年第 2 期。

杨俊仙、要澎婷：《煤炭资源整合的多重效应评价——基于中国煤炭上市公司数据》，《中国管理科学》2014 年第 11 期。

杨念群：《“在地化”研究的得失与中国社会史发展的前景》，《天津社会科学》2007 年第 1 期。

杨万义：《企业用工制度亟待改革》，《经济改革》1983 年第 3 期。

杨伟国、陈玉杰、张成刚：《职业性别隔离的测度》，《中国人口科学》2010 年第 3 期。

依凭：《禁止煤矿企业使用井下“包工队”的法律适用研究》，《西部资源》2006 年第 4 期。

易定红、廖少宏：《中国产业职业性别隔离的检验与分析》，《中国人口科学》2005 年第 4 期。

于建嵘：《安源实录：一个阶级的光荣与梦想》，江苏人民出版社2011 年版。

于显洋：《组织社会学》，中国人民大学出版社 2009 年版。

余明侠：《近代封建把头制度探析》，《江海学刊》1994 年第 2 期。

袁建国、后青松、程晨：《企业政治资源的诅咒效应——基于政治关联与企业技术创新的考察》，《管理世界》2015 年第 1 期。

袁显平、严永胜、张金锁：《我国煤矿矿难特征及演变趋势》，《中国安全科学学报》2014 年第 6 期。

原超、李妮：《地方领导小组的运作逻辑及对政府治理的影响——基于组织激励视角的分析》，《公共管理学报》2017 年第 1 期。

曾楚宏、林丹明：《论企业边界的两重性》，《中国工业经济》2005 年第 10 期。

翟学伟：《社会流动与关系信任》，《社会学研究》2003 年第 1 期。

张宝明：《国有煤炭企业三年改革脱困任重道远》，《煤炭经济研究》1999 年第 7 期。

张成刚、杨伟国：《中国职业性别隔离趋势与成因分析》，《中国人口科学》2013 年第 2 期。

张春妮、刘林平：《网络的差异性和求职效果——农民工利用关系求职的效果研究》，《社会学研究》2008 年第 4 期。

张风林：《为什么计件工资并不具有普遍适用性——关于企业薪酬形式选择的经济学分析》，《南开经济研究》2008 年第 6 期。

张军等：《中国企业的转型道路》，格致出版社、上海人民出版社 2008 年版。

张军、李金林：《应用结构熵分析评价管理幅度与跨度》，《统计与决策》2007 年第 10 期。

张三保、舒熳：《中国企业用工"双轨制"：回顾与前瞻》，《学习与实践》2014 年第 10 期。

张文魁、袁东明：《中国经济改革 30 年：国有企业卷》，重庆出版社 2008 年版。

张永宏、李静君：《制造同意：基层政府怎样吸纳民众的抗争》，《开放时代》2012 年第 7 期。

张月琴：《煤窑神信仰与民国初年的山西大同矿区社会》，《民俗研究》2013 年第 1 期。

张志学、秦昕、张三保：《中国劳动用工"双轨制"改进了企业生产率吗——来自 30 个省份 12314 家企业的证据》，《管理世界》2013 年第 5 期。

赵公民、李欣：《我国国有企业员工激励机制研究》，《中国行政管理》2008 年第 6 期。

赵化刚：《国际视野中的青年：定义、属性和问题》，《青年研究》2005 年第 7 期。

赵家祥：《生产方式概念含义的演变》，《北京大学学报》（哲学社会科学版）2007 年第 5 期。

赵明华：《国有企业改革中的工人——中国纺织产业的个案研究》，范酉庆译，社会科学文献出版社 2012 年版。

赵炜：《工厂制度重建中的工人——中国白色家电产业的个案研究》，社会科学文献出版社 2010 年版。

郑红亮、王凤彬：《中国公司治理结构改革研究：一个理论综述》，《管理世界》2000 年第 3 期。

郑锐锋：《供给侧改革背景下煤炭行业去产能路径研究》，《煤炭经济研究》2016 年第 4 期。

郑志琴、郭忠林：《承包开采模式下矿山安全管理存在的问题及对策》，《采矿技术》2008 年第 4 期。

《中国经济周刊》采制中心：《发改委放招应对"煤超疯"》，《中国经济周刊》2016 年第 44 期。

《中国经济周刊》采制中心：《"煤超疯"降温》，《中国经济周刊》2016 年第 50 期。

中国煤炭工业协会：《中国改革工业改革开放 30 年大事记》，煤炭工业出版社 2009 年版。

中国煤炭工业协会：《中国煤炭工业改革发展年度报告（2016 年）》，《中国煤炭工业》2017 年第 3 期。

中国煤炭工业协会：《中国煤炭工业改革开放 30 年回顾与展望：1978—2008》，煤炭工业出版社 2009 年版。

中国煤炭加工利用协会：《"十二五"及 2015 年煤炭行业发展回顾》，《煤炭加工与综合利用》2016 年第 1 期。

中国煤炭教育协会课题组：《煤炭行业人才需求状况及对策研究报告》，《煤炭高等教育》2003 年第 3 期。

《中国煤炭志·综合卷》编委会：《中国煤炭志：综合卷》，煤炭工业出版社 1999 年版。

中华人民共和国国家统计局：《中国统计年鉴—2017》，中国统计出版社 2017 年版。

中经煤炭产业经济景气研究课题组：《化解过剩产能，实现脱困发展——2015中国煤炭产业经济景气报告》，《煤炭经济研究》2016 年第 1 期。

钟开斌：《事故瞒报的运作逻辑——河北邯郸"6.3 特大矿难"个案研究》，《公共管理学报》2005 年第 1 期。

周锋：《黄岭矿用工模式改革研究》，合肥工业大学，硕士学位论文，2009 年。

周黎安、王娟：《行政发包制与雇佣制：以清代海关治理为例》，载周雪光、刘世定、折晓叶主编《国家建设与政府行为》，中国社会科学出版社 2012 年版。

周黎安：《行政发包的组织边界——兼论"官吏分途"与"层级分流"现象》，《社会》2016 年第 1 期。

周黎安：《行政发包制》，《社会》2014 年第 6 期。

周立新：《西方内包工制理论研究综述》，《思想战线》2006 年第 5 期。

周文、李晓红：《中国经济转型中的企业成长——基于分工与信任的视角》，《管理世界》2009 年第 12 期。

周雪光、练宏：《中国政府的治理模式：一个"控制权"理论》，《社会学研究》2012 年第 5 期。

周雪光：《西方社会学关于中国组织与制度变迁研究状况述评》，《社会学研究》1999 年第 4 期。

周雪光：《项目制：一个"控制权"理论视角》，《开放时代》2015 年第 2 期。

周雪光：《组织社会学的新制度主义学派》"序"，载张永红主编《组织社会学的新制度主义学派》，上海人民出版社 2007 年版。

周雪光：《组织社会学十讲》，社会科学文献出版社 2012 年版。

朱文忠：《人力资源管理中的弹性用工制度及其发展趋势》，《经济经纬》2006 年第 1 期。

［澳］蒂姆・赖特：《中国经济和社会中的煤矿业：1895—1937》，丁长清译，东方出版社 1991 年版。

［俄］T. S. 戈洛辛斯基：《澳大利亚矿山承包开采实践经验》，冀湘、阚世喆译，《国外金属矿山》1999 年第 3 期。

［美］W. 理查德・斯格特：《组织理论》，黄洋等译，华夏出版社 2002 年版。

［美］W. 理查德・斯科特、杰拉尔德・F. 戴维斯：《组织理论——理性、自然和开放系统的视角》，高俊山译，中国人民大学出版社 2015 年版。

［美］阿尔伯特・O. 赫希曼：《退出、呼吁与忠诚——对企业、组织和国家衰退的回应》，卢昌崇译，经济科学出版社 2001 年版。

［美］艾米莉・洪尼格：《姐妹们与陌生人：上海棉纱厂女工（1919—1949）》，韩慈译，江苏人民出版社 2011 年版。

［美］奥利弗・E. 威廉姆森：《资本主义经济制度：论企业契约与市场签约》，段毅才、王伟译，商务印书馆 2014 年版。

［美］奥利弗・E. 威廉姆森：《资本主义经济制度：论企业契约与市场签约》，段毅才、王伟译，商务印书馆 2002 年版。

［美］贝弗里・J. 西尔弗：《劳工的力量：1870 年以来的工人运动与全球化》，张璐译，社会科学文献出版社 2012 年版。

［美］戴维・哈维：《后现代的状况——对文化变迁之缘起的探究》，

阎嘉译，商务印书馆 2013 年版。

［美］科斯：《企业的性质（1937）》，载［美］威廉姆森、温特《企业的性质——起源、演变与发展》，姚海鑫、邢媛媛译，商务印书馆 2010 年版。

［美］玛丽·E. 加拉格尔：《全球化与中国劳工政治》，郁建兴、肖扬东译，浙江人民出版社 2010 年版。

［美］迈克尔·布若威：《制造同意——垄断资本主义劳动过程的变迁》，李荣荣译，商务印书馆 2015 年版。

［美］迈克尔·布若威：《制造同意——垄断资本主义劳动过程的变迁》，李荣荣译，商务印书馆 2008 年版。

［美］迈耶、罗恩：《制度化的组织：作为神话和仪式的正式结构》，载张永宏主编《组织社会学的新制度主义学派》，上海人民出版社 2007 年版。

［美］麦克·布洛维：《公共社会学》，沈原等译，社会科学文献出版社 2007 年版。

［美］钱德勒：《看得见的手——美国企业的管理革命》，重武译，商务印书馆 2013 年版。

［美］斯科特、戴维斯：《组织理论：理性、自然与开放系统的视角》，高俊山译，中国人民大学出版社 2011 年版。

［美］詹姆斯·C. 斯科特：《弱者的武器》，郑广怀、张敏、何江穗译，译林出版社 2011 年版。

［瑞典］理查德·斯威德伯格：《经济社会学原理》，周长城等译，中国人民大学出版社 2005 年版。

［匈］雅诺什·科尔奈：《社会主义体制——共产主义政治经济学》，张安译，中央编译出版社 2006 年版。

［匈］亚诺什·科尔内：《短缺经济学》，张晓光等译，经济科学出版社 1986 年版。

［英］保罗·威利斯：《学做工：工人阶级子弟为何继承父业》，秘舒、凌旻华译，译林出版社 2013 年版。

## 二 外文文献

Anker, Richard, 1997, Theories of Occupational Segregation by Sex: An Overview, *International Labour Review*, Vol. 136, No. 3, pp. 315 – 339.

Auty, R. M., 1993, *Sustaining Development in Mineral Economies: The Resource Curse Thesis*, Routledge Press.

Buessing, Marric, D. Weil, 2013, Impact of Contracting on Occupational Injuries and Fatalities in Underground Coal Mining, *APHA Annual Meeting and Exposition*.

Bulmer, M., (ed.), 1975, *Working Class Images of Society*, *Routledge and Kegan Paul*, London.

Buttrick, Jorn, 1952, The Inside Contract System, *The Journal of Economic History*, Vol. 12, No. 3, pp. 205 – 221.

Chan, Hon S., Jie Gao, 2012, Death versus GDP! Decoding the Fatality Indicators on Work Safety Regulation in Post-Deng China, *The China Quarterly*, Vol. 210, pp. 355 – 377.

Coase, R. H., 1937, The Nature of the Firm, *Economica*, Vol. 4, No. 16, pp. 386 – 405.

Curtin, C., D. Shields, 1988, Competition and control at work: rural miners and the labour process, *The Economic and Social Review*, Vol. 19, No. 3, pp. 159 – 176.

DiMaggio, Paul J., Walter W. Powell, 1983, The Iron Cage Revisited: Institutional Isomorphism and Collective Rationality in Organizational Fields, *American Sociological Review*, Vol. 48, No. 2, pp. 147 – 160.

Gross, Edward, 1968, Plus Ca Change...? The Sexual Structure of Occupations over Time, *Social Problems*, Vol. 16, No. 2, pp. 198 – 208.

Goffee, R., 1981, Incorporation and Conflict: A Case Study of Subcontracting in the Coal Industry, *The Sociological Review*, Vol. 29, No. 3, pp. 475 – 497.

Hart, O. , J. Moore, 1990, Property Rights and the Nature of the Firm, *Journal of Political Economy*, Vol. 98, No. 6, pp. 1119 – 1158.

Hart, Oliver, A. Shleifer, and R. W. Vishny, 1997, The Proper Scope of Government: Theory and an Application to Prisons, *The Quarterly Journal of Economics*, Vol. 112, No. 4, pp. 1127 – 1161.

Holmstrom, Bengt, Paul Milgrom, 1994, The Firm as an Incentive System, *The American Economic Review*, Vol. 84, No. 4, pp. 972 – 991.

Kalleberg, A. L. , 2009, Precarious Work, Insecure Workers: Employment Relations in Transition, *American Sociological Review*, Vol. 74, No. 1, pp. 1 – 22.

Lee, C. K. , 1999, From Organized Dependence to Disorganized Despotism: Changing Labour Regimes in Chinese Factories, *The China Quarterly*, No. 157, pp. 44 – 71.

Lee, C. K. , 2007, *Against the Law: Labor Protests in China's Rustbelt and Sunbelt*, Berkeley: University of California Press.

Lee, C. K. , Y. Zhang, 2013, The Power of Instability: Unraveling the Microfoundations of Bargained Authoritarianism in China, *American Journal of Sociology*, Vol. 118, No. 6, pp. 1475 – 1508.

Lenz, E. A. , 1996, Flexible Employment: Positive Work Strategies for the 21st Century, *Journal of Labor Research*, Vol. 17, No. 4, pp. 555 – 566.

Lockwood, D. , 1966, Sources of Variation in Working-Class Images of Society, *The Sociological Review*, Vol. 14, No. 3, pp. 249 – 267.

Meyer, John W. , Brian Rowan, 1977, Institutionalized Organizations: Formal Structure as Myth and Ceremony, *The American Journal of Sociology*, Vol. 83, No. 2, pp. 340 – 363.

Nee, Victor, 1992, Organizational Dynamics of Market Transition: Hybrid Forms, Property Rights, and Mixed Economy in China, *Administrative Science Quarterly*, Vol. 37, No. 1, pp. 1 – 27.

Nee, Victor, 1996, The Emergence of a Market Society: Changing Mechanisms of Stratification in China, *American Journal of Sociology*, Vol. 101, No. 4, pp. 908 – 949.

Nie, Huihua, MinjieJiang, XianghongWang, 2013, The impact of political cycle: Evidence from coalmine accidents in China, *Journal of Comparative Economics*, Vol. 41, No. 4, pp. 995 – 1011.

Tirole, J., 1994, The internal organization of government, *Oxford Economic Papers*, Vol. 46, No. 1, pp. 1 – 29.

Walder, A. G., 1986, *Communist Neo-Traditionalism: Work and Authority in Chinese Industry*, Berkeley: University of California Press.

Walder, A. G., 1995, Local Governments as Industrial Firms: An Organizational Analysis of China's Transitional Economy, *American Journal of Sociology*, Vol. 101, No. 2, pp. 263 – 301.

Wang, Shaoguang, 2006, Regulating Death at Coalmines: changing mode of governance in China, *Journal of Contemporary China*, Vol. 15, No. 46, pp. 1 – 30.

Williamson, O. E., 1979, Transaction-Cost Economics: The Governance of Contractual Relations, *Journal of Law & Economics*, Vol. 22, No. 2, pp. 233 – 261.

Williamson, O. E., 1999, Public and Private Bureaucracies: A Transaction Cost Economics Perspective, *Journal of Law, Economics & Organization*, Vol. 15, No. 1, pp. 306 – 342.

Wright, Erik Olin, 2000, Working-Class Power, Capitalist-Class Interests, and Class Compromise, *American Journal of Sociology*, Vol. 105, No. 4, pp. 957 – 1002.

Wright, Tim, 1981, "A Method of Evading Management" ——Contract Labor in Chinese Coal Mines before 1937, *Comparative Studies in Society and History*, Vol. 23, No. 4, pp. 656 – 678.

Wright, Tim, 1984, *Coal Minning in China's Economy and Society*,

1895 – 1937, New York: Cambridge University Press.

Wright, Tim, 2004, The Political Economy of Coal Mine Disasters in China: "Your Rice Bowl or Your Life," *The China Quarterly*, No. 179, pp. 629 – 646.

Yan, Long, 2005, Changing Mechanisms for Control of the Labor Process: A Study ofthe Political Patterns in Workshops of State-Owned Enterprises After 1979, *Chinese Sociology and Anthropology*, Vol. 37, No. 4, pp. 72 – 84.

Zhao, Minghua, T. Nichols, 1996, Management Control of Labour in State-Owned Enterprises: Cases From the Textile Industry, *The China Journal*, No. 36, pp. 1 – 21.

# 索　引

# 后　　记

本书是经由我的博士论文修改而成。博士毕业后也曾对论文进行过初步修改，但正式修改是在 2019 年年底和 2020 年年初进行的。这段时间恰是新冠肺炎不断传播的时期。作为武汉归乡人员，我主动上报当地社区，并自觉在居家隔离中度过了第一个 14 天，第二个 14 天……本书的主体修改正是在隔离期间中完成的，改书也使我从最初的心神不宁逐渐变得平静。直到本书修改基本完成时，新冠肺炎仍然没有结束，真心祝愿能早日战胜病毒，大家生活可以回到正轨。

本书能够顺利完成，与诸多老师、同学和朋友的帮助密不可分，在这里我对他们表达诚挚的谢意！

感谢我的导师吴毅教授。在六年的华科硕博学习生活中，非常庆幸能遇到吴老师这样的导师。吴老师与我亦师亦友，他不仅给予我学术上的诸多指导，而且给予我生活上的关心和帮助，尤其是他对待学术近乎严苛的态度，非常值得我学习。在我印象中，吴老师是一名纯粹的学者，最大爱好是待在书房里写作或者看书。我的博士阶段正好处于吴老师的学术研究转向时期，而我的研究和吴老师的研究方向并不一致。在我的博士论文选题上，吴老师给予我很大的包容性和独立性，由于我有煤矿生活经历，父母也曾是国有煤矿职工，在我们的讨论中，吴老师敏锐地发现可以把煤矿这一特殊的组织作为我的研究对象，这也是本书的最初思想来源。在博士论文的整个调研和写作过程中，吴老师也时刻关注我的进度，给予我很多鼓励和指导，这些都促使了本书的早日完成。吴老师一丝不苟的作风，严谨求实的态度，循循善诱的教导，深深地感染和激励着我，让我受益终生。同时也感谢师母胡蓉女士，对我生活的关怀和照顾。

华中科技大学社会学院诸位老师的教诲也让我受益匪浅。感谢雷洪、丁建定、孙秋云、石人炳、贺雪峰、王茂福、刘成斌、柯卉兵、郑丹丹、张小山、曹志刚、苗大雷等师长，他们的教诲令我获益颇多。

感谢钟年、钟涨宝、李亚雄、石人炳、狄金华、郑广怀、曹志刚、苗大雷等师长在我博士论文开题和答辩中给予的指导，他们的意见给我进一步修改提供了很大的帮助。

感谢"吴门"的师兄师姐和师弟师妹们对我的支持和帮助。他们是郭亮、狄金华、吴帆、黄鹏进、余练、陈颀、燕红亮、王誉霖、刘杰、周浪、汪洋、张绍游、张思怡、刘恋、彭福林等同门。感谢郑进、刘丹和罗艳等博士好友的陪伴。

感谢为我驻矿调研提供支持的南矿管理者与接受我访谈的各位工人师傅们，没有他们的支持，我不可能收集到如此丰富的田野资料，他们背后辛酸的经历和故事也让我难以忘怀。因学术规范不能将他们的真名列出，只能在此表达谢意。

感谢国家社科基金后期资助优秀博士论文项目的匿名评审专家，他们的意见对于本书的修改帮助很大。感谢国家社科基金对本书的资助，以及全国哲学社会科学工作办公室老师们的指导和帮助。

感谢中国社会科学出版社对本书出版工作的支持，特别对哲学宗教与社会学出版中心主任冯春凤女士表示谢意，感谢她对书稿的耐心编审和校对。

最后还要感谢自始至终支持我的家人们，我把本书献给他们。

感谢我的亲人，包括我的父亲、母亲、姐姐以及其他亲人，由于学术规范在此不便指明，多谢你们的成全、支持和鼓励，才使我坚定不移地走下来。在我求学的 23 年中，我的父母一直在背后给予我最大的支持，让我没有后顾之忧，没有他们的付出，我是不可能顺利完成学业和此书的。

　　感谢妻子刘兴花博士一路走来的支持与陪伴，她与我同为社会学博士，且方向一致，非常庆幸我们拥有共同的价值与理念。感谢她在百忙之中抽出时间，对本书提出的宝贵意见，在我没有思路、感到无助时给予我希望与鼓励，并与我探讨问题。

王　勇

2020 年 2 月 26 日于上党太行